Franz Kronbeck

Das verratene Wort

*Von den Quellen des Seins
und der Geschichte ihrer Verschüttung*

Krähenbach Verlag

Verlag und Vertrieb:
Franz Kronbeck
Rachertshofen 8a, 84091 Attenhofen
Tel.: 08751/845 696
Fax: 08751/845 400
eMail: kronbeck@t-online.de

Umschlaggestaltung und Layout:
dtp factory Susanne Bertenbreiter, D-81541 München

Satz und Druck:
Forum Verlag, D-86405 Meitingen

Bestellung:
über Verlag und Vertrieb - Adresse siehe oben

Alle Rechte, insbesondere das Recht der Vervielfältigung und Verbreitung sowie der Übersetzung vorbehalten. Kein Teil des Werkes darf in ingendeiner Form (durch Fotokopie, Mikrofilm oder ein anderes Verfahren) ohne schriftliche Genehmigung des Verlegers reproduziert oder unter Verwendung elektronischer Systeme verarbeitet werden.

1. Auflage 2002

ISBN 3-00-009334-6

Das verratene Wort

*Das Wort – der Grund des Seins, und die
Geschichte des Verrates am Wort*

1. KAPITEL   DIE FRAGE NACH DEM URSPRÜNGLICH ERSTEN 9

2. KAPITEL   DAS WORT 15

    I.   Das Wort – der Anfang und der Grund
         aller Dinge 16
    II.   Die Leugnung des Wortes und die Welt ohne
         das Wort 20
    III.   Die wortlose Wissenschaft 22

3. KAPITEL   DIE WELT AUS DEM WORT 27

    I.   Gott - der Schöpfer, und die geschaffene Welt 28
        1. Die Schöpfung, der Akt Gottes 29
        2. Die Gestalt schenkt das Sein 35

    II.   Die Schöpfung im Wort 45
        1. Die Schöpfung als personaler Akt 45
        2. Das personale Sein und die Dreifaltigkeit
           Gottes 52
        3. Die Spur des Dreifaltigen in der Welt 54
        4. Das Geschenk des Seins 60

    III.   Himmel und Erde 66
        1. „Im Anfang schuf Gott Himmel und Erde" 66
        2. Die personale Wirklichkeit des Himmlischen 68

      3. Die Herrlichkeit des Himmels 71
      4. Das Sein der Welt als Himmel und Erde 74
      5. Die Hierarchie des Seins 75

IV. **Zeit und Ewigkeit** 81
      1. Die Ordnung des Seins und der Zeit 81
      2. Das innere Verhältnis von Zeit und
         Ewigkeit 84

V. **Der Hervorgang der Dinge aus Gott und
die Rückkehr der Dinge zu Gott** 87
      1. Der zweifache Akt der Schöpfung 87
      2. Natur, Freiheit und Gnade 92
      3. Die Umkehr des Seinsflusses 99
      4. Die Erneuerung der Schöpfung 102

4. KAPITEL   DIE WELT OHNE DAS WORT 107

I. **Welt, Geschichte und Zeit** 108
      1. Das Wort – Raum der Freiheit, Raum
         der Welt 108
      2. Die hohe Zeit und das Ende der Zeiten 109
      3. Der moderne Fortschrittsglaube 114

5. KAPITEL   DIE WELT GEGEN DAS WORT 117

I. **Der Fall des Himmels** 118
      1. Das Wesen des Himmels und seine
         Entstellung 118
      2. Der erstürmte Himmel 121
      3. Der Umbruch der Zeiten: Der Himmel
         als Maschine 123

II. **Geschichtliche Entwicklungen I: Von der Antike bis zum Ende der mittelalterlichen Philosophie** 128
   1. Die Natur – was ist das? 128
   2. Der Anfang der neuzeitlichen Wissenschaft 134

III. **Das Wort als Urbild** 139
   1. Der Angriff auf das Wort – die Ignoranz dem Urbild gegenüber 139
   2. Das Wort aus Gott, und das Wort des Menschen 141

IV. **Geschichtliche Entwicklungen II: Die Anfänge der modernen Naturwissenschaft** 145
   1. Das Ende des urbildlichen Wortes und der daraus entstehende Nominalismus 145
   2. Der Krieg gegen die Welt der Bedeutung 154
   3. Die reale Präsenz des Wortes 162
   4. Der Hervorgang der modernen Physik aus der Alchemie 167
   5. Der aufgeklärte Materialismus 176

V. **Die verlorene Wahrheit des Wortes** 181
   1. Die Macht des Wortes 181
   2. Die Mechanik als Methode der Vernunft 187

VI. **Der Verlust der Welt** 193
   1. Das unverfügbare Geheimnis 193
   2. Die Welt als Maschine: Der Begriff der „Kausalität" 198
   3. Die Naturwissenschaft – die Wissenschaft der fehlenden Wirklichkeit 204
   4. Der verschlossene Himmel – die Wissenschaft als Magie 207
   5. Die geheime Zauberformel zur Beherrschung der Natur 211

VII. Geschichtliche Entwicklungen III: Von der
Alchemie zur Atomphysik 216
1. Die alltägliche Praxis der Magie 216
2. Die nichtige Welt der Physik 218
3. Auf der alchemistischen Suche nach der
„materia prima": Die Erfindung des
Plutoniums 220

VIII. Die naturwissenschaftliche Ideologie – oder:
Was vom Leben bleibt 227
1. Das Leben in den Augen der
Naturwissenschaft 227
2. Das Leben als Seinsvollkommenheit 231
3. Die Seele – das Prinzip des Lebens 235

IX. Die biologistische Verneinung und Schändung
des Lebens 239
1. Die Gestalt des Lebens 239
2. Die Biologie – eine Wissenschaft vom
Lebendigen? 242
3. Der theoretische Biologismus und die Praxis
der Bestialität 246
4. Das Weltbild der Genetiker 248
5. Die Gentechnik 251
6. Der naturwissenschaftliche Begriff von
Krankheit und Gesundheit 256
7. Der industrielle Verbrauch der Welt 261
8. Die neuen Herren über das Leben 263

6. Kapitel   Der Verrat am Wort 267

I. Die ontologische Struktur der Vernichtung 268
1. Die Sünde und der Tod 270
2. Die Liebe und der Haß, und ihr Verhältnis
zum Sein der Dinge 277

| II. | Die Stufen des Verfalls | 283 |
| | 1. Das Unwirkliche – das Wesenlose – das Gespenstische | 283 |

7. KAPITEL DER KAMPF UM DAS WORT ... 289

I.	Das Wesen der Seele	290
II.	Die verhängte Not	296
	1. Die verkehrte Welt der Psychologie	296
	2. Die Psychologie verharrt im Verhängnis	303
	3. Das Leiden innerhalb der Psychologie	305
	4. Der Verfall der Seele	306

8. KAPITEL DIE BERGUNG IM WORT ... 309

| I. | Vom verratenen Wort zur neuen Gegenwart des Wortes | 310 |

9. KAPITEL DIE MACHT UND DIE HERRSCHAFT DES WORTES ... 313

1. Kapitel
Die Frage nach dem ursprünglich Ersten

... „Auf den königlichen Herrscher des Alls bezieht sich alles und jedes, und er ist der Endzweck von allem, sowie auch der Urheber von allem Schönen". [1]

Der „königliche Herrscher des Alls" ist das ursprünglich Erste, auf ihn kommt alles an. Was und wie alle Wirklichkeit ist, das entscheidet sich am ursprünglich Ersten. Von ihm aus hat alles seinen Anfang genommen, und in einem Verhältnis zu diesem Anfang steht alles, was geworden ist, alles was ist, und alles was sein wird.

An der Frage, wie dieses Verhältnis sich gibt, wie es sich ausprägt, und wie es Gestalt gewinnt, ist alles Glück auf Erden gelegen. Die Denker früherer Zeiten hatten einen Blick für das Wesen der Dinge, sie wußten: Der Anfang ist das Wichtigste in allem, denn vom Anfang hängt alles Nachfolgende ab.

Der Anfang, der echte Anfang, ist nicht bloß das Erste in einer Reihe von Ereignissen – in ihm ist das Ganze gegeben. Der echte Anfang hält in sich alles auf ihn Folgende versammelt. Im echten Anfang ist die Mitte und das Ende vorgegeben. Alles wird seinem Wesen entsprechend, und im Verhältnis zu dem, woraus es seinen Anfang genommen hat, die Maßgabe seiner Entwicklung haben, und es wird, diesem Anfang entsprechend, zu sich kommen, es wird, von diesem Anfang getragen, stark werden und blühen. Aus dem ersten Anfang der Dinge und aus dem Verhältnis, das die Dinge zu ihm haben, geht die Ordnung ihres Seins hervor, aus dem Mißverhältnis dazu aber folgt die Ordnung ihrer Zerstörung.

An der Frage nach dem ursprünglich Ersten entscheidet sich das Heil und das Unheil der Welt, denn:

„Woraus die Dinge ihr Entstehen haben, dort hin findet auch ihr Vergehen statt, wie es der Ordnung entspricht." [2]

---

[1] Platon: Briefe, 2. Brief, 312. St. (S. 26) (Von der Forschung übrigens für unecht gehalten)

[2] Anaximander: Das Fragment, 15. DK 12 A 9, B1; (Reclam, S.72/73)

Die Frage nach dem ursprünglich Ersten fragt zurück in den Bereich, wo über das Schicksal der Dinge entschieden wird. Sie ist die wichtigste aller Fragen. Sie fragt hinein in jenes Geheimnis, das am Anfang aller Dinge steht, jenes Geheimnis, das der Grund aller Wirklichkeit ist. Von welcher Art unser Dasein ist, ob reich oder arm, ob sehend oder blind, das alles entscheidet sich an dieser Frage; ob wir als Menschen sind, und uns erheben in jenes Geheimnis, oder aber ob wir ihm nicht gerecht werden und verfallen.

Man darf nicht glauben, die Frage nach dem ursprünglich Ersten sei längst entschieden, denn sie ist es nicht. Sie wird es nie sein. Diese Frage ist von einer solchen Art, daß keiner sie je für den anderen entscheiden kann, daß keine Zeit sie einer anderen abnehmen kann. An dieser Frage entscheidet sich das Gelingen eines jeden einzelnen Lebens. Daraus, wie diese Frage beantwortet wird, nehmen die Epochen der Geschichte ihren Anfang und ihren Lauf. An dieser Frage scheiden sich die Zeiten, und jener Augenblick, in dem diese Frage wieder neu gestellt wird, ist der Anfang einer neuen geschichtlichen Entwicklung.

Die Frage nach dem ursprünglich Ersten ist keine neue Erfindung. Alles Denken, das nicht im Oberflächlichen stecken blieb, sondern zu sich kam, hat an dieses Grundlegendste gerührt und nach ihm gefragt, mehr oder weniger deutlich.

Der Gang des Nachdenkens wird bis dort hin zurückkommen müssen, wo die Frage nach dem ursprünglich Ersten ausdrücklich gestellt wurde. Aber der Ort, wo das ursprünglich Erste sich zeigen konnte und kann, wird unmöglich nur ein bestimmter (geistes-) geschichtlicher Ort sein, denn an diesem Ort ist der Anfang aller Dinge gegeben, der Anfang einer jeden Zeit. Das ursprünglich Erste ist der Anfang jeder einzelnen Sache. Das ursprünglich Erste ist im Anfang einer jeden Minute, es ist der Anfang einer jeden Stunde, eines jeden Tages. Entsprechend ist es im Anfang jeder Wirklichkeit gegeben, an jedem Ort, in jeder Situation. Jeden Augenblick stellt sich uns die Frage nach dem ursprünglich Ersten von neuem. Auch wenn wir dabei zu keiner ausdrücklichen Antwort kommen, entscheidet die Position, die wir ihm gegenüber einnehmen, über das, was sein wird. Jede Zeit ist gehalten, sich in ein ganz bestimmtes Verhältnis zu ihm zu stellen, denn das ursprünglich Erste bestimmt das Wesen aller Dinge, die nach ihm sind. An ihm entscheidet sich alles.

Wir haben irgendwo und irgendwann einen Anfang genommen, deshalb stehen wir in einem ganz bestimmten Verhältnis zum Ursprung. Aber wir haben uns die Welt nicht ausgesucht. Sie ist so, wie sie ist. Wir haben die Welt von denen, die vor uns waren, übernommen, und damit auch jenes Verhältnis zum Anfang, das diese begründet haben, selbst wenn wir nicht einmal wissen, in welchem Verhältnis genau wir stehen. Das geschichtlich Gewordene steht wie ein Abgrund zwischen uns und dem ersten Anfang. Das ursprünglich Erste ist uns nicht mehr zugänglich. Es bleibt im Namenlosen. Es ist übergangen, ohne daß wir es je hätten übergehen wollen. Wir leben, wir gestalten die Welt und unser Dasein, tagtäglich, und dabei stellen wir uns zwangsweise in ein immer neues Verhältnis zu jenem Anfang. Aber das ursprünglich Erste bleibt als solches übergangen. Wie auch wäre es aus der Dunkelheit hervorzuholen, wie aus der Versenkung zu heben? Wie und wo wäre es zu finden?

Dennoch – der Mensch lebt, egal was er anfängt, in einem ganz bestimmten Verhältnis zum ersten Anfang, und darin ist schon über sein Glück und Unglück entschieden. Keiner kann die Geschichte aufheben, um hinter das, was geworden ist, zurückzugehen. Der Mensch ist dem, wie das Verhältnis zum ursprünglich Ersten nun einmal ist, ausgeliefert. Hilflos steht er in der Not dessen, was da in der Welt und als Welt geworden ist.

Dem ursprünglich Ersten gilt die erste, die wichtigste aller Fragen. Wir, die Menschen, sind jene, die nach allem fragen, jene, die alles etwas angeht. Auch das haben wir uns nicht ausgesucht, wir sind einfach so. Wir wissen um uns und um die Welt, und wir fragen hinein in die Dunkelheit, die uns umgibt. Da ist nichts, nach dem wir nicht zumindest fragen könnten, nichts, das wir durch unsere Fragen nicht zumindest in das Halbdunkel unserer Ahnung zerren könnten. Wenn uns die Dinge auch nicht gehorchen, so können wir sie doch befragen, denn wir haben das Vermögen zur Wahrheit: Wir haben das Wort.

Wo immer also etwas, was auch immer es sei, aus dem Namenlosen zu heben ist – wir haben die Möglichkeit dazu: das Wort. Dieses Werk, in dem wir uns in das rechte Verhältnis zum ursprünglich Ersten setzen wollen, es kann gelingen, aber es kann nur im Wort geschehen, denn das Wort hat die Macht, auch das ursprünglich Erste zu nennen.

2. Kapitel
Das Wort

I. Das Wort – der Anfang und der Grund aller Dinge

Es ist nicht so, als wüßte der Mensch nicht um das Wort, als würde er das Wort nicht kennen. Der Mensch hat das Wort; das Wort ist ihm gegeben. Das Wort ist das ungeheuerlichste und größte aller Dinge, die ihm gegeben sind.

Der Mensch kann die Dinge anrufen, alle Dinge, auch die fernsten, auch die am wenigsten konkreten, auch die unbegreiflichsten. Der Mensch kann alles, was ist, bedenken, er kann sich von allem, was ist, ansprechen lassen, er kann alles achten, ehren und würdigen, aber er kann auch alles, was ist, verneinen, denn er hat das Wort. Das Wort schenkt Welt, es vermittelt die Wahrheit, es macht das Sein bedeutsam.

Wer die Qual, die darin besteht, das rechte Wort zu finden, nicht auf sich nehmen will, bleibt im Verschlossenen. Ihm kann keine Sache etwas sagen. Kein Mensch kann ihm etwas schenken. Der Tor kennt nur sich selbst, und er will nur sich selbst. Keine Wahrheit kann an ihn rühren. Und umgekehrt: wer die Dinge nicht ins Wort bringt, wer aus dem Ungesagten heraus nicht vordringt bis hin zum Wort, der kann an keinen anderen rühren, der kann nicht wirklich über sich selbst hinaus. Er kann sich irgendwie mitteilen, mit Musik oder im Kunstwerk, durch Gesten und Taten, aber bis zum Letzten und Entscheidenden wird er nicht kommen. Es wird ihm alles im Unverbindlichen stecken bleiben, er wird selbst ohne Kontur bleiben, wie die Welt, in der er lebt, denn ein „Ja" und ein „Nein" gibt es nur in der Sprache. Nur in der Sprache, im Wort, kann sich etwas ganz und gar aussprechen.

Das Wort ist das Intimste, was es gibt, denn es kommt unmittelbar aus dem Innersten.

Das Wort geht hervor aus der innersten Bewegung des Herzens, aber es hat sein Dasein im anderen, es ist ganz für den anderen. Das Wort meint immer ein „Du". So ist das Wort der erste und der unmittelbare Ausdruck der Liebe. Im Wort ist die Liebe selbst. Das Wort ist ganz und gar Zuspruch, das ist sein Wesen. Im worthaften Zuspruch gibt sich das, was sich zuspricht, auf die vollkommenste Art und Weise. Das Wort begründet jede Intimität, denn es ist der Grund aller Innerlichkeit. Nur das, was im Wort um sich weiß, vermag zu unterscheiden zwischen dem, was im Inneren ist und dem, was außen ist, zwischen dem Du und dem Ich. Ein „Ich" gibt es nur dort, wo das Wort heimisch geworden ist. Das Wort gibt uns und den Dingen ein Anwesen.

Schließlich ist den Menschen das Wort gegeben, auf daß sie im Wort und durch das Wort die Nähe Gottes erfahren. Es ist der Anfang allen Menschseins, daß die Gottheit sich zeigt. Gott gibt sich im Wort zu erkennen. Er ist im Wort gegeben, weil er sich im Wort gegeben hat, weil er sich als das Wort den Menschen ausgeliefert hat.
So sehr der Mensch auch von seiner Wirklichkeit gehalten ist, er würde die unmittelbare Gegenwart Gottes nicht ertragen. So hat Gott zwischen sich und den Menschen das Wort gestellt, damit in jenem Abstand, den das Wort offen hält, die Freiheit sei und die Liebe gedeihen könne. Wo diese wächst, erblüht sie ihrerseits zum Wort, zum „Ja", zum Wort der Antwort.

Das Wort erst gibt den rechten Abstand; es holt das Ferne in die Nähe der Gegenwart, und es stellt jenen Unterschied her, der das eine vom anderen scheidet, damit alles in der Gestalt seines Wesens ruhen und gedeihen könne. Das Wort hat die Gewalt des Rufes. Das Wort Gottes ruft die Dinge ins Dasein, das Wort der Menschen ruft die Dinge in die Gegenwart. Das Wort ruft die Dinge, auf daß sie zueinander finden, auf daß sie hervorgehen aus der Dunkelheit, hinein in das Licht, in dem sie sich einander schenken, und einander beschenken mit dem, was sie sind. Das ist der Anfang der Dinge aus dem Wort.

Wo es aber am Worte fehlt, werden die Dinge dem Menschen zum Feind. Die Dinge verschließen vor einander neidisch ihr Wesen. Auf diese Feindschaft antwortet der Mensch mit einem Willen zur unbedingten Herrschaft, so daß die Feindschaft in alles hereinbricht und über alles Gewalt bekommt, was zwischen dem Menschen und Gott ist – in alles, was zwischen den Menschen ist, zwischen Mann und Frau, und in alles, was zwischen dem Menschen und der Welt ist. So richtet sich die letzte Feindschaft der Menschen wiederum gegen das Wort, und es kommt die Zeit, in der das Wort nichts gilt, eine Zeit der Dunkelheit. Nichts ist der Zeit dieser Dunkelheit so verhaßt, wie das Wort: Wie findige Tiere gehen die Menschen um in ihren Geschäften. Kein Gott schreckt sie mehr auf aus ihrer Gewohnheit. Viel zuvieles ist ihnen bekannt. Kein Geheimnis mehr zehrt ihnen am Herzen, nichts mehr wird ihnen zur Frage, den Allzuverständigen. Sie sind ganz ohne Furcht, denn sie meinen sich sicher in ihren Bahnen, sicherer noch als das Raubtier, unerschrocken, unerschreckbar.

Aber die Sicherheit trügt: Nichts hat einen Bestand aus sich. Sobald es von seinem Woher abgeschnitten ist, muß es zerfallen, denn alles, was ist, bedarf des Wortes der Kunde, das alleine den Zufluß aus dem ursprünglich Ersten offen hält. Sei es Gesang oder Klage, das Wort nur gibt den Dingen einen Bestand, das Wort alleine festigt ihre Gegenwart.

Einzig im Wort kann die Liebe sein – zwischen Gott und dem Menschen, zwischen Mann und Frau, und zwischen den Dingen – jene innige Vertrautheit, mit der das eine sich dem anderen wie zum Geschenk hingibt. Und schließlich: Das Wort kündet die Gegenwart Gottes. Es nennt die Zeit, in der die Engel unter den Menschen weilen, um ihre Wege und ihr Tun zu begleiten.

Der Mensch hat das Wort, und es wurde gesagt, es müsse vielmehr heißen, das Wort habe den Menschen.[3] Der Mensch schließlich ist es, der einzig und alleine das Sein hinausträgt bis an die äußerste Grenze, er alleine kennt die Nacht und den Tag. Die Dinge und selbst die Tiere sind einfach das, was sie sind. Der Mensch alleine weiß um das andere. Er alleine ist einsam. Er al-

---

[3] Vgl.: Martin Heidegger: Der Weg zur Sprache, in: Die Sprache, S. 104: „Wir hören sie [die Sage] nur, weil wir in sie gehören."

leine trägt ein Leiden mit sich herum, das zum Wort finden muß. Er kennt das andere, und er alleine ist es, der sich auf das andere einläßt. So werden ihm die Dinge innerlich. Alle Wirklichkeit hat sich ihm im Wort anvertraut, das Sein hat sich ihm ausgeliefert.

Das uranfängliche Licht selbst ist endlich geworden, es hat sich im Menschen der Endlichkeit ausgeliefert, auf daß der Mensch es austrage und zum Aufscheinen bringe. Im Menschen ist das Licht zusammen gekommen auf einen einzigen Punkt, um sich der Finsternis zu zeigen. Er trägt das Licht in die Nacht. Das Vermögen dazu hat der Mensch nicht aus sich – beileibe nicht. Er hat das Wort, weil es dem Wort selbst beliebt hat, sich dem Menschen zu schenken. So ist uns im Wort der Schlüssel zu allen Dingen gegeben, der Schlüssel zum Verständnis des Wesens der Dinge, wie des Laufes der Welt.

Das Wort ist der Anfang, die Mitte und das Ende aller Dinge. Das Sein der Dinge wie der Welt ist auf dem Wort gegründet. Das Wort ist der Eckstein im Bau der Welt und der Geschichte. Im Wort hat alles einen Anfang genommen, auf das Wort hin kommt alles zu sich, und im Wort finden alle Dinge ihre Erfüllung. Das Wort gibt Welt. Das Wort schenkt das Sein. Es ist der Grund der Wahrheit. Das Sein der Welt hat seinen Ausgang vom Wort genommen. Im Wort ist die Welt dem Sein, aus dem es ist, vermittelt, und auf das Wort hin bewegt die Welt sich zurück an jenen Ort, von wo sie ausgegangen ist. Dies ist das Geheimnis allen Seins und Werdens: Im Wort ist die ganze Welt mit ihrem Anfang und mit ihrem Ende vermittelt, und durch das Wort kommt alles zu sich.

II. Die Leugnung des Wortes und die Welt ohne das Wort

Die heutige Zeit hat für solcherlei Gedanken zumeist keinen Sinn, sie tut sie ab als „schöngeistige Spekulationen". Man meint zu wissen, was die Dinge im einzelnen sind und was die Welt im ganzen ist. Man meint, den Lauf der Dinge zu kennen, und wenn etwas nicht so läuft, wie es sollte, meint man, es irgendwie, selbst wenn es noch so aussichtslos erscheint, wieder zurecht biegen zu können. Der erste Anfang aber, und das Wort, das uns mit ihm vermittelt, ist nicht mehr gegenwärtig.

Die Frage nach dem ursprünglich Ersten, wie die Frage nach dem Wesen des Seins ist nur mit einer Entscheidung zu beantworten. Diese Entscheidung bringt allem zuvor die Grundrichtung allen Werdens auf einen bestimmten Weg. Gerade die Frage nach dem Sein ist eine Frage der Entscheidung.
Diese Frage und die Entscheidung, die in ihr getroffen wurde, hat die Welt dorthin geführt, wo sie heute steht. Die Frage nach dem Wesen des Seins, ob bloß gegenständlich oder aus dem Wort hervorgegangen, ist eine Frage, die entscheidet über Leben und Tod. Sie ist die Frage aller Fragen, an ihr entscheidet sich Sein und Nichtsein. Der Mensch ist in die Entscheidung gestellt, denn er ist des Wortes mächtig.
Ob die Welt ihren Anfang im Wort genommen hat oder aber ob sie ohne das Wort ist, das ist für den Anfang die Frage.

Wir leben heute in einer Welt, die das Wort nicht mehr kennt. Was im allgemeinen als „wirklich" gilt, und was als „wirklich" zu gelten hat, darüber belehrt uns die Naturwissenschaft, im speziellen die Physik. Hier gilt der Urknall und die Evolution. Das Grundwort für alle Wirklichkeit heißt darin „Gegenständlichkeit". Die Welt, in der wir heute leben, ist geprägt von der modernen Wissenschaft. Das, was als wirklich gilt, ist allem zuvor das, was gezählt, gemessen und gewogen werden kann. Wenn noch jemand darauf besteht, daß da auch andere Dinge wirklich seien, dann wird er darauf verwiesen, daß dieses andere auf die Erscheinungen, die dann im Grunde doch gegenständlich sind, aufgebaut sei – eine Welt des Geistigen, etwa als die Folge neuronaler Prozesse. Das heute gültige Weltbild hält unbeirrbar daran fest. Die moderne Zeit sagt, man müsse alles nur einfach richtig machen, richtiger, besser.

Dabei bleibt eines wie unverrückbar vorausgesetzt in Geltung, das Weltbild der Naturwissenschaft nämlich, wonach alles, was ist, nicht aus dem Wort, sondern Gegenstand ist. Die Welt der Metaphysik ist somit Überbau, nicht Grundlage. Nicht die Philosophie oder die Theologie stellt die wesentlichen Fragen, sondern die Physik. Selbst die Frage nach Gott verliert, wo es sie noch gibt, ihren eigentlichen Gehalt; sie gilt, wird sie von da aus gestellt, als moralische Frage. Das Sein selbst bleibt letztlich davon unbetroffen, denn das, was man meint, daß es der Inbegriff von Wirklichkeit sei, ist und bleibt das Gegenständliche. Man hat Angst vor dem Weltuntergang, man schreit nach einer neuen Ethik, aber dem zuvor bleibt eines bestehen: Der unzerstörbare Glaube, das, was Wirklichkeit ist, zu kennen.

Dabei kann man der Dinge, die da im Begriff sind, über uns zu kommen, nicht mehr mit ethischen Entscheidungen Herr werden – mit einer Ethik, zu der man darüber hinaus nicht einmal wirklich fähig ist. Das alles ist zu wenig: Wir können es uns heute nicht mehr leisten, so zu tun, als gäbe es die Frage nach dem ursprünglich Ersten nicht. Es geht um die Grundlage allen Seins. Die Herrscher der heutigen Zeit haben sie den Technokraten, den Physikern, den Managern der Industrie und der Wissenschaft ausgeliefert, mit einem Wort: den erdgebundenen Mächten.

III. Die wortlose Wissenschaft

Das Weltbild, das die heutige „Elite" meint, sich leisten zu können, geht in so eklatantem Ausmaß an der vollen Wirklichkeit des Seins der Welt vorbei, daß sich dies notwendigerweise als Zerstörung der Welt aktualisieren muß. Diese Aussage muß in ihrer vollen Tragweite verstanden werden: Man kann an den Grundtatsachen der Seinsverfaßtheit der Welt vorbei weder eine Wissenschaft, noch eine Technik, aber auch keine Politik machen, ohne die Welt bis an den äußersten Rand der Vernichtung zu bringen, gerade wegen allen technischen Fortschritts.

Die Welt, wie sie uns die Physik vorstellt, ist scheinbar ganz unbetroffen von jeder Frage nach Heil oder Unheil, sie kennt nur Plus und Minus. Die Frage nach den Dingen, die für den Menschen wirklich bedeutend sind, ist ihr im Grunde fremd. Sie interessiert sich nicht für Gut und Böse. Jeder ernsthafte Wissenschaftler würde darauf bestehen, daß die Wissenschaft sich auch nicht dafür zu interessieren hat. Wie könnte oder dürfte die Wissenschaft mit dem Unfaßbarem rechnen, wie das Bedeutungshafte fassen?

In der Welt der Wissenschaft gibt es nur ein Entstehen und ein Vergehen, ein Funktionieren oder eine Fehlfunktion, meistens alles im schnellen Nacheinander oder in einem Zugleich. Diese Welt des Physikers ist es, in der die Politiker ihre Entscheidungen treffen, in der die Wirtschaft und die Industrie ihre Interessen durchzusetzen versuchen, in der sie manchmal mehr, manchmal weniger Profit erwirtschaften können. An unserer Position innerhalb der Funktionsabläufe dieser physikalischen Welt messen wir gemeinhin unseren Erfolg und unser Glück. Diese „Welt" ist die Summe aller in ihr vorkommenden Gegenstände, als solche aber ist sie eines ganz sicher nicht: das, was das Wort „Welt" eigentlich sagt.

Der Begriff der Schöpfung kommt, wenn man ihn richtig versteht, dem, was mit dem Wort „Welt" gemeint ist, nämlich dem vom Zuspruch geschenkten Zeit-Raum der Gegenwart, noch am nächsten. Wenn man es so versteht, ist mit den Worten „Welt" und „Schöpfung" ein ganz ungeheuerlicher Gedanke ausgesprochen, und die Welt als das Werk einer Schöpfung zu begreifen, ist dann ebenso erstaunlich, wie wenn man, diesen Gedanken wirklich ernst nehmend, den Schöpfergott denkt.

Die gegenwärtige Politik aber, das gesellschaftliche Leben überhaupt, ja der ganze Zeitgeist halten das Insgesamt der Phantome der Naturwissenschaften für die Welt. Deren Repräsentanten leben im stolzen Glauben, selbst der Inbegriff aller Weisheit zu sein. Nicht nur, daß man glaubt, die anderen seien dumm oder naiv, man ist insgeheim dem Schicksal dafür dankbar, in einer so „aufgeklärten" und „fortschrittlichen" Zeit leben zu dürfen. Das gesellschaftliche Tun und Denken ist in einem solchen Maße von Ignoranz bestimmt, daß viele meinen, das einzig vernünftige sei das wissenschaftlich durchdachte Weltbild. Der Mensch hat die Neigung, das, was er gewohnt ist, als das Maß aller Dinge zu betrachten. Die seit Jahrhunderten Gültigkeit habende wissenschaftliche Weltauffassung ist ihm so innerlich geworden, daß er sie unbesehen als die Wahrheit selbst nimmt, ist sie doch jener Boden, auf dem er steht, jenes Material, aus dem seine Anschauungsformen und die Kategorien seines Denkens gemacht sind.

Wie, wenn das Denken seit Jahrhunderten in die Irre gegangen ist – wie könnte er solches je in Erfahrung bringen? Was, wenn das vorherrschende Weltbild die Grundwirklichkeit allen Seins nicht kennt und vielleicht nicht einmal kennen will? Das vorherrschende naturwissenschaftliche Weltbild – so sehr es den ganzen Zeitgeist beherrscht, so mächtig es ist – verdankt sich nicht einem offenen Blick auf die Wahrheit. Es hat den Grund seiner Existenz darin, daß eine ganze Epoche den Anfang des Seins nicht kennt und nicht will. Dabei ist eines sicher: Wo eine Zeit der Wahrheit des Seins und seiner göttlichen Herkunft nicht gerecht wird, bereitet sich still und heimlich der Untergang vor, denn jede Zeit bedarf der vollen Höhe des Seins, wie der vollen Tiefe seines Geheimnisses, um im Lichte seiner gnädigen Gegenwart sein zu dürfen und existieren zu können.

Das naturwissenschaftliche Weltbild, genauergesagt jene Weltsicht, welche die Naturwissenschaft als das einzige Instrument zur Erkenntnis von Wahrheit akzeptiert, ist nicht neutral. Die Wissenschaft gibt nicht die Sicht frei auf das An-sich der Dinge, sie ist nicht das Maß aller Wahrheit, auch wenn sie sich noch so sehr dafür ausgibt. Wenn sie in unserer Zeit zum Maß dafür geworden ist, was als wahr und als wirklich gilt, dann nicht, weil sie ganz besonders der Wahrheit fähig oder ihr treu wäre, sondern einzig deshalb, weil unsere Zeit in der Folge von ganz bestimmten historischen Entwicklungen steht, über deren Reflexion die Naturwissenschaft großzügig hinweg geht. Die Sicht der Naturwissenschaft auf die Welt ist keine unvoreingenommene. Der Vorentwurf dessen, was in ihr als Welt und als Wirklichkeit gelten darf, ist auch nicht von der Art und Weise vorgegeben, wie es den Dingen oder gar der Wahrheit selbst beliebt, sich zu zeigen.

Wollte je einer, der die Welt einzig aus naturwissenschaftlicher Sicht kennt, in das Freie kommen, um auch nur einen einzigen Blick auf die Wirklichkeit der Dinge zu erhaschen, dann müßte er hinter diejenigen Positionen zurückgehen, aus denen seine Wissenschaft herausgewachsen ist. Dort aber wäre er jenseits aller Wissenschaft; er wäre inmitten in jener geistigen Auseinandersetzung, die schon am Beginn der abendländischen Kultur gestanden hat.

Genau von jenem Punkt aus gilt es, die Frage nach der Wirklichkeit neu zu stellen. Die Großen des Denkens sind darin durch die Jahrhunderte hindurch weit vorausgeeilt. Nicht das, was die großen Lehrer des Abendlandes gedacht haben, ist verfallen oder überholt – im Gegenteil: Ihr Wort ist auch heute noch gültig, nur unsere Zeit ist dahinter zurückgefallen.

Näherhin läßt sich das heutige Weltbild nur von jener Philosophie her verstehen, die über Jahrhunderte hinaus Gültigkeit hatte. Das naturwissenschaftliche Denken ist bis in seine Einzelheiten hinein ein Kind dieser geistigen Epoche, selbst wenn es das nicht wahrhaben will. Die heutige Form von Denken ist nicht aus der abendländischen Philosophie herausgewachsen, wie das eine aus dem anderen hervorgeht, jeweils das Beste annehmend und es zu Neuem gestaltend. Die Naturwissenschaft ist ein gefallenes Kind. Sie ist ein Kind der Verneinung. Sie hat sich losgesagt von ihren Eltern, auf deren Erbe sie undankbar verzichtet, deren Wahrheit sie verachtet. Wie ein Kind im Trotzalter, so ist auch die Naturwissenschaft zu keinem freien Urteil fähig; in all ihrem Tun sucht sie nur, die Welt ihrer Eltern und Vorväter zu verneinen, zu leugnen und zu schänden. Das naturwissenschaftliche Denken ist einzig und alleine das Produkt der Leugnung und Verneinung vormaliger metaphysischer Wirklichkeit, beziehungsweise die Verkehrung vormaliger theologischer Aussagen. Es ist die Schuld dieses naturwissenschaftlich geprägten Weltbildes, das seines Anfanges nicht mehr mächtig ist, daß die ganze Welt heute vor den Abgrund gestellt ist. [4]

Es gibt in der abendländischen Geistesgeschichte, noch lange bevor diese Art von Naturwissenschaft in Mode kam, den Versuch, das ursprünglich Erste vom Wort her und als das Wort zu bedenken.

Die Dinge, die darin angesprochen wurden, sind, gerade weil sie heute vergessen und verschwiegen sind, der Gegenstand der vorliegenden Bemühungen.

Die Geschichte, die hier zu erzählen sein wird, ist nicht neu. Die alten Quellen geben ein reiches Zeugnis davon. Aber die Dinge, von denen hier die Rede ist, waren über die Jahrhunderte hinweg versunken und vergessen. Sie geben einer Weltsicht den Raum, die nicht dem neuzeitlichen Wissenschaftsglauben unter-

---

[4] Von bestimmter Seite heißt es, der biblische Schöpfungsauftrag „macht euch die Erde untertan" sei verantwortlich für die heutige Misere. Diese Aussage verkennt den wahren Gehalt dieses Wortes. Es ist kein Aufruf zu einer Herrschaft über die Natur, mit dem Ziel der Ausbeutung der Natur; die Idee, die Welt ausbeuten zu wollen, entsteht erst in der Neuzeit, als das christliche Weltbild seine Gültigkeit verliert. Für das christliche Denken meint „Herrschaft" nichts anderes als den Dienst an der Entfaltung und Ausprägung des Gestalthaften der Welt, das seinen Ursprung im Willen Gottes hat.

worfen ist, und sie geben einer Theologie den Raum, die weder im moralischen, noch im psychologischen oder sozialen Sinne für die Zwecke der Gemeinschaft und für die Interessen der Mächtigen verbrauchbar ist.

Es gibt Andeutungen über das Wort, bedeutende Sätze, Aussagen, die in ihrem Gehalt und ihrer Tiefe kaum zu überschätzen sind, und es hat sicher einen Ort und eine vielleicht allzu kurze Zeit gegeben, in der diese Aussagen in Ehre gehalten wurden. Aber vieles in der Welt wird dann erst deutlich, wenn da eine ganze Zeit darunter gelitten hat, daß es nicht mehr ist. „Die Not lehrt beten", heißt es. Es scheint, daß die Not überhaupt etwas mit dem Wort zu tun hat, genauer gesagt damit, daß das Wort fehlt.

Wenn der Mensch derjenige ist, dem das Wort gegeben ist, dann ist es der Sinn der Geschichte, daß das Wort offenbar wird. Das aber kann und wird in zweierlei Art und Weise der Fall sein: Einmal, daß das Wort gehört und angenommen wird, zum anderen aber so, daß es nicht angenommen wird. Nicht nur das Wort, das angenommen wird, sondern auch der Fehl des Wortes und der Mangel am Wort macht auf seine eigene Art und Weise Geschichte – gerade in der Not wird vieles offenbar, deutlicher noch als ohne Not.

3. Kapitel
Die Welt Aus Dem Wort

I. Gott – der Schöpfer, und die geschaffene Welt

Wenn vom „ursprünglich Ersten" die Rede ist, dann denkt man im abendländischen Kulturkreis an den Begriff der „Schöpfung". Die Schöpfung gilt in der geistigen Tradition des Abendlandes als der erste Anfang aller Dinge. Dabei spricht der Schöpfungsbegriff nicht eigentlich vom zeitlichen, sondern vom wesenhaften Anfang der Welt – er spricht vom Wesentlichen schlechthin.

In der Meinung, mit dem Begriff „Schöpfung" sei nur das dingliche Entstehen des Universums gemeint, stellt man sich oft die Schöpfung als das explosionsartige Hervorgehen der Galaxien aus einem unvorstellbar dichten Materieklumpen vor, doch so laut dieser Ur-Knall auch gewesen sein mag, er war ohne jedes Wort. Der Urknall, von dem die Physiker sprechen, hat mit dem, was unter dem Begriff der Schöpfung eigentlich zu verstehen ist, rein gar nichts zu tun. Im Wort ist eine andere Dimension des Seins angesprochen, eine Dimension, um die eine Zeit, die nur auf die Physik hört, glaubt, sich nicht wirklich kümmern zu müssen.

Überall, auch weit ab von jeder christlichen Theologie, ist von der Schöpfung die Rede, von der Sorge um die Schöpfung, von der Erhaltung und Bewahrung der Schöpfung, oder sogar von deren Zerstörung. Auch in Kreisen, die ein christliches Weltverständnis in aller Ausdrücklichkeit weit von sich weisen würden, hat sich die Rede von der Schöpfung eingebürgert. Bevor man sich die Mühe macht, sich mit dem, was das Wort „Schöpfung" aussagt, eingehender zu befassen, wird man damit irgendwie die Natur in Verbindung bringen, aber auch die Welt und den Menschen, und die Tiere in ihr mit dazu. Man redet von der Schöpfung, weil das heute so modern ist, weil das ein jeder irgendwie tut, und weil die Schöpfung einem irgendwie nahe zu sein scheint, weil sie einem einfach mehr am Herzen zu liegen scheint, als die Welt als solche. Man redet von der Schöpfung, aber man meint eigentlich nur die Welt als ganze, und man stellt sich diese nicht anders vor, als die Summe aller Dinge in ihr.

Dabei gibt es in der abendländischen Geistesgeschichte vom philosophischen Standpunkt aus gesehen einen unerreicht hohen Begriff von der Schöpfung. Man kennt die Bilder der mittelalterlichen Künstler, auf denen dargestellt ist, wie der Schöpfer mit Zirkel und Stift in der Hand, die Welt, die Sonne, den Mond, und die Sterne am Himmel, und danach die Erde entworfen hat. Dies findet in den Lehrbüchern der Scholastik, wie die mittelalterliche Schulphilosophie genannt wurde, seine Entsprechung; in ihnen ist die Herkunft des Daseins der Welt aus dem urbildlichen Wort dargelegt worden, und eine ganze Metaphysik der Schöpfung war darauf aufgebaut.

Wenn auf den folgenden Seiten die Schöpfungslehre und die dazugehörige Seinslehre der großen mittelalterlichen Philosophen, vor allem die des Thomas von Aquin, die des Meister Eckhart, des Bonaventura und des Albertus Magnus nachgezeichnet wird, und daran anknüpfend, deren Lehre vom Wesen des Himmels und von der Dreifaltigkeit Gottes näher beschrieben werden, dann ist das weniger ein Exkurs über philosophiegeschichtliche oder theologische Fachfragen, sondern vielmehr der exemplarische Versuch, die einst ausgesprochene, aber wieder verlorene Herkunft des Seins aus dem Wort für die heutige Zeit wieder faßbar zu machen. Damit einhergehend werden die für ein auf das Wort gegründetes Verständnis der Welt und ihrer Seinsgründe unabdingbaren Voraussetzungen erarbeitet, zumal erst von da aus erkennbar sein wird, was das neuzeitliche Weltbild und die Naturwissenschaften vom Sein der Welt verschweigen.

1. Die Schöpfung, der Akt Gottes

Das Wort „Schöpfung" besagt das Dasein der Welt, aber nicht einfach die herkunftslose Existenz von Dingen, sondern das Gegebensein der Welt als das Werk Gottes.

Einerseits, wie es heute üblich ist, von einer Schöpfung zu reden, und andererseits eine rein physikalische Theorie, wie es die vom Urknall ist, als die letztgültige Aussage über das Dasein der Welt gelten zu lassen, ist schlechterdings ein Unfug. Das Wort „Schöpfung" braucht, damit es sinnvoll sei, das Wort „Gott": Ohne Gott, das heißt ohne die Tatsache, daß die Welt als eine von Gott erdachte und gewollte ins Werk gesetzt ist, kann von einer „Schöpfung" keine begründete Rede sein.

Der Schöpfungsgedanke hat religionsgeschichtlich gesehen, seinen ganz eigenen Ort im Bereich der jüdisch-christlichen Religion, und er konnte nur dort entstehen, weil einzig dort nicht von einem letzten, im Grunde nur wesenlosen Prinzip, sondern vom personalen Gott die Rede ist. Das heißt zunächst, daß nur Gott, als die absolut freie, sich selbst besitzende und um sich selbst wissende Allmacht so etwas, wie eine Welt aus dem Nichts erschaffen kann.

Thomas von Aquin, (geboren um 1225 auf der Burg Roccasecca, nahe dem zwischen Rom und Neapel gelegenen Aquin, Dominikanermönch, bedeutendster Magister der Philosophie und Theologie seiner Zeit, unter anderem an der Universität in Paris und Neapel, gestorben 1274) der Lehrer des christlichen Abendlandes, sagt von der Schöpfung:

„Es ist nicht nur nicht unmöglich daß etwas von Gott erschaffen sei, vielmehr ist es notwendig, alles, was ist, als von Gott erschaffen zu bezeichnen." [5]

Wenn, wie es auch gegenwärtig immer wieder einmal der Fall ist, gefragt wird, ob es denn einen Gott gäbe, oder nicht, dann hätte ein mittelalterlicher Philosoph wohl gestutzt, und sich und den anderen gefragt, ob der denn wisse, wovon denn überhaupt die Rede sei. Und um das ganze auf den richtigen Weg zu bringen, hätte er erwidern können, daß man diese Frage so nicht stel-

---

[5] Thomas von Aquin: S. Th., I, q. 45, a. 2 resp.

len könne – daß man vielmehr fragen müßte, ob man jenes Absolute, das das Sein der Welt begründet hat, angemessenerweise mit dem Wort „Gott" bezeichnen müsse. Ob es also gute Gründe gäbe, die darauf hinweisen, daß die Erschaffung der Welt, die ja nur auf eine absolute Seinsmacht zurückzuführen sein kann, wo doch alle Kräfte und Mächte, wie wir sie in der Welt kennen, zwar die Dinge verändern können, aber letztlich das Sein geben, das könne eben nur die absolute Schöpfermacht – ob denn also diese absolute Seinsmacht mit dem Wort „Gott" richtig benannt sei. Die andere Möglichkeit wäre die, daß ein unpersönliches Absolutes, eventuell eine Macht ohne Bewußtsein und freien Willen die Ursache des ganzen Seins sei. Daß genau das erstere Fall sei, behauptet Thomas von Aquin, wenn er sagt, es sei notwendig, alles, was ist, als von Gott erschaffen zu bezeichnen.

Wenn man den Begriff der Schöpfung wirklich als den radikalen Anfang der Welt und des endlichen Seins als solchen nimmt, kann man sich die Erschaffung der Welt nicht als eine Veränderung einer irgendwie schon vorgegebenen Materie denken, woraus sich die Einsicht ergibt, daß Gott die Welt aus einem zweifachen „Nichts" hervorgebracht hat. Dieses zweifache Nichts besagt zum einen, daß weder vor der Schöpfung etwas gewesen wäre, das Gott als Material zur Erschaffung verwendet hätte – er hat also das ganze Sein hervorgebracht, und es besagt zum anderen, daß Gott die Welt auch nicht aus sich heraus erschaffen hätte, also so, als wäre die Welt einfach eine Fortführung seines eigenen, absoluten Seins – nein, Gott hat die Welt ganz und gar aus Nichts gemacht, wie Thomas von Aquin sagt:

„Die Schöpfung ist ein Hervorgehen des ganzen Seins aus dem, was nicht ist, aus dem, was das Nichts ist." [6]

Die Schöpfung ist aus dem Nichts, und sie ist das Werk Gottes. Sie verdankt sich in ihrem Sein nicht sich selbst, sondern dem Absoluten. Dies ist die Grundaussage des Wortes von der „Schöpfung".

---

[6] Thomas von Aquin: S. Th., I, q. 45, a. 1 resp.

Im Alten Testament, im ersten Buch der Weisheit heißt es:

„Gott hat alle Dinge der Welt erschaffen, damit sie seien, und heilbringend sind die Dinge der Welt." (Weish. 1,14.)

Die Hauptsache bei der Schöpfung ist es demnach, daß Gott das ganze Sein gibt, „er hat alle Dinge erschaffen, damit sie seien", und daß die Dinge der Welt gut sind, von Anfang an, was mit dem Nachsatz „und heilbringend sind die Dinge der Welt" ausgesagt ist.

Thomas von Aquin sagt weiters:

„Es bleibt also nur, zu sagen, daß alles, was von Gott verschieden ist, so ist, daß es sein Sein nicht selbst ist, sondern nur am Sein teilhat. Es ist demnach notwendigerweise so, daß alles, was gemäß seiner Teilhabe am Sein sich voneinander unterscheidet – so daß das eine vollkommener ist als das andere – dennoch von dem einen verursacht ist, das als das erste ist, welches das vollkommenste ist." ...

„Man muß behaupten, daß alles, was ist – und auf welche Weise auch immer es ist – von Gott ist. Denn wenn da etwas durch Teilhabe ist, dann muß es von dem verursacht sein, das wesenhaft ist, so wie das Eisen einzig vom Feuer feurig wird. Als wir von der Einfachheit Gottes gesprochen haben, wurde schon gezeigt, daß Gott das Sein selbst ist, ein Sein, das durch sich bestehend ist; des weiteren ist gezeigt worden, daß es nur ein einziges Sein geben kann, das subsistent, das heißt durch sich selbst bestehend ist." [7]

Nur Gott kann demnach wirklich der Schöpfer sein, denn nur Gott, der Absolute, hat einen Bestand aus sich, nur Er besitzt im wirklichsten und vollsten Sinne „Sein", nur Er ist im vollsten Sinne das Sein, denn Er ist das „Sein überhaupt". Alles andere aber, was nicht Gott selbst ist, alles, was also in der Welt und endlich ist, hat das Sein nur aus Teilhabe. [8]

---

[7] Thomas von Aquin: S. Th., I, q. 44, a. 1 resp.

Daß „das Sein aus Teilhabe ist", diese Aussage ist eine Hürde, über die kaum ein neuzeitlicher Denker mehr hinwegkommt, und doch ist sie der Schlüssel für das Verständnis der Wirklichkeit der Welt, des Daseins Gottes und des Wesens des Seins. Zwar haben die Dinge ihr Sein einzig aus dem göttlichen Schöpfungsakt, und nicht aus sich selbst, doch ist es auf der anderen Seite so, daß das, was Gott der Welt oder dem Geschöpf in der Schöpfung mitteilt, wirkliches Sein ist, so daß sich die Geschöpfe in ihrem Sein wirklich geschenkt sind. Das bedeutet, daß das Sein, das die endliche Welt ausmacht, zwar nicht aus der Welt selbst kommt, daß es aber den Geschöpfen etwas ganz und gar Innerliches ist. Das hat zur Folge, daß alle Dinge und Lebewesen in sich stehen, daß sie selbst im vollsten Sinne des Wortes sind, daß sie wirklich „wirklich" sind. Die Dinge sind nicht nur Schein, wie uns gewisse Religionsformen und Ideologien nahe legen wollen, sie sind im vollsten und besten Sinne das, was man „wirklich" nennt.

Wenn es nun zum einen heißt, daß Gott den Dingen ein Sein gegeben hat, das die Dinge nicht aus sich haben, ein solches, das sie eben nicht hätten, wenn es ihnen nicht von Gott, der das Sein selbst ist, gegeben wäre, und wenn es auf der anderen Seite heißt, daß dieses Sein, das ihnen gegeben ist, ein echtes Sein ist, ein Sein vom Sein, wie es in Gott ist, das in sich noch die Herkunft aus Gott trägt, ja, daß es immer in der Herkunft aus Gott bleibt, dann ist mit diesen Aussagen ein Spannungsbogen nachgezeichnet, der im Sein selbst vorgegeben ist. Das Sein ist in Gott absolut, in der Welt aber ist es ein mitgeteiltes Sein – Gott und Welt sind in dieser Hinsicht unendlich verschieden voneinander – und doch ist in beiden Fällen vom selben Sein die Rede.

Das Sein, das nicht nur der Grund der Wirklichkeit des Menschen, sondern der Grund aller Wirklichkeit ist, ist das erste, was die Dinge und die Lebewesen miteinander gemeinsam haben. [9] Das Sein ist der Grund aller Einheit, der Grund der Einheit des Individuums mit sich selbst, wie der Grund der Einheit der

---

[8] Vgl. dazu: Kurt Krenn: Vermittlung und Differenz? Vom Sinn des Seins in der Befindlichkeit der Partizipation beim Heiligen Thomas von Aquin.

Dinge miteinander. Ja, selbst eine gewisse Einheit der Welt mit Gott ist durch das Sein begründet, ist doch das Sein, wie es in Gott ist, der Grund des Seins der Welt, weshalb Augustinus sagt, Gott sei „interior intimus meus", er sei mir innerlicher als meine eigene Innerlichkeit: Im Sein ist eine unüberbietbare Intimität zwischen Gott und der Welt begründet.

Und doch ist auf der anderen Seite das Sein, das den Dingen zugeteilt ist, eben nie das Sein als solches, es ist nie das Sein, das losgelöst von einem endlichen Träger – absolut – ganz in und aus sich bestehen würde, denn solches „gibt" es nur in Gott. Wäre dem so, dann wären die Geschöpfe keine Geschöpfe, sondern selbst Gott, so daß das Sein, das der Kreatur gegeben ist, immer nur das eines ganz bestimmten, endlichen Wesens ist. Der entscheidende Unterschied zwischen dem Sein Gottes und dem der Welt ist somit dieser, daß Gott das Sein selbst ist, während die Geschöpfe ihr Sein nur empfangen haben, denn *„sobald der Herr seine Hand zurücknimmt, verfallen die Dinge ins Nichtsein"*, wie es im Psalm 104 heißt. [10]

---

[9] Hier ist eine Anmerkung darüber angebracht, was im Folgenden unter einem „Ding" gemeint ist: Als „Ding" wird zumeist eine Sache gekennzeichnet, die vom Lebewesen unterschieden ist. Dabei wird ungesagt vorausgesetzt, ein Ding sei ein Gegenstand, doch das Wort „Ding" meint ursprünglich viel mehr, nämlich alles, was nur irgendwie Träger von Bestimmungen ist. Für jetzt soll es allerdings genügen, die Bedeutung des Wortes so weit offen wie nur möglich zu halten. Alles, was nur irgendwie „wirklich" ist, soll zunächst darunter verstanden sein, also alles, was in der Natur ist, und alles, was aus der Kultur ist, die Gegenstände, die Tiere und Pflanzen, aber eben auch solche „Dinge" wie die Heimat, der Schmerz, das Mißverständnis, der Urlaub, der Gedanke, und so weiter und so weiter.

[10] Die entscheidenden Aussagen des Thomas von Aquin finden sich in der Theologischen Summe in der Quaestio 7: „Weil also das Göttliche Sein nicht woanders (in der Materie) aufgenommen ist, sondern weil es sein Sein (als) in sich subsistierendes Sein selbst ist, wie oben (q.3, a.4) gezeigt wurde, steht fest, daß Gott unendlich und vollkommen ist." (Thomas von Aquin: Summa theologica, I q.7 a.1) „... gerade darin, daß das Sein Gottes das durch sich selbst subsistierende, (und) in keinem anderen aufgenommene Sein ist, unterscheidet es sich von allem anderen, und alles andere steht hinter ihm zurück."(Ebd., I q.7 a.1 ad 3.)

2. Die Gestalt schenkt das Sein

> *„Aus der Gestalt kommt der Wert und die Schönheit eines jeglichen Dinges, aus dem Bewirkenden kommt sein Reichtum, aus der Finalursache die Fruchtbarkeit."...*
> *„Sie (die Gestalt) ist ‚jene sehr kluge und schöne Frau' die ihren Mann vom Tode befreite, Haus und Hof rettete, und den Zorn des Königs David besänftigte (1 Kön. 25). ‚Eine schöne Frau', denn von der Gestalt empfängt, wie gesagt, ein jegliches Ding seine Schönheit: ‚Sie ist schöner als die Sonne' (Weish. 7,29). Darüber hinaus aber kommt von der Gestalt der Wert eines jeden Dinges".*[11]

Diejenige Verkürzung des Begriffes der Schöpfung, die es erlaubt, daß man sich unter der Schöpfung nur mehr das Hergestelltsein einer Unzahl von Dingen und Lebewesen vorstellen kann bzw. konnte, hat ihren Ursprung darin, daß das Gestalthafte als solches unserer Welt verloren gegangen ist. Damit einhergehend ist der eigentliche Gehalt des Gestalthaften aus dem Blick verschwunden, so daß im Rahmen des vorherrschenden Weltbildes unter der Gestalt einzig der äußere Umriß der konkreten Dinge verstanden wird.

Wenn heute das Wort „Gestalt" nur mehr die Form der äußeren Erscheinung eines Gegenstandes bezeichnet (was sie im übrigen ja auch ist), dann ist damit eine so grundsätzliche Verschiebung der Grundverhältnisse des Wirklichen gegeben, daß das Wesentlichste dessen, was zum Bestand des Seins der Welt gehört, verloren gegangen ist. Es geht in das Innerste der abendländisch-christlichen Weltdeutung, wenn Cicero die himmlischen Urbilder der Wirklichkeit, die Platon mit dem griechischen Wort „idea" bezeichnet hat, mit den lateinischen Begriffen „species" (Spezies, von „Angesicht"), „forma" (Gestalt) und „figura" (Figur, Umriß) wiedergibt. Tatsächlich werden auch schon bei Aristoteles die griechischen Wörter „eîdos" und „mor-

---

[11] Meister Eckhart: Sermones, Sermo XXV, in: Meister Eckhart, LW IV, No. 254. (Vgl. No. 251 – 268)

phé" ziemlich undifferenziert sowohl im Sinne von „Gestalt", wie auch im Sinne von „äußerer Umriß" gebraucht. Was also hat der äußere Umriß einer Sache, das Aussehen und die Gestalt mit dem Urbild des Seins zu tun?

In der Sichtweise platonischer Philosophie ist es keineswegs bedenklich, wenn diese Dinge einander so sehr angenähert werden, daß die Gestalt die wesenhafte wie die äußerliche Eigenart der Dinge nennt, denn das Wort „Gestalt" kann, wenn von einem einzelnen Ding die Rede ist, durchaus das benennen, was etwas ist, selbst wenn damit nur der äußere Umriß gemeint ist, hängt doch von der Bestimmung der Gestalt – und was anderes sollte sich zur Erscheinung ausprägen? – das Wesen und der Name der Dinge ab. Wirklich zum Problem wird das ganze erst, wenn, wie es heute der Fall ist, der tiefere, und eigentliche Gehalt des Gestalthaften nicht mehr gesehen wird, so daß man sich unter der „Gestalt" einzig die räumliche Grenze der Erscheinung vorstellt.

Wenn zum Beispiel Thomas von Aquin sagt, daß die Gestalt das Prinzip der Wirkung ist, dann ist damit die Gestalt eben nicht nur als der äußere Umriß eines Dinges, sondern als ein Seinsprinzip angesprochen.[12] Die Gestalt in diesem Sinne ist das, wodurch etwas ist. In der Scholastik hat man die „forma" die „ratio participata" genannt, den Grund, in dem die endlichen Dinge am Sein teilhaben.

Nur wer die Gestalt als Seinsprinzip der Wirklichkeit begreift, kann in aller Schärfe zwischen der äußeren Erscheinungsform eines Wesens und der Form ihrer Gestalt unterscheiden, so daß die Gestalt als jene Macht begriffen werden kann, die sich vom Himmel her als das Geschehen der Zeit auslegt, und die so die Erscheinungsform des Endlichen prägt:

---

[12] Dazu: Klaus Riesenhuber: Die Transzendenz der Freiheit zum Guten, S.229 ff. Auch Platon denkt mit dem Begriff der „methexis" in diese Richtung. Vgl. dazu: Carlo E. Huber: Anamnesis bei Plato, S. 553,f.

„Zeit drückt sich in Form aus. Das heißt, jede Form ist eine Schicksalsaussage." [13]

Wird die äußere Form der Erscheinung von der Gestalt her gesehen, ist sie der Ausdruck des inneren Wesensgehaltes einer Sache, bzw. dessen, was im und als Schicksal in die Zeit gekommen ist. Demjenigen, der diesen Gedanken fassen kann, ist ein Schlüssel in die Hand gelegt, mit dem sich der eigentliche Kern des scholastischen Denkens, und von da aus die ganze Wirklichkeit von innen her aufschließen läßt.[14]

Eben jenen inneren Seinsgrund hat die platonische Philosophie mit dem Wort „Idee" gemeint und ausgesprochen – die Ideen sind zugleich die Urbilder allen endlichen Seins, die sich durch den Himmel vermittelt auf der Erde auswirken, wie auch der innerste Kern der Wirklichkeit der Dinge. Es ist im besten platonischen Geist gesprochen, wenn der Altphilologe Walter F. Otto sagt:

---

[13] So Wolfgang Döbereiner: Weg der Aphrodite, S. 25. Weil die Gestalt ein Seinsgrund des Wirklichen ist (und eben nicht nur der äußerer Umriß eines Gegenstandes), hat ihre Verneinung oder Ablehnung die schlimmsten Konsequenzen: Vgl. dazu Wolfgang Döbereiner: „Wenn eine Verdrängung vorliegt, oder die Form nicht zur Gestalt geboren werden will, weil sie deren Bedeutung scheut, dann wird die Form des Unselbständigen" ... „zum Gleichnis, das die Unselbständigkeit der Erscheinung prägt, das Unselbständige zur Bedeutung erhebt, und in ihm als selbständig gewordenes Bild des Unselbständigen, gleich dem selbständig gewordenen Ornament, das Ungeborene das Leben zwingt nach seinen Ritualen zu tanzen." (Wolfgang Döbereiner: Weg der Aphrodite, S. 66) Demnach wird die Erscheinung, sobald sie von der Gestalt losgerissen ist, zur wesenlosen Erscheinungsform, und in der Folge zur Erscheinung des Wesenlosen.
Um dem Gesagten Rechnung zu tragen, wird im Folgenden der bei den Scholastikern gebräuchliche Begriff „forma" - auch wenn es andernorts keineswegs so üblich ist - dort, wo damit die Gestalt als Seinsgrund gemeint ist, mit dem Wort „Gestalt" übersetzt, wohingegen das aus dem Lateinischen kommende Fremdwort „Form" für die Kennzeichnung des Umrisses der äußeren Erscheinung reserviert werden soll. Dementsprechend wird die „Gestalt" in erster Linie den in der Erscheinung sich manifestierenden inneren Seinsgrund des Wirklichen nennen.

[14] Josef Pieper übersetzt jene transzendentale Bestimmung des Seins, die Thomas von Aquin mit dem Wort „aliquid" bezeichnet, mit dem Wort „Gestalt": „Jegliches Seiendes ist ‚etwas anderes'." ... „Alles Seiende ist Gestalt; alle Gestalt aber hat Dasein kraft ihrer Grenze." Josef Pieper: Wahrheit der Dinge, S. 33.

> *„Die Gestalt ist das Schöpferische in der Welt, weil sie selbst unmittelbar aus dem Ursprünglichen geboren ist."* [15]

Wenn die platonische Philosophie die Gestalt als solche dem Bereich des Ursprünglichen zugerechnet hat, dann bedeutet dies für die christliche Interpretation, daß die Gestalt dem Göttlichen als solches zuzurechnen ist, und in der Tat sagt Thomas von Aquin genau das ausdrücklich:

> *„Die Gestalt ist gewissermaßen göttlich und sie ist das Beste und das, was anzustreben ist."* [16]

Gottes Sein ist ein lebendiges Sein, es ist die schöpferische Urmacht schlechthin, es ist selbst Gestalt:

> *„Er [Gott] ist also aufgrund seiner Wesenheit Gestalt."* [17]

Wenn man die Sache nun gewissermaßen „von unten her" betrachtet, um zu sehen was das für das einzelne, endliche Wesen besagt, ist festzustellen, daß jeglichem endlichen Wesen oder Ding das Sein durch die Gestalt geschenkt ist.

Der scheinbar einfachste Satz des Thomas von Aquin über die Wirklichkeit der Geschöpfe – *„forma dat esse"* – die Gestalt gibt das Sein – ist damit zugleich der Schlüssel für das Verständnis allen Seins und Wirkens in der endlichen Welt, denn die Geschöpfe erhalten das Sein durch ihre Gestalt, durch die ihr Wesen ausmachende Form, und diese kommt, wie schon angedeutet, unmittelbar aus dem Absoluten, wie Thomas sagt:

> *„Das aber, was das am meisten Gestalthafte von allem ist, ist das Sein selbst"* [18]

---

[15] Walter F. Otto: Der Mythos und das Wort, S. 364, in: Das Wort der Antike.
[16] Thomas von Aquin: In I Phys. I 15 nr. 135.
[17] Thomas von Aquin: Summa theologica, I, q.3 a. 2 c.
[18] Thomas von Aquin: Summa theologica, I, q. 7 a.1.

Das Sein selbst ist dabei aber gerade nicht, wie es heute fälschlich heißt, das aller Unfaßbarste, es ist auch nicht das Abstrakteste von allem, was ist, denn es ist an sich gestalthaft, und als solches ist es gerade als das aller Innerlichste und Wesentlichste einer jeden Sache faßbar, und das so sehr, daß in ihr das Göttliche erkannt werden kann:

> *„Weil aber Gott aufgrund seiner Wesenheit das Sein selbst ist, muß auch das erschaffene Sein seine ureigenste Wirklichkeit (Wirkung) sein, so wie das Brennen die ureigenste Wirklichkeit des Feuers selbst ist. Diese Wirklichkeit (die des Seins) aber bewirkt Gott in den Dingen nicht nur, wo sie erstmals anfangen zu sein, sondern solange sie im Sein erhalten werden; so wie das Licht in der Luft von der Sonne verursacht bleibt, solange die Luft erleuchtet wird.*
> *Solange also ein Ding Sein hat, so lange muß auch Gott in ihm sein, und zwar auf diejenige Art und Weise, wie es ein Sein hat. Das Sein aber ist dasjenige, was allem das Intimste ist, und das, was allem am grundlegendsten zugehört, denn es ist g e - s t a l t g e b e n d für alles, was in den Dingen ist, wie aus dem Vorhergesagten (Q. VII, a. 1) hervorgeht. Deshalb ist es offensichtlich, daß Gott allen Dingen auch das Intimste ist."* [19]

Gott ist den Dingen der Welt innerlich, weil sie Gestalten sind. In jeglicher Gestalt ist in gewisser Weise das Göttliche gegenwärtig, denn die Schöpfung ist ein gestalthafter Akt, genauer gesagt, jener Akt, in dem Gott, der das Gestalthafte schlechthin ist, der endlichen Welt Gestalt und damit Sein gibt.

Das Sein, das in Gott das Prinzip alles Gestalthaften ist, bestimmt sich im Akt der Schöpfung also gewissermaßen selbst zu dieser oder jener Gestalt, so daß das einzelne Seiende von der Gestalt „aktuiert", das heißt verwirklicht wird. Der Seins-Akt ist also im Sinne einer Teilhabe des Endlichen am Sein selbst durch die Gestalt gegeben:

---

[19] Thomas von Aquin: S. th. q. VIII, a. 1 resp. (Hervorhebung durch den Verfasser)

"Jede Gestalt ist in gewisser Weise eine Teilhabe an Ähnlichkeit mit dem göttlichen Sein, welches der reine Akt ist." [20]

Es ist nach all dem verständlich, daß Meister Eckhart, wie in der Einleitung zu diesem Kapitel zitiert, so pathetisch von der Gestalt spricht, denn die Gestalt faßt das aus dem Ewigen zufließende Sein in der Zeit, so wie der Brunnen das aus dem Grunde hervorquellende Wasser faßt – sie vermittelt der jeweiligen Wesenheit das Sein, wodurch das vereinzelte, endliche Wesen ist und lebt.

❖

Die Gestalt ist gewissermaßen das Bindeglied zwischen Himmel und Erde, sie ist voller Anmut und Reichtum, denn sie gibt das Sein als solches, und sie erlaubt es, in bestimmter Weise vom Sein der Welt auf das Sein Gottes zu schließen.

Die Gestalt schenkt das Sein, aber eben nur das Sein in einer bestimmten Gestalt; die Gestalt ist gewissermaßen die Brücke zwischen Unendlich und Endlich, sie ist es, die zugleich das Sein für das Seiende beschränkt, und es ihm gerade dadurch ermöglicht: Die Wesensgestalt ist den Geschöpfen (in all der Begrenzung, die sie mit sich bringt) die einzige Gelegenheit zum Sein. [21]

Und dennoch ist das, was dem Endlichen in seiner Endlichkeit gegeben ist, wahres und wirkliches Sein. Das Sein der Geschöpfe ist Sein vom Sein. Auch das Sein der Geschöpfe, das

---

[20] Thomas von Aquin: In Phys. 1 15 nr. 135.
[21] Weil nun die Dinge der Welt ihr Sein einzig in der Gestalt eines das Sein als solchen begrenzenden Wesens erhalten haben, wodurch ja die Dinge sowohl von Gott, wie auch untereinander verschieden sind, steht die geistbegabte Kreatur immer in der Versuchung, sich selbst mit Gott zu verwechseln. Tatsächlich ist der Mensch immer wieder geneigt, die Tatsache der Endlichkeit als eine ungeheuerliche Einschränkung seines Seins zu betrachten. Vgl. dazu auch Bonaventura, Collationes in Hexaemeron, I, 26, wo es heißt, daß die Sünde dadurch ihren Anfang nimmt, daß der Widersacher den Menschen täuscht und ihn dazu verführt, zu meinen, wie Gott sein zu müssen, gerade weil er sein Abbild sei.

heißt, das ihnen mitgeteilte Sein, trägt in sich (als jeweiliges Geschenk zum vollen Besitze) die Herkunft aus Gott.[22] Und so hat es in sich noch den Charakter der vollen Macht, der vollen Wahrheit, und der vollen Güte der göttlichen Wirklichkeit selbst, weshalb der Nachsatz im Buch der Weisheit über das Sein der Dinge sagt: *„...und heilbringend sind die Dinge der Welt".* *(Weish. 1, 14)*

Das Sein der Welt ist, weil es aus der Schöpfung kommt, keine Banalität. Auch wenn das Sein das erste von allem ist, auch wenn dem Seienden nichts so innerlich ist, wie das Sein, auch wenn wir von klein auf an das Sein, das uns geschenkt ist, gewohnt sind – daß wir sind, ist keine Selbstverständlichkeit. Das Sein, das uns geschenkt ist, je in der Gestalt, in der wir sein dürfen, ist uns so innerlich, daß es unsere ganze Wirklichkeit ausmacht, während die Materie, die so oft als die Basis allen Seins hingestellt wird, uns und der Welt in Wirklichkeit nur äußerlich ist – selbst die Steine sind in Wahrheit nicht einfach aus einer stumpfen und dummen Materie aufgebaut.

Eine solche „Materialität" alleine wäre dem Sein der Dinge und der Welt, das ja in Wirklichkeit ein zielgerichtetes Wachsen und Werden ist, nie gewachsen, ist sie doch nur das aller äußerlichste, das alles Wesenhafte und alle Bedeutung voraussetzt,

---

[22] Bonaventura hat einen „Exemplarismus" entfaltet, der aus der Gestalthaftigkeit der Welt die „Strukturen Gottes" herausliest: „Denn es gibt das Sein nur in zweifacher Art: Entweder als ein Sein, das aus sich, sich selbst entsprechend, und wegen sich ist, oder aber als ein Sein, das aus anderem, einem anderen entsprechend und wegen einem anderen ist. Es ist aber auch notwendig, daß das Sein, das aus sich ist, sich selbst entsprechend und wegen sich selbst ist. Das Sein aus sich ist der Grund des Ursprungs, das Sein, das sich selbst entspricht, ist das Urbild, und das Sein, das wegen sich selbst ist, ist der Ziel- bzw. Bestimmungsgrund. (Gott) der Vater ist das Prinzip in Hinblick auf den Ursprung, der Sohn ist das Mittlere in Hinblick auf das Urbild, der Heilige Geist ist die Erfüllung im Sinne der Bestimmung. Diese drei Personen sind (in sich) gleich und von gleicher Vornehmheit, denn es zeugt von gleicher Vornehmheit, wenn der Heiligen Geist die Göttlichkeit der Personen bestimmt, so wie es dem Vater zu eigen ist, Ursprungsgrund zu sein, und wie es dem Sohn zugehört, alle Dinge zu repräsentieren." Bonaventura: Collationes in Hexaemeron I, 12 f. (V, 331)
Vgl. dazu auch die Arbeit von Josef Pieper mit dem Titel: Wahrheit der Dinge München 1947, auch: H.-U. von Balthasar: Theologik I: Die Wahrheit der Welt.

ohne sie je ersetzen zu können. Wie könnte sich je aus wesenloser Materie etwas Wesenhaftes aufbauen, wäre da nicht das Wesenhafte und das Bedeutungshafte allem schon vorausgesetzt? [23]

Nur der alltägliche Umgang mit den Dingen, ihre Uneigennützigkeit und Brauchbarkeit hat uns dazu verleitet, daß wir das Dasein der Welt als etwas gewöhnliches ansehen, so daß wir der Tatsache der Wirklichkeit nicht auf den Grund gehen, und nicht mehr sehen, von welch hoher Art selbst die einfachsten Dinge sind. Alles trägt in sich die geheimnishafte Tiefe des Seins, in das es gestellt wurde, alle Dinge haben noch etwas vom Abgründigen des Nichts, aus dem sie erschaffen wurden, an sich, selbst die alltäglichsten und unscheinbarsten Dinge verweisen in das Unnennbare, denn auch sie haben teil an jenem Sein, das aus sich selbst ist.

❖

Die antike und die mittelalterliche Philosophie war nur an ihren äußersten Rändern ein Spiel mit logischen Begriffen und Definitionen, in ihrem Innersten war sie die Suche nach den Quellen des Seins, der Rückgang in den Bereich der Herkunft der Welt. Solches Philosophieren ist kein Weg, der einfach irgendwo aufhörte, denn der Schritt zurück in den Anfang der Dinge ist kein Schritt von hier nach da, kein Schritt, der irgendwo halt machen könnte, und weil er in die Tiefe geht, kommt er zu immer Wesentlicherem. Wer sich einmal darauf eingelassen hat, diesem

---

[23] Wenn die neuzeitliche Denkhaltung meint, daß das Materielle an den Dingen ihre Wirklichkeit ausmache, dann vergißt sie dabei, daß die Wirkung, die in der Welt erfahrbar ist, nicht auf das Handgreifliche in der Welt zurückgeht, sondern auf die Gestalt. Thomas von Aquin sagt ausdrücklich: „Die Gestalt ist das Prinzip der Wirkung." (S.Th. I. q.76 a. 8c.). Der „actus formalis", der „Gestaltakt" nennt die Bestimmung des Seins hin zu dieser oder jener Gestalt. Dabei geht der Akt, der zu einer Gestalt hinführt, keinesfalls von der Materie aus, denn diese ist ja nur das aufnehmende Prinzip, d.h. die Möglichkeit des Erleidens bzw. Empfangens des Wirkenden der Wirklichkeit. Thomas von Aquin sagt: „Alles, was zusammengesetzt ist aus Materia und Forma hat die ihm eigene Vollkommenheit und seine Güte aus der Gestalt." S. th. I q.3 a.2 c.

Weg in das Innere der Wirklichkeit zu folgen, wird über den ungeheuerlichen Reichtum, der dort auf ihn wartet, erstaunt sein, denn im Inneren des Seins ist die Quintessenz der Wirklichkeit zu finden.

Erst die am Ende des dreizehnten Jahrhunderts aufkommende Alchemie, die darauf folgende Physik und Chemie haben die Suche nach der Wurzel der Dinge als eine rein äußerliche Sensation mißverstanden. Indem sie durch experimentelles Vorgehen und Manipulationen dem Vollgehalt der Wirklichkeit, den sie in der stofflichen Reinheit des Goldes repräsentiert sahen, auf die Spur kommen wollten, haben sie die innerlichen Zugänge zu den Tiefen des Seins verschlossen, weshalb seither die Bedeutung der göttlichen Wirklichkeit für das Sein der Dinge verloren ist.

Wer der modernen Wissenschaft anhängt, wird, bestärkt durch das vorschnelle Urteil, daß die antiken und christlichen Philosophen und Mystiker von der wahren Wissenschaft (und damit von der Wahrheit) keine Ahnung hatten, ihre Aussagen einfach übergehen, und sie als historische Kuriositäten abtun. Es steht jedem frei, dies zu tun. Wer ein Gespräch mit den Leuten führt, die dem heutigen Zeitgeist verpflichtet sind, ob diese nun philosophisch gebildet sind oder nicht, wird schnell einsehen, daß der moderne Mensch, und vollends der aufgeklärte, wissenschaftlich unterrichtete Zeitgenosse sich nur höchst ungern auf Aussagen einläßt, die er speziell der Theologie zurechnet. Daß der „aufgeklärte" Durchschnittsbürger in keiner Weise zwischen dem, was ihm als vermeintlicher „Dogmatismus", ob theologischer oder philosophischer Art, verhaßt ist, und dem, was eine echte Einsicht in die Wirklichkeit des Seins ist, unterscheiden kann oder will, ist eine Tatsache, deren Tragweite nicht überschaubar ist.

Wäre es nicht unendlich schade, wenn deshalb der einzige dem Abendland offenstehende Weg in das Innere der Wirklichkeit für weitere Jahrhunderte verschlossen bliebe? Man würde sich, bliebe es bei der bestehenden Ablehnung, am Ende nicht nur um den wesentlichsten Kern der abendländischen Weltsicht, sondern auch um das, was in der innersten Tiefe des Seins selbst zu finden ist, betrogen sehen.

II. Die Schöpfung im Wort

1. Die Schöpfung als personaler Akt

Daß die Dinge der Welt eine Tiefe haben, die weit über ihre bloße Erscheinung hinausgeht, ist eine Tatsache, mit der der heutige Mensch nicht mehr zu rechnen wagt. Er meint, die Dinge könnten unmöglich mehr sein, als das, was sie äußerlich zeigen, und sollten sie dennoch einen Wert haben, der über ihre Materialität und ihr Gewicht hinausgeht, dann höchstens insofern, als sie für anderes, für Höheres brauchbar sind. In sich aber scheinen sie nichts zu tragen, das sie als solches wertvoll machen könnte.

Die christliche Schöpfungslehre hat eine Weltsicht begründet, in der die Dinge etwas in sich haben, das bei weitem über das gewohnte Maß an Wert und Sinn, das wir in den Dingen finden, hinausgeht. Von der Schöpfung her gesehen, verweisen alle Dinge in das Sein selbst, das als solches der Grund allen Sinnes und Reichtums ist – einzig in einer Weltsicht, die den Schöpfungscharakter des endlichen Seins bedenkt, gibt es eine Transparenz für das Sein selbst, das der Grund ist, wodurch die Dinge der Welt ein Sein haben, und so eröffnet sich eine Sicht auf den wahren Charakter der Dinge. Der Physiker wird geneigt sein, hier an ein Übermaß von Energie zu denken. Das mag in gewisser Weise sogar der Fall sein, doch wird das sicherlich nicht genügen. Das Wertvollste der Wirklichkeit ist nicht offensichtlich, und so ist es nicht leicht, den Wert des Seins als solchem, und nicht nur den eines einzelnen Dinges anzugeben. Wenn wir also nach dem Wert fragen, der das Sein überhaupt kennzeichnet, dann ist zumindest eines sicher: Wenn das Sein selbst der absolute Grund ist, aus dem die endliche Welt in Form einer Teilhabe ihren Bestand hat, und wenn das Sein der endlichen Welt von daher nicht einfach nur eine tote Masse sein kann, dann reichen nur die höchsten Ehrentitel dessen, was wir in der Welt vorfinden dazu aus, das Sein als solches zu beschreiben. Das Sein ist die Grundlage aller Werte, denn ohne das Sein wäre einfachhin nichts, und was für das Sein selbst gilt, hat auch eine Bedeutung für das, was am Sein teilhat. Ein hohes Gewicht also, eine ungewöhnlich seltene Anordnung der Atome oder besondere Eigenschaften des Materials und ähnliches sind sicherlich zu wenig, um einen echten Wert auszumachen.

Das, was wirklich teuer ist, ist die Essenz des Seins. Diese finden wir, obwohl sie an sich in aller Wirklichkeit ist, dort, wo die Wirklichkeit des Seins im allerhöchsten Maße versammelt ist. Dabei sind die Dinge, und zwar alle Dinge, nicht nur einfach irgendwie existent, sondern sie sind eine Verwirklichung des Seins selbst, und dieses ist, auch wenn dieser Charakter, wie gesagt, im einzelnen Seienden nicht durchwegs ausgeprägt ist, nur mit den allerhöchsten Prädikaten des Wertes und der Würde ausgezeichnet. Was damit gemeint ist, ist einem Heutigen kaum erahnbar, ein mittelalterlicher Denker hätte hier jedoch nicht lange raten müssen: das personale Sein.

Die Person scheint nicht viel zu sein, wenn man unter dem Wort „Person" nichts anderes versteht, als daß ein Lebewesen auf zwei Beinen steht, oder daß der Mensch das „animal rationale", das vernünftige Tier sei. [24] Doch ist das Personsein in Wahrheit nicht damit schon gegeben, daß ein Lebewesen zu seiner instinkthaften Ausstattung hinzu noch zur Reflexion fähig wäre, mit der Personalität ist eine ganz andere Qualität des Seins gegeben. Das Personsein besagt, daß ein Wesen in solch hohem Maße das Sein in sich fassen und austragen kann, daß dessen höchste Charakteristiken, nämlich die Wahrheit, die Güte und seine Identität mit sich selbst in jenem Wesen sich als Vernunft, Liebe und Freiheit (Selbstbesitz) ausbilden können.

Genau dieses sagen schon die ältesten Beschreibungen des christlichen Denkens in der ausgehenden Antike und im Mittelalter. Zunächst also die „klassische" Definition der Person bei Boethius:

---

[24] Vgl. Johannes B. Lotz: Person und Freiheit, S. 15 ff, Freiburg/Brsg. 1979.

„Die Person ist eine vereinzelte Substanz geistiger Natur." [25]

Und dazu die Interpretation des Thomas von Aquin:

„.... als Person wird die vollkommenste aller Natur gekennzeichnet: nämlich das, was als geistige Natur in sich steht. Und weil alles, was eine Vollkommenheit besagt, auch von Gott auszusagen ist, da ja sein Wesen alle Vollkommenheit in sich hat, deshalb ist es auch angemessen, daß die Bezeichnung ‚Person' von Gott ausgesagt werde, wenn das auch nicht in der selben Weise wie beim Geschöpf zu verstehen ist, sondern in noch viel höherer Weise." [26]

Es heißt zwar immer wieder, die Rede von der Personalität Gottes sei ein „Anthropomorphismus", das Ergebnis einer Übertragung menschlicher Eigenschaften auf das Göttliche. Doch das stimmt nicht. Es ist eben nicht der Fall, daß wir einen Begriff des Personseins, den wir zunächst vom Menschen hätten, einfach auf Gott übertragen würden. Der Begriff der „Person" nennt in der Antike nur die Maske des Schauspielers. Inhaltlich ausgefüllt – mit all dem, was wir heute darin wiederfinden – wurde der Begriff der „Person" erst durch die patristische und die mittelalterliche Philosophie. Ohne die christliche Offenbarung, ohne speziell die Aussage, der Mensch sei nach dem Ebenbild Gottes geschaffen, gäbe es den heutigen Personbegriff nicht.

Demnach hat das Personsein Gottes einen absoluten ontologischen [27] Vorrang vor der Personalität des Menschen, denn die erschaffene Person hat ihr Personsein von der Personalität des absoluten Seins, von Gott.

Das Wort „Person", so allgemein gebräuchlich es heute auch sein mag, ist ursprünglich ein theologischer Fachausdruck. Wer

---

[25] Boethius: De duabus naturis, cap. 3.
[26] Thomas von Aquin: S. theol. I, q. 29,a. 3 resp.
[27] Das Wort „ontologisch" meint hier die Aussage über das Sein der Dinge, im Gegensatz zum „ontischen" Sachverhalt, der eine Aussage über ein Ding macht, nicht aber über das Sein, wodurch es wirklich ist. Die Ontologie ist dementsprechend die (philosophische) Lehre vom Sein.

verstehen will, was die „Person" ist, darf keine Scheu davor haben, sich die theologischen Aussagen, die zum Teil bis in die ersten Jahrhunderte nach der Zeitenwende zurückgehen, mit nachzuvollziehen. Daß das heute durchaus nötig ist, beweist alleine schon die weitverbreitete Unfähigkeit der modernen Philosophie, das Personale zu verstehen und ihm denkerisch gerecht zu werden – eine Unfähigkeit, die eine wesentliche Vorbedingung für die humanitären Verfehlungen und Grausamkeiten der Geschichte der letzten Jahrhunderte ist.

Die Person ist dem Zuspruch der Wirklichkeit in ganz besonderem Maße ausgesetzt. Die Person, und das macht gerade ihr Personsein aus, ist des Wortes teilhaftig, das ursprünglich aus dem Dialog Gottes mit sich selbst hervorgegangen ist.[28] Gott ist in sich, die Theologen sagen „innertrinitarisch", die Fülle allen personalen Seins, er ist frei, vernünftig und liebend. Weil er all dies aber in Fülle ist, und nicht nur, wie die Kreatur aus Teilhabe, deshalb steht ihm nichts aus an Wirklichkeit. Es fehlt ihm nichts an Sein, und weil er im vollsten Sinne im Besitze seines Seins ist, über das er vollkommen frei verfügen kann, das heißt, weil er vernünftig ist, ist er die Glückseligkeit selbst, zumal das, was er zur Gänze ist, vollkommen gut ist.

Die geschaffene Person hat an der personalen Seinsfülle Gottes auf ihre ganz besondere Weise einen Anteil. Mit der Person hat Gott ein so hohes und würdevolles Wesen erschaffen, daß, wie Thomas von Aquin sagt, sogar die göttliche Vorsehung die menschliche Person *„um ihrer selbst willen"* leitet, und daß selbst Gott über den Menschen nur *„mit großer Ehrfurcht"* verfügt.[29]

Gerade weil die menschliche Person um ihrer selbst willen da

---

[28] Johannes B. Lotz sagt: „Zuinnerst ist der innertrinitarische Dialog das Urbild und der Urquell jeden anderen Dialogs; näherhin ist der vom Menschen vollzogene Dialog vermöge der in ihm geschehenden Seinsenthüllung ein Ebenbild des trinitarischen; das an den Dialog herankommende untermenschliche Geschehen ist wegen der ihm eigenen Verhüllung des Seins nur ein entferntes Analogon oder eine verlorene Spur der Trinität" (Person und Freiheit, S. 69)

[29] Wer diese Aussagen kennt, soll sich hüten, die Würde der Person und die Menschenrechte oder die Individualität als „Erfindungen" der Neuzeit auszugeben. Das Zitat ist bei Thomas von Aquin: S.c. G., 3, 112, nachzulesen, hier zitiert nach Josef Pieper, Verteidigungsrede für die Philosophie, S. 110, Fußnote 63.

ist, ist sie so sehr auf Gott hin erschaffen, und in ihrem Sein so sehr von Gott abhängig, daß kein Gegenstand der Welt sie wirklich glücklich machen kann. Nur das Sein, wie es in Gott selbst ist, reicht hin, die menschliche Person mit jenem Glück zu beschenken, das ihm ob seiner personalen Natur entspricht. Dieses Glück findet der Mensch seinerseits einzig im personalen Zuspruch, näherhin darin, daß er die Glückseligkeit selbst im göttlichen Gegenüber, im göttlichen „Du" verwirklicht weiß, und daß er, wie er es aus der Erfahrung der Freundschaft anfangshaft und aus der Erfahrung der Liebe bis zur Vollendung hin kennt, am Glück des anderen seine wahre Freude hat.

Das Sein der Schöpfung ist von ihrer Herkunft her ein durch und durch personaler Akt: Nur ein personaler Gott kann Schöpfer sein. Nicht erst seit der Religionskritik Feuerbachs gibt es den Vorwurf, der Mensch denke Gott seinem eigenen Wesen ähnlich, wie denn auch ein Ochse sich Gott nicht anders denn als einen Ochsen vorstellen würde – daß man Gott eine „Person" nenne, das sei in diesem Sinne eine anthropomorphe Redeweise, denn wie er in Wirklichkeit sei, das könne keiner sagen. Hier ist die Gegenfrage angebracht, warum denn nur der Mensch die Gottesfrage in aller Ausdrücklichkeit stelle, nicht aber der Ochse? Macht es denn nicht gerade das Sein des Menschen aus, daß er sich um das kümmert, was über ihm ist, während es das Dasein und die Gestalt des Ochsen kennzeichnet, daß er gebückt unter dem Joch den Pflug zieht? Das Argument Feuerbachs gegen die vermeintlich allzu menschliche Vorstellung von Gott ist in Wirklichkeit das stärkste Argument dafür, zu erkennen, daß der Mensch in Gott das Urbild seiner Gestalt zu finden hat (und damit ist sicher nicht gemeint, daß dieser einen langen Bart habe), um sich eben jenes Bild von ihm zu machen.[30]

---

[30] So argumentiert Walter F. Otto. Vgl. Ovid, Metamorphosen I, 80 – 86; ebenso in: Dionysos, S. 30 f. und: Der Mythos, in: Mythos und Welt, S. 274: „Die zum Himmel gerichtete Haltung des Menschen ist der erste Zeuge vom Mythos von Himmel, Sonne und Sternen, der hier nicht im Wort, sondern im Emporstreben des Körpers sich anzeigt." Der Mensch ist im Verständnis der Griechen der „anthropos", der Aufwärtsblickende. Vgl. dazu auch den Artikel „Mensch" in W. Brugger, Philosophisches Wörterbuch, S.230.

Nicht anders ergeht einem, der danach fragt, wie es um das Personsein Gottes in Wirklichkeit steht. Da steht ganz am Anfang die erstaunliche Erkenntnis, daß der Begriff der „Person" ursprünglich in der Theologie ausgeprägt worden ist. Bei dem Versuch, dogmatisch die Dreifaltigkeit des einen Gottes gegenüber dem Glauben an den einen, sozusagen ein-fältigen Gott festzuhalten, mußten die Theologen der ersten christlichen Jahrhunderte auf den Begriff der „Person" zurückgreifen. So diente das Wort „Person" ursprünglich zur Kennzeichnung des Wesens Gottes, und erst viel später wurde der Begriff der „Person" auch zur Kennzeichnung der menschlichen Seinsweise übernommen. Dieser historische Übergang hat darin seine Legitimation, daß das Personsein des Menschen in der Teilhabe an der personalen Seinsfülle Gottes begründet ist. Demnach dürfen, ja müssen wir Gott als Person bezeichnen, jedoch mit dem Unterschied, daß in Gott der Inbegriff des Personalen ist, wohingegen der Mensch an der Personalität nur teilhat, so als finge er gewissermaßen immer erst an, wirklich Person zu sein.[31]

Nimmt man das Gesagte ernst, muß man, weil ja das volle Sein Gottes ein personales Sein ist, sagen, daß auch die Schöpfung (von seinem Obersten, dem reinen Geistwesen bis hinunter in die untersten Ränge des Seins, dem Unbelebten), wie das in ihr mitgeteilte Sein im Grunde ein Sein personaler Natur ist, was einen gar nicht sonderbar anmutet, wenn man nur richtig versteht, was das Wort „Person" eigentlich meint.

---

[31] Wie nun genau das Personsein Gottes im Verhältnis zur endlichen Person in der Welt zu fassen ist, dazu sagt Thomas von Aquin: „Und so, wie das Hervorgehen der ewigen Personen der Grund und die Ursache der Erschaffung der Geschöpfe ist, so muß auch, wie die Zeugung des Sohnes der Grund ist für die Erschaffung aller Geschöpfe - denn es heißt ja, der Vater habe alles im Sohn erschaffen -, so muß also auch die Liebe des Vaters, die den Sohn zum Gegenstand hat, der Grund sein, warum der Vater alle Werke seiner Liebe über die Kreatur ausgießt. So kommt es also, daß der Heilige Geist, der die Liebe ist, in der der Vater den Sohn liebt, auch die Liebe ist, in der er die Kreatur liebt, so daß er ihr seine Vollkommenheit mitteilt.

Man könnte also das Hervorgehen dieser Liebe in zweifacher Hinsicht betrachten: Zum einen als jene Liebe, die einen ewigen Gegenstand hat (die Göttlichen Personen), und so könnte man sie das ewige Hervorgehen nennen, oder aber

Es wurde schon gesagt, daß nur Gott, der Dreifaltige im vollen Sinne als der Schöpfer angesprochen werden kann.[32] Nur in seiner trinitarischen Seins- und Lebensfülle ist Gott der, der sich liebend schenkt, und die Schöpfung ist die „Teil-gabe" dieser innertrinitarischen Liebe, die Gabe und das Geschenk lebendigen Seins. So ist das „Objekt" der Schöpfung eine lebendige Welt, eine Welt, die zuinnerst fähig ist, die Fülle der Liebe, die in Gott ist, zu erfahren und zu ertragen, eine Welt also, die in ihrem Eigentlichsten und Tiefsten von personaler Natur ist. Nur weil alles Sein unmittelbar aus der Fülle des Seins kommt, das selbst personal ist, sind die Dinge der Welt allesamt wertvoll. Sie sind mehr, als sie scheinen, sie sind reicher und besser, als sie es je von sich aus sein könnten, sie sind in und für sich schon mehr wert, als sie je an Nutzen bringen könnten, und seien sie für die Zwecke der Menschen noch so praktisch.

Wenn schon der Anfang der Dinge ein personaler ist, dann ist auch das, was sich zwischen Gott und der Welt ereignet, personales Leben: gütiges Wort, Verständnis und Zuspruch, Geschenk und Hingabe, Bitte, Erhörung und Dank, Wort und Antwort. Mit der Schöpfung hat Gott von Anfang an das Personale gewollt und gemeint. Dieses ist dreierlei, Geistigkeit und Freiheit, und deren Gemeinsames, die Liebe. Das Personsein kann also nicht unabhängig von dem gesehen werden, wie die absolute Tiefe des Seins selbst in und für sich ist und existiert. Vielmehr ist die Personalität des Seins, wo immer sie voll ausgeprägt ist, zuinnerst an die Dreifaltigkeit Gottes gebunden. Nur weil das Sein selbst, wie es in Gott als absolutes ist und west, durch und durch eine personale Wirklichkeit ist, kann auch dem Geschöpf ein Sein in personaler Fülle mitgeteilt sein.

---

man meint die Liebe, die hervorgeht zum Geschaffenen hin, insofern als in dieser Liebe etwas von Gott dem Geschöpf gegeben wird. Und so nennt man sie das zeitliche Hervorgehen, insofern als in ihr ein neues Verhältnis der Kreatur zu Gott bewirkt wird, aufgrund dessen man von einer neuen Haltung Gottes dem Geschöpf gegenüber reden muß, wie aus all dem hervorgeht, was über Gott vom Zeitlichen her zu sagen ist." I Sent. d. 14 q.1, a.1 sol.

[32] Thomas von Aquin: „Der Schöpfungsakt ist nicht einer der Personen eigentümlich, sondern sie ist der ganzen Dreifaltigkeit gemeinsam" I S.Th., q. 45, art. 6, resp.

2. Das personale Sein und die Dreifaltigkeit Gottes

Die Dreifaltigkeit Gottes ist ein Geheimnis des Glaubens. Man kann zwar versuchen, über sie nachzudenken, und man kann versuchen, in der Welt Anhaltspunkte dafür zu finden, was die Dreifaltigkeit sein und bedeuten kann, aber sie wird letztlich ein Geheimnis bleiben. Daß Gott der Dreifaltige ist, weiß der Christ aus der Offenbarung, das heißt aus der Tatsache der Selbstmitteilung Gottes. Nur weil sich Gott in Christus ausgesprochen hat, weiß der Mensch darum, daß Gott in drei Personen existiert.

Dennoch ist die Tatsache der Dreifaltigkeit kein Sondergut christlicher Frömmigkeit. Es gibt in vielen anderen Kulturen und Religionen sowohl göttliche Dreiheiten, wie auch Hinweise und Anhaltspunkte für eine Dreigestaltigkeit des Seinsgrundes, beziehungsweise für eine Dreiheit der Wirklichkeit selbst.

Die scholastischen Philosophen haben gezeigt, daß ein Nachdenken über die Dreifaltigkeit Gottes nicht nur für die Theologie äußerst fruchtbar sein kann, sondern daß die Dreifaltigkeit Gottes auch sehr viel mit dem Sein der Welt zu tun hat:

Der eine Gott ist ein Gott in drei Personen, er ist Gott-Vater, Gott-Sohn und Gott-Heiliger-Geist. Gott ist eben nicht ein abstraktes Prinzip, ein wesenloser Mechanismus, eine kalte Notwendigkeit. Gott ist die Fülle des Seins, er ist der reine Akt, die vollkommene Aktualität aller Akte. In ihm ist alle Wirklichkeit begründet, er ist im vollsten Sinne wirklich. Deshalb hat der Mensch weder eine Veranlassung dazu, noch das Recht, Gott irgendeine Vollkommenheit abzusprechen. Wenn nun das Personsein die höchste Vollkommenheit ist, die es im endlichen, geschaffenen Bereich gibt, dann ist zu sagen, daß Gott zumindest nicht weniger als die Person ist, oder auch, Gott ist Person, ja, Gott ist mehr als alles Personsein in der Welt, er ist über-personal.

Aber da ist noch ein Zweites, das Gott über sich in Christus ausgesagt hat, etwas sehr wichtiges, wenn man die Dreifaltigkeit Gottes bedenken will: Gott ist die Liebe. Diese Aussage ist keine

Aussage nur über eine moralische Qualität in Gott – das wäre viel zu wenig. Es ist eine Aussage über das Sein Gottes. Das Sein Gottes ist die Liebe, so wie man sagen könnte, es macht das Sein des Feuers aus, zu brennen, oder es macht das Sein der Vernunft aus, die Wahrheit zu suchen und zu betrachten.

Das Sein Gottes ist die Liebe. Was damit gemeint sein kann, weiß jeder, der die Liebe kennt: Die Liebe meint und will das „Du". Es gibt keine Liebe ohne Geliebten, es gibt keine Liebe ohne gütiges Wort, ohne die Entäußerung seiner selbst. So auch in Gott: Gott ist in sich nicht ohne ein „Du", denn er ist und hat alles, was zur Wirklichkeit der Liebe gehört. Weil Gott die Fülle und der Inbegriff der sich aussprechenden Liebe ist, weil er selbst die vollkommene Aktualität der Liebe ist, lebt und ist er durch und durch in sich wie im Geliebten. Er kennt und weiß um sich, und er ist als die Vollkommenheit aller Vollkommenheiten des Seins vollkommen der Liebe würdig. Aber nicht nur das, er ist auch ganz und gar der Liebe mächtig. Er ist in sich die vollkommen verwirklichte Liebe, und so spricht er sich, wie die Theologen sagen, als Gott-Vater in Gott-Sohn aus. Nicht nur, daß Gott die Welt mit seiner Liebe beschenken würde, er ist in und für sich schon die voll verwirklichte Liebe. Er ist durch und durch liebender Zuspruch, liebendes Wort, innertrinitarisch, in sich schon. Das Sein aber, das in diesem Sichaussprechen in reinstem und reichstem Fluten der Liebe zwischen Gott-Vater und Gott-Sohn hin und her geht, ist wiederum selbst nichts anderes als die volle Wirklichkeit Gottes selbst: die dritte Person des Dreifaltigen Gottes, der Heilige Geist.

Das Sein, das Wesen und das Wirken Gottes ist die Liebe. Das ist der Kern dessen, was Gott von sich selbst ausgesagt, und wie er sich gezeigt hat, der Inhalt dessen, was er über sich selbst kundgegeben hat. Gerade weil er der eine Gott ist, der in sich die Fülle und die Vollkommenheit allen Seins ist und hat, ist er der Dreifaltige Gott, denn sein Sein ist die Liebe und alles, was zu ihr gehört.

3. Die Spur des Dreifaltigen in der Welt

Weil das Sein selbst, wie es in Gott ist, dreifaltig ist, scheint in allem, was am Sein teilhat, auch die Dreifaltigkeit Gottes auf. Thomas von Aquin präzisiert das Verhältnis der Dreifaltigkeit Gottes zur Schöpfung wie folgt:

> *„Die Schöpfung ist dem Sein Gottes zuzuschreiben, ihm, dem das Sein wesentlich ist – ein Sein, das den drei Personen gemeinsam ist. So ist die Schöpfung nicht einer einzelnen Person (in Gott) zuzuschreiben, sondern der ganzen Dreifaltigkeit zusammen.*
> *Dennoch sind die göttlichen Personen gemäß ihres eigenen Hervorgehens (aus Gott-Vater) Ursache der Erschaffung der Dinge. ... Gott ist durch seine Vernunft und durch seinen Willen die Ursache der Dinge. ... So hat Gott-Vater die Geschöpfe sowohl durch sein Wort, das der Sohn ist, erschaffen, als auch durch die Liebe, die der Heilige Geist ist. Demgemäß ist das Hervorgehen der Personen die Ursache der Erschaffung der Geschöpfe, so daß in diesem Hervorgehen der Personen die wesentlichen Attribute, die des Wissens und des Willens, inbegriffen sind."* [33]

Gott ist die Ursache des Seins der Welt. Er, der Dreifaltige hat die Dinge aus dem Nichts erschaffen, er hat ihnen das Sein mitgeteilt. Er alleine hat die Kraft und die Macht dazu, weil er selbst die Fülle aller Wirklichkeit ist, so daß sich alles, was ist, in seinem Sein letztendlich Ihm verdankt. Er hat die Dinge und die einzelnen Wesen, das heißt, alle Wirklichkeit durch sein Wort erschaffen.

Thomas von Aquin sagt, das Wort gehe hervor aus dem *„intrinsecum animae nostrae"* [34], aus dem Innersten unseres Herzens. Wie aus dem Innersten des Menschen das Wort hervorgeht, das die erkannte Wahrheit ausspricht, so geht, der Aussage des Thomas von Aquin folgend, aus dem Innersten Gottes, aus der Bewe-

---

[33] Thomas von Aquin: S. Th., I, q.45, a 6, resp.
[34] Thomas von Aquin: In Ev. Joh., I, 1.

gung seines Herzens, der Sohn hervor, der das Urbild aller Kreatur ist. So ist in der zweiten Person Gottes das Sein der ganzen Schöpfung im voraus beschlossen, ja in gewisser Weise von Ewigkeit her schon entworfen.

Die christliche Philosophie war in der Lage, an die platonische Lehre von den Urbildern anknüpfend, ihre eigene Lehre vom schöpferischen Wissen Gottes zu entwickeln:

> *„Weil alles von Gott nicht im Zufall erschaffen wurde, ist es notwendig, in der Vernunft Gottes (die Existenz von) Ideen anzunehmen. Das griechische Wort ‚idea' wird im Lateinischen mit ‚forma' wiedergegeben, weshalb wir unter den Ideen die Gestalten der Dinge verstehen, wie sie außerhalb der Dinge existieren."* [35]

Näherhin ist der Sohn Gottes nicht nur das Wort, in dem Gott-Vater sich in aller Ewigkeit ausspricht, sondern auch das ewige Urbild des zeitlichen Seins der Welt, und so sagt Meister Eckhart:

> *„Von daher kommt es, daß die (Kirchen-)Väter alle die Sache so auslegen, daß Gott den Himmel und die Erde im Anfang (in principio), das heißt, im Sohn erschaffen habe, der das Urbild und die Idee (ratio idealis) aller Dinge ist. Deshalb sagt Augustinus: ‚Wer die Ideen leugnet, leugnet den Sohn Gottes'. So also hat Gott alles im Anfang, das heißt in der Idee und nach einer Idee geschaffen..."* [36]

In der Gestalthaftigkeit jedes Geschöpfes ist demnach nicht nur die Urbildhaftigkeit des göttlichen Wortes, sondern (damit) die Grundstruktur des Seins, das in Gott selbst ist, niedergelegt. Wenn also das Geschöpf irgend etwas mit Gott zu tun hat, bzw. mit Gott gemeinsam hat, dann wegen seiner Gestalthaftigkeit.

---

[35] Thomas von Aquin: Summa theologica, I q. 15, a. 1c.
[36] Meister Eckhart: Expositio in libro Genesis, I 1 5 u. 6.

Inhaltlich gesehen ist das, was die Welt mit Gott gemeinsam hat, wiederum das Sein; die Art und Weise aber, wie dem Geschöpf das Sein gegeben ist, ist durch Teilhabe, und die Teilhabe am Sein ist in und durch die Gestalt: Alles, was ist, hat ob seiner Gestalt eine von nichts anderem übertroffene Nähe zu Gott.

In der Gestalthaftigkeit ist infolgedessen eine Analogie des Seins begründet, die sich in allem, was ist, ausdrückt, eine Analogie, die in allem, was ist, das Wort ausspricht, das als absoluter Zu- und Anspruch eine Entsprechung in der Endlichkeit sucht und herstellt:

„ ... das Sein der Dinge ist (wörtl.: war) aus dem Wort wie aus dem ursprünglichen Prinzip; und dieser Ausfluß bestimmt sich zum Sein der Dinge, das diese in ihrer eigensten Natur haben." [37]

So ist das Urbild als der schöpferische Begriff Gottes von der Welt der Grund der Gestalthaftigkeit aller Dinge, und die Gestalt prägt wiederum die konkrete Erscheinung aller Dinge, so daß, vom Sein der Welt aus betrachtet, wie im Rückweg die konkrete Erscheinung einer Sache die Gestalt zeigt, die ihrerseits auf das Urbild zurückweist. [38] Alle endliche Wirklichkeit, die Welt als ganze, wie die einzelne Kreatur, ist in ihrem Sein eine Entsprechung nicht nur zum urbildlichen Wort, sondern darin zur ganzen Dreifaltigkeit Gottes. Wie näherhin die Analogie zwischen Geschöpf und Gott begründet ist, erläutert Bonaventura in den folgenden Worten:

„Dazu aber, daß hinzugefügt wird, (die Welt wurde erschaffen) nach Gewicht, Zahl und Maß, ist zu sagen, daß die Schöpfung

---

[37] Thomas von Aquin: S. th. I q. 58 a. 6 c.
[38] Das Sein als solches ist gerade dadurch für unser Erkennen faßbar, daß wir über den Akt, durch den wir sind, nachdenken. Thomas von Aquin sagt deshalb: „ens sumitur ab actu essendi"(De Ver. I,I.) - das „Sein" ist vom Seinsakt genommen; das Sein, von dem wir sprechen, ist somit nie ein abstrakter Begriff, sondern ein Sein, das uns in seiner (und unserer) jeweiligen Gestalt gegeben ist. Das echte Erkennen und die echte Vernunft gehen von der Gestalt der Dinge aus, denn einzig in der Gestalt ist das Sein gegeben.

eine Wirkung der erschaffenden Dreifaltigkeit ist, und zwar in einer dreifachen Art von Verursachung:
Als causa efficiens (bewirkende Ursache), von woher das Geschöpf seine Einheit, seine Art und sein Maß hat;
als causa exemplaris (Exemplarursache), von woher im Geschöpf Wahrheit, Gestalt und Zahl ist;
und als causa finalis (Zielursache), von woher die Güte, die Ordnung und das Gewicht des Geschöpfes kommt.
All das ist in jeglichem Geschöpf als Spur des Schöpfers zu finden, seien es nun körperliche, geistige Geschöpfe oder aus diesen beiden zusammengesetzte Geschöpfe.

Der Grund aber, wodurch man das Gesagte verstehen kann, ist folgender:
..... Obwohl das absolut vollkommene Prinzip, aus dem die Vollkommenheit des Universums hervorgeht, notwendigerweise durch sich, in Entsprechung zu sich selbst, und wegen sich handelt – denn es braucht ja für seine Wirklichkeit nichts außer sich – so ist es doch auch notwendigerweise so, daß es in Hinblick auf jegliche Kreatur einen dreifachen ursächlichen Bezug hat, nämlich den der Wirkursache, den der urbildlichen Ursache, und den der Finalursache.
Es ist ebenfalls notwendig, daß sich jegliches Geschöpf in dieser dreifachen Art und Weise zur ersten Ursache verhält, denn jedes Geschöpf wird vom Bewirkenden ins Sein gestellt, es ist dem Urbild entsprechend gestaltet, und es ist auf ein Ziel hingeordnet. Und gerade dadurch ist es eins, wahr und gut; dadurch ist es stimmig, wertvoll, und geordnet; dadurch ist es angemessen, unterschieden, und mit eigenem Gewicht; denn das Gewicht ist jene Neigung, die allem seinen Ort gibt. Und das alles gilt ganz allgemein und in Bezug auf jedes Geschöpf, sei es körperlicher Art, geistiger Art oder eine aus beidem zusammengesetzte Kreatur, wie etwa die menschliche Natur es ist." [39]

---

[39] Bonaventura, Brevil. II, 1 (V, 219).

Die Gestalt ist demnach das aller wirklichste, sie ist der Grund aller Wirklichkeit denn das Gestalthafte kommt aus dem Sein selbst, es ist in gewissermaßen die Art und Weise, wie das Himmlische ist und waltet, so daß aller endlichen Wirkung die göttliche Vernunft und der göttliche Wille als das eigentlich Wirkende vorausgesetzt bleibt. Die Theologen nannten die erste Wirklichkeit des Seins, die alle Gestalten ins Sein ruft, und im Sein hält, den „actus primus". Dies trifft nicht nur für das Allgemeine zu, sondern auch für das Einzelne, denn dieses hat sein eigenes Vor- und Urbild in Gott: [40]

So, wie sich im menschlichen Wort das Innerste der Seele ausspricht, ist entsprechend im Worte Gottes, das der Sohn ist, das innerste Geheimnis des Vaters ausgesprochen: der unbedingte Liebeswille seiner Vernunft, in der er unerhört freigebig alle Wirklichkeit ins Sein ruft. Thomas von Aquin sagt dazu:

„In allen Geschöpfen ist eine Repräsentation der Dreifaltigkeit zu finden, nämlich als eine Spur: Insofern nämlich, als in jeder Kreatur etwas zu finden ist, was notwendigerweise ursächlich auf die göttlichen Personen zurückzuführen ist.
Ein jegliches Geschöpf nämlich hat einen festen Bestand (eine Subsistenz) in seinem Sein, es hat eine Gestalt, durch die es in seiner Wesenheit bestimmt ist, und es hat eine Hinordnung auf etwas anderes.
In dem Maße also, als es irgendwie als Substanz erschaffen ist, repräsentiert es die Ursache und das Prinzip, und so weist es hin auf die Person des Vaters, der Ursprung ist ohne Ursprung. In dem Maße aber, als es eine gewisse Gestalt und Spezies hat, weist es hin auf das Wort, so wie die Gestalt des Kunstwerkes,

---

[40] Thomas von Aquin: „Aber die göttliche Vorsehung bezieht sich nicht nur auf die Spezies, sondern auch auf das Einzelne." Im Original: „Sed providentia divina non solum se extendit ad species, sed ad singularia, ut infra dicetur" S. th. q. XXII a.3 ad 4; Vgl. Anm. 4 ebd.: „Manifestus suam sententiam sanctus doctor declarat:" Ganz ausdrücklich sagt der Heilige Lehrer: (De verit. q. III, a. 8 et lib. I, dist. 36 q. II a. 3 ad 3: „Dicendum inquit, quod particularia habent proprias ideas in Deo; unde alia ratio est Petri et Martini in Deo".) „Es ist zu sagen, sagt er, daß auch die einzelnen Dinge ihre eigenen Urbilder in Gott haben, so daß Gott einen anderen Begriff von Peter hat als von Martin." S.Th. I q. XV a. III c.

die aus der Vernunft des Künstlers stammt. In dem Maße aber, als es auf etwas anderes hingeordnet ist, weist es hin auf den Heiligen Geist, weil dieser die Liebe ist, denn die Ordnung (Ausrichtung) einer Wirkung auf etwas anderes hin geht zurück auf den Willen des Erschaffenden." [41]

Das Sein ist, urbildlich geprägt, dem Geschöpf im Maße einer bestimmten Gestalt geschenkt. Wegen seiner Abbildhaftigkeit, die es aus dem Sohne Gottes hat, ist alles Seiende, also alles, was ist, ja die Welt als solche, gestalthaft. [42]

Die Entsprechung zum Heiligen Geist verbürgt der Schöpfung und den einzelnen Dingen, die aus ihr hervorgehen, ihre Güte. In dieser Güte, die alles durchzieht, was nur ist, spricht sich die Tatsache aus, daß die Schöpfung aus Liebe geschehen ist, und daß diese Liebe, der Grund der Schöpfung, den Geschöpfen mit der Gabe des Seins ganz zu eigen geworden ist. Und genau so ist es mit dem Urbild, aus dem sie hervorgegangen sind: Es ist ihnen innerlich geworden, ihre Echtheit und Wahrhaftigkeit begründend, die sie wiederum nur um so liebenswerter und begehrbarer macht. Die Liebe und die Vernünftigkeit sind dem Sein nicht als äußerliche Attribute hinzugegeben; sie sind eines Wesens mit allem Sein, entsprechend der Dreifaltigkeit Gottes, aus der sie hervorgegangen sind. [43] So ist die Herrlichkeit Gottes als Erbe und als Abglanz seiner unergründbaren Fülle, seiner Vernunft und seiner Liebe, in jedes Geschöpf gelegt. [44]

Das Sein ist somit keine undurchsichtige, klumpige Masse; die Welt ist nicht einfach daliegend wie ein Haufen Baumaterial; das Sein ist nicht tot, denn die Wirklichkeit Gottes, die am Grund

---

[41] Thomas von Aquin: S. Th. I, q. 45, a. 7, resp.
[42] Vgl. Kol. 1,15-20.
[43] Vgl. Johannes B. Lotz: Die Grundbestimmungen des Seins, Innsbruck, Wien 1988.
[44] Vgl Thomas von Aquin: „So wie nämlich das bewirkende Prinzip dem Vater wegen seiner Allmacht zugeschrieben wird, so wird die urbildliche Ursache dem Sohne zugeschrieben, wegen der Weisheit, so wie es im Psalm 103, 24 heißt: ‚Alles hast du in Weisheit gemacht'. Darunter ist zu verstehen, daß Gott alles im Anfang gemacht habe, das heißt im Sohn, so wie der Apostel im Kolosserbrief sagt: ‚In ihm', das heißt im Sohn, ‚ist alles fest gegründet'". S. Th., I, q. 46, a.3, resp.

und am Anfang allen Seins steht, ist ein Sein reinster Aktualität.[45] Und wie das Sein selbst, so ist auch das Sein der Welt, wie das der einzelnen Gestalt, ein Sein reinster Aktualität, das heißt eine Wirklichkeit, Wirksamkeit, Lebendigkeit, und zwar genau insofern und in der Weise, als ein Wesen an der jeweiligen göttlichen Vollkommenheit teilhat.[46]

4. Das Geschenk des Seins

„Sein" bedeutet für das Geschöpf, daß ihm an jener Wirklichkeit, die im eigentlichsten Sinne Gott gehört, ein Anteil gegeben wird. Einer der schönsten Hymnen der abendländischen Geistesgeschichte beschreibt das Sein als einen Fluß, der als lebendiges Wasser in Gott selbst hervorbricht, um im ewigen Kreislauf zwischen Gott-Vater, Gott-Sohn und Gott-Heiligem-Geist zu fließen. Von jenem ewigen, innertrinitarischen Seinsfluß zweigt der zeitliche Fluß des endlichen Seins ab, um die gesamte Schöpfung hervorzubringen.

„ ‚Ich, die Weisheit, gieße aus die Flüsse: Ich fließe herab wie ein Seitenarm von den unermeßlichen Wassern: Ich bin wie ein reicher Fluß, wie ein Strom gehe ich hervor aus dem Paradies, sprechend: Ich schenke einen Garten der Früchte, und ich überschütte mein Land mit Früchten'. (Eccl. 24,40)" ...

Im Kommentar zu diesem Wort schreibt Thomas von Aquin die Erschaffung der endlichen Welt näherhin dem Sohne zu:

---

[45] Das Wort „Aktualität" kommt vom lateinischen Wort „actus". Thomas von Aquin sagt, der Begriff des Seins sei vom Seins-Akt genommen. „Ens sumitur ab actu essendi": De Ver. I,I. (Vgl. dazu: J.B.Lotz, Martin Heidegger und Thomas von Aquin) Die „Aktualität" besagt demnach den Vollzug des Seins, so daß alles, was ist, seine Existenz als Akt auszutragen hat. Von daher besagt das Wort „Aktualität" die volle Verwirklichtheit des Seins, also das wirkliche Stehen einer Sache in der je aktuellen Gegenwart des Seins.

[46] Thomas von Aquin geht sogar soweit, zu sagen: „Auch die Wesenheiten der Dinge die in sich kein Leben haben, sind Leben im Geiste Gottes." Summa Theol. I, q. 18, a.4 ad 2.

"Das aber soll nicht heißen, daß alleine der Sohn die Weisheit besäße, denn die Weisheit des Vaters und des Sohnes und des Heiligen Geistes ist eine Weisheit, wie ein Wesen. Doch es wird auf eine bestimmte Art und Weise dem Sohne die Weisheit zugeschrieben, weil die Werke der Weisheit mit den Eigenschaften des Sohnes am meisten zusammenzugehören scheinen. Denn in seiner Weisheit zeigt sich die Unergründlichkeit Gottes, welche die Werke der Schöpfung hervorgebracht hat. Aber nicht nur dieses, denn in ihr werden die Dinge auch erhalten und vervollkommnet." ...

"... zur Weisheit Gottes gehört auch die Erschaffung der Kreatur: denn in Gott ist die Wahrheit der Dinge nicht nur als spekulative, betrachtende Wahrheit gegeben, vielmehr hat er in seiner Weisheit die Dinge bewirkt, so wie der Künstler ein Kunstwerk hervorbringt, weshalb es im Psalm 103 heißt: ‚Alles hast Du in Weisheit erschaffen' ".

"... All dieses wird speziell dem Sohne zugeschrieben, denn er ist das Abbild des unsichtbaren Gottes, nach dessen Gestalt alle Gestalt gebildet ist, wie es im Kolosserbrief heißt: ‚Der das Bild ist des unsichtbaren Gottes, der Erstgeborene aller Kreatur, in ihm ist alles gegründet'. Und in Johannes, 1,3 heißt es: ‚Alles ist durch ihn erschaffen': Zu Recht also heißt es von der Person des Sohnes: ‚Ich fließe herab wie ein Seitenarm von den unermeßlichen Wassern': Darin ist die Ordnung der Schöpfung und die Art ihres Seins ausgedrückt. Die Ordnung, weil so wie ein Arm vom Fluß abzweigt, so auch zweigt der zeitliche Fluß der Geschöpfe ab von der Ewigkeit des Hervorgehens der Personen: Wie es im Psalm 148, 5 heißt: ‚Er sprach, und es ist geworden'. ‚Er zeugte das Wort, in dem er war, auf daß sie entstünden' wie Augustinus sagt." [47]

Die Schöpfung wäre demnach so etwas wie ein Ausfließen der Gestalten des in seiner Herkunft göttlichen Seins, das der Welt, den Dingen und den Lebewesen ihr Sein schenkt. Das Sein ist ob

---

[47] Thomas von Aquin: I Sent. ds. qu. ar. prol. (Anfang des Zitates ebd.)

seiner Herkunft aus Gott, also wegen der Tatsache der Schöpfung, von personaler Natur – man kann es nicht oft genug betonen: Die Welt ist kein Mechanismus, sie ist kein dialektisches Räderwerk, sondern der Ort personal-gestalthafter Wirklichkeit.

Die Gestalthaftigkeit des Seins besagt die seinshafte Ähnlichkeit der Geschöpfe mit Gott, eine Ähnlichkeit, die dort, wo sie ganz ausgeprägt ist, eine personale Vollkommenheit begründet. Weil der Seinsfluß, in dem die Geschöpfe stehen, nicht nur von einem personalen Gott ausgegangen, sondern auch gestalthaft-personal vermittelt ist, macht es die Würde und den Rang des Geschöpfes aus, selbst der Ort von Wirkungen zu sein. Nun ist die selbe Vollkommenheit, die im übermenschlichen und im menschlichen Bereich die Personalität besagt, in irgendeiner Weise auch im nicht- und vormenschlichen Bereich gegeben, denn die Gestalthaftigkeit der Dinge und der Lebewesen gehört wesentlich dem Bereich des Personalen zu.

Es ist kein leichtes Unterfangen, über das Sein nachzudenken. Das Sein ist immer mehr, als wir meinen, und immer mehr als es die Ideologien, die ihre Beschreibung des Seins mit den Worten „nichts-als" beginnen, dies zulassen möchten. Das Sein ist nicht jedem Geschöpf in gleicher Weise gegeben. Der Stein ist, auch er hat sein Sein zu einhundert Prozent, er ist ganz und gar das, was er ist. Ebenso der Baum, das Auto usw., aber schon wenn man an das Sein eines Jahres denkt, muß man sagen, daß hier etwas neues, etwas anderes ist, etwas, das wir kaum fassen können. Wie und als was hat ein Jahr oder ein Tag „Sein"? Von welcher Art ist seine Wirklichkeit? Es ist nicht leicht zu verstehen. Wie ist die Wirklichkeit, wie ist das Sein der Freiheit, wie das des Glückes, wie ist ein Berg, wie eine Stadt, und wie unterscheidet sie sich von einer anderen Stadt, und wie ist das Sein einer Stadt zu einer bestimmten Zeit von dem einer anderen Zeit zu unterscheiden? Hier könnte man allerlei sprachphilosophische Erwägungen anstellen, und in all dem an der Sache vorbeireden oder aber bemerken, daß die Gestalthaftigkeit des Seins etwas ebenso Bedeutungsvolles wie Geheimnisvolles ist. Und doch: Der Mensch fragt nach all dem, obwohl das Sein so reich und vielfältig ist, daß kein Geschöpf es ganz erfahren kann. Aber immerhin – der Mensch kann nach all dem fragen. Auf seine eigene Art und Weise ist er von allem, was ist betroffen, und es ist ihm in ganz besonderer Art und Weise „Sein" gegeben. Thomas von Aquin sagt:

„Die Seele ist dem Menschen gegeben an Stelle aller Wesensformen, auf daß der Mensch in bestimmtem Sinne das ganze Sein sei." [48]

Je reicher einem Geschöpf das Sein mitgeteilt ist, je mehr es also die Gegenwärtigkeit oder die Aktualität des Seins aushält, desto mehr reicht es an das heran, was wir „Person" nennen. Für die menschliche Person besagt dies, daß sie ihr Sein im personalen Zuspruch erst vollends erhält. [49] Wenn das Sein als solches schon von personaler Art ist, dann ist in jedem Geschöpf die Personalität veranlagt, zumindest so, daß erst das Personale ihm seine volle Wirklichkeit zu geben vermag.

Freilich wäre es ein Unsinn, auch eine Pflanze „Person" zu nennen; würde man so verfahren, würde das Wort „Person" nichts anderes mehr sagen als das, was das Wort „Sein" ohnehin schon aussagt. Doch dürfen wir auf der anderen Seite jenen Seinsrang, den das Personale ausmacht, nicht von vornherein den anderen Lebewesen, ja selbst den Dingen nicht ganz absprechen. Sie als bloß existent oder vorhanden zu betrachten, ist ein neuzeitliches Vorurteil. Es gibt eine bloße Existenz nur als ein Randphänomen im Sein. Die Materialität, die das neuzeitliche Denken als die Basis aller Wirklichkeit veranschlagt, so als könne sich darauf eine ganze Welt der Formen und Wesenheiten aufbauen, ist in Wahrheit nur ein Sein an der äußersten Peripherie der Wirklichkeit, etwas, das es als solches gar nicht geben könnte, wäre es nicht von einer Wirklichkeit getragen, die von ganz anderer und reicherer, nämlich qualitativer Art ist. So, wie sich die Naturwissenschaft die Basis allen Seins vorstellt, könnte es in

---

[48] Thomas von Aquin: In anima, 3,8 lect. 13.
[49] Romano Guardini sagt: „Mein Ich-sein besteht vielmehr wesenhaft darin, daß Gott mein Du ist." (Welt und Person, 143, Mainz, 1988- 6. Aufl.)

Wirklichkeit nicht einmal dazu kommen, daß ein Stein existierte, denn weit über das hinaus, wie sich die Naturwissenschaft einen Stein vorstellt, muß auch der Stein einen echten Anteil an der geistigen Fülle des Seins selbst haben, auch wenn er diese Fülle nicht selbst aktiv (nach-) vollziehen kann.

Die alten Kulturen wußten von geistigen, von in gewisser Weise personähnlichen Wesen, die allen Dingen und Lebewesen nahe stehen, oder ihnen wesentlich verbunden sind. Man denke an die verschiedensten Formen von Baumgeistern oder an die Nymphen, an die Herd- und Feuergeister, an die Laren in der Küche, an die Musen, an die Genien verschiedenster Orte und Bereiche. Wer noch den Kontakt zum Ursprünglichen hat, wird wissen, wovon die Rede ist. Die verschiedensten Gestalten gerade in der Natur haben in sich eine auf Personalität hingeordnete Tiefe, die es zu achten und zu würdigen gilt. Weil die den Dingen als ihr Wesen gegebene Gestalt weit über das physikalisch Meßbare hinaus wirkend ist, und weil alle Gestalt aus dem Wort ist, das in Gott der Schöpfung vorangegangen ist, ist in allen Dingen der Welt eine Rede, auch wenn erst durch den dichterischen Menschen ihrem Sprechen eine Stimme verliehen ist. Die Pflanzen und die Tiere, die Dinge, ja selbst die Steine vermögen den Menschen anzusprechen, wenn auch nicht so unüberhörbar, wie wenn die eine Person mit der anderen spricht. In jeder Gestalt spricht sich letztlich das Ur-Wort aus, das aus der schöpferischen Vernunft Gottes hervorgegangen ist, und in der Erkenntnis der in der Gestalt gegebenen Wahrheit hat der Mensch einen Anteil am schöpferischen Dialog Gottes, der sich also gewissermaßen in der jeweiligen Wahrheit der Dinge und Wesen gestalthaft zuspricht und mitteilt. [50]

Das Wort „Sein" besagt in diesem Sinne die Zugehörigkeit zu jenem Geheimnis, aus dem das Sein aller Dinge hervorgeht, das

---

[50] Die beiden folgenden Sätze des Thomas von Aquin gehören also in gewisser Weise zusammen: „‚Sein' und ‚Wahrheit' sind kompatibel (vertauschbar), denn jede Sache ist durch ihre Gestalt der Göttlichen Kunst angeglichen." (In Perihermeneias, I, 5.) „Unser inwendiges Wissen gewinnen wir dadurch, daß die Dinge ihre Bilder in unsere Seele einprägen. In der Erkenntnis Gottes aber ist es umgekehrt;

Mithineingenommensein der Geschöpfe in das innertrinitarische Gespräch.

So gesehen ist die Vernunft, die jede menschliche Erkenntnis trägt, keinesfalls die eigenmächtige Inbesitznahme der Welt durch den Menschen, sondern das Ergebnis des durch die Wesensgestalt der Dinge sich ereignenden Zupruches Gottes, beziehungsweise das Organ für den in der Gestalt eines Augenblickes je gegebenen Zuspruch des Allerhöchsten. [51]

---

denn aus seinem Geiste strömen die Wesensformen hervor in alle Kreatur. Wie darum das Wissen in uns eine Siegelung (ein Geprägtsein) unserer Seele durch die Dinge ist, so sind umgekehrt die Wesensformen nichts anderes als eine Siegelung (ein Geprägtsein) der Dinge durch das Wissen Gottes." De Ver., 2, 1 ad 6.
[51] Thomas von Aquin: „So wie unser Wissen eine Ausprägung der Dinge in unsere Seele ist, so sind umgekehrt die Gestalten der Dinge nichts anderes als eine Ausprägung des Göttlichen Wissens." De Veritate, 2, I, ad 6.

III. Himmel und Erde

1. „Im Anfang schuf Gott Himmel und Erde"

Mit dem bisher Gesagten ist die Wirklichkeit, der Gehalt und der Reichtum auch des endlichen Seins noch lange nicht ausgeschöpft.

Jene Kenntnisnahme der Urgründe des Seins der Welt, die das erste Buch der Genesis mit den Worten: *„Im Anfang schuf Gott Himmel und Erde"* andeutet, sind wir nur allzu geneigt, als den Ausdruck überschwenglicher Lyrik zu nehmen. Würde man dies so verstehen, würde gerade jenes, was darin gesagt sein wollte, verloren gehen. Diese Worte sprechen einen ontologischen Sachverhalt, und damit eine Wahrheit aus, die den Grund allen Seins betrifft, aber sie wollen keinesfalls das Tatsächliche nur dichterisch überhöhen:

Gott ist der Gott des Himmels. Er hat die Welt erschaffen, aber sicher nicht so, wie es die jeweils aktuelle Theorie der Physik gerade zuläßt; Gott hat die Welt als Himmel und Erde erschaffen.

Der Himmel ist der Sitz Gottes. Zum Himmel schauen wir auf, wenn es im Leben um etwas Wesentliches geht. Zum Himmel wenden wir uns, um für eine plötzliche Gunst zu danken, oder wir gehen hinaus und wir bleiben unter dem freien Himmel stehen, um uns zu besinnen. Auch wenn wir klagen, wenn wir getroffen sind von einem jähen Schicksal, wenden wir uns dem Himmel zu, um zu fragen: „Warum ich?", „Warum dieses?" Und wir sind uns sicher, daß uns nur der Himmel eine Antwort zu geben vermag. Wir wissen, daß letztlich alles Gute vom Himmel kommt, daß wir ihm gegenüber verantwortlich sind, daß wir uns, wenn etwas nicht so ist, wie es sein sollte, ihm gegenüber, und nicht nur unserem eigenen Anspruch gegenüber versündigt haben, denn der Himmel ist der Inbegriff dessen, wovon wir in unserem Dasein angesprochen sind. Wir beten zu Gott: „Dein Wille geschehe, wie im Himmel, so auf Erden". Wer diese Worte als bloße Lyrik einschätzt, verkennt die Kraft und die Wahrheit des Gebetes, er verkennt die Wirklichkeit des Himmels selbst.

Wir wissen, daß der Himmel der Ewige ist; nicht etwa weil er aus einer anderen „Materie" gemacht wäre wie alles Irdische – darum geht es nicht, sondern weil er in seiner Seinsweise, die eine viel höhere ist als die des Irdischen, das Göttliche birgt. Das Wort „Huld" kommt von „hoch". „Huldig" ist jenes, das aufgrund seiner Höhe erhaben, und das heißt wiederum „erhoben" ist. Es ist jenes, das sich wie die Wirklichkeit zur Möglichkeit – die Scholastiker haben gesagt, wie der „Akt" zur „Potenz" – verhält, gerade so, wie eben der Himmel zur Erde gestellt ist. Auch das sind keine dichterischen Vergleiche oder Übertragungen. Was hier als räumliches Verhältnis aufscheint, ist allem anderen zuvor ein inhaltlicher, ein qualitativer Unterschied. Heute wird so verzweifelt ein Sinn in der Welt gesucht, aber von dem, der unmittelbar vor die Augen gestellt ist, läßt sich keiner ansprechen. Dabei könnte ein einziger Blick so viel zeigen.

Die Ewigkeit des Himmels hängt zusammen mit der Ewigkeit Gottes. Absolut ewig ist nur Gott, der Himmel und die Erde aber, so heißt es, werden einst vergehen. Die „Ewigkeit" des Himmels ist also im strengsten Sinne des Wortes keine echte; sie besagt eigentlich nur dessen Erhabenheit über das zeitgebundene Dasein. Der Himmel ist in gewisser Weise zwischen die Ewigkeit Gottes und die Zeitlichkeit des Irdischen gestellt. Er schenkt, seiner Höhe in der Hierarchie des Seins entsprechend, die Zeit, er vermittelt die Gestalten des Werdens. Diese Vermittlung ist aber kein mechanischer Vorgang, er hat auch nichts mit Strahlung oder mit einem irgendwie gearteten Energietransfer zu tun. All das denkt den Himmel nur als Fortsetzung des Irdischen in die höchste Höhe hinauf, wird aber der dem Himmel eigenen Seinsart und seiner Würde nicht gerecht.

2. Die personale Wirklichkeit des Himmlischen

Im Himmel waltet personales Sein. Wir sind vom Himmel angesprochen, denn er ist der Ort des personalen Seins schlechthin.

Meister Eckhart sagt in seiner Auslegung zum Buch der Genesis über die besagten Grundprinzipien der Wirklichkeit folgendes:

„Um das an dieser und an vielen anderen Stellen Gesagte einleuchtend zu machen, ist darüber hinaus zu bemerken, daß bei der Berührung, Begegnung und Vereinigung des wesenhaft Oberen mit der obersten Stufe des Niederen das Obere und das Niedere einander in innigster und süßester Liebe, wie es ihrer Natur und ihrem Wesen entspricht, küssen und umarmen, dem Wort entsprechend, das der Gerechte zu der ungezeugten Gerechtigkeit, von der her, durch die, und in der er in seiner Gerechtigkeit gezeugt wurde, sofern er gerecht ist, spricht: ‚Sie küsse mich mit dem Kuß ihres Mundes', (Hohel. 1,1) und er sehnt sich danach, vollendet zu werden und in sie unmittelbar umgeformt zu werden." [52]

Meister Eckhart geht hier von einem ganz anderen Begriff von „oben" und „unten" aus, als er im heutigen Verständnis gegeben ist. Für ihn ist das „Oben" eine Wesensbestimmung, und nicht nur eine räumliche Dimension. Das Obere steht deshalb oben, weil es reicher und mächtiger an Sein ist, als das, was „unten" ist. Was hier beispielhaft am Sein des Himmels und der Erde gezeigt ist, ist eine Dimension, die in aller Wirklichkeit aufzufinden ist, denn alles, was wie auch immer vollkommener ist als das andere, ist im gewissen Sinne „oben", während das Unvollkommenere immer „unten" ist.[53]

---

[52] Meister Eckhart: LW I, S. 614 - 616
[53] So ist zum Beispiel alles, was irgendwie mit Gerechtigkeit zu tun hat, ein Ausdruck der von „oben" her, das heißt vom Himmel her mitgeteilten Gerechtigkeit selbst. Weiter heißt es deshalb:

Damit ist aber zunächst keine Herrschaftsordnung ausgesagt, sondern eine Ordnung der Wesenheiten, über die das Sein, vom Obersten herkommend, wie über Kaskaden sich an das Unterste ergießt. Dabei hat das „Obere" nicht nur eine gewisse Neigung, sich dem „Niederen" mitzuteilen, sondern es ist in seinem Wesen, ja sogar in der Ordnung alles Wesenhaften so begründet, daß das höher Stehende das Niedere beschenkt und bewegt. Weil nun das „Obere" immer und notwendigerweise auch den reicheren Anteil an Sein hat, ist das Sein, das im Himmel seine Heimat hat, ein Sein von personaler Fülle; ist doch schon auch das höchste Lebewesen auf Erden, der Mensch, Person:

„Und diese Kundgabe und Verbreitung ist Rede, Wort und Botschaft – ‚er bringt dem Freund die Botschaft, auf daß sie sein Besitz sei und er zu ihr hinaufsteigen könne' (Hiob 36,33) – diese Kundgabe sage ich, ist Wort und Rede, durch die das Obere und das Niedere miteinander reden und ‚von Angesicht zu Angesicht' Zwiesprache miteinander halten.
Ich sage ‚von Angesicht' des Obern, das ‚zum Angesicht' des Niederen blickt und (auf es) hinblickt, und ‚vom Angesicht' des Niederen, das zurückblickt: ‚Ich sah den Herrn von Angesicht zu Angesicht, und meine Seele ist genesen' (32,30) ...."
„... ‚meine Seele zerfloß, da mein Geliebter sprach' (Hohel. 5,6).
Diese Rede und Zwiesprache, bei der das, was ist (das Sein), und das, was ist, die Wesenheiten der Dinge, miteinander reden, sich küssen und im Innersten und aufs Innigste sich vereinigen, ist die wahrste, natürlichste und süßeste aller Rede.." [54]

„Das ist eben jene gegenseitige Berührung, in der das Obere das Niedere anblickt, und umgekehrt. In dieser gegenseitigen Berührung und Begegnung aber küssen und umarmen Oberes und Niederes einander in der ihrer Natur und ihrem Wesen entsprechenden Liebe. Ja, diese gegenseitige Berührung, in der das Obere das Niedere anblickt und umgekehrt das Niedere den Anblick des Oberen erwidert, ist Stimme und Wort, Rede, Sprache und Name, wodurch das Obere dem Niederen sich bekannt gibt, und sich ihm gegenüber ausbreitet, öffnet und kundgibt, und zwar alles kundgibt, was in ihm ist: ‚Alles, was der Vater hat, ist mein' (Joh.,16,15); und: ‚was ich von meinem Vater gehört habe, habe ich euch bekannt gemacht'. (Joh.15,15)" , Meister Eckhart, LW I, S. 614 - 616.

[54] Meister Eckhart: LW I, S. 616, f.

Es wäre ein allzu gefälliges Mißverständnis, würde man den Scholastikern hier eine Personalisierung des an sich Unpersönlichen und Unbelebten vorwerfen.[55]

Es ist umgekehrt: Entsprechend seiner Seinsvollkommenheit ist im Himmel immer mehr an Freiheit, Wahrheit, Vernunft, Liebe, Kraft und so weiter, als auf Erden. Nur ist die heutige Zeit des Personalen nicht oder nur mehr kaum fähig, weil sie so unter das Diktat des Leblosen und Sinnlosen gestellt, und von der Herkunft alles Personalen abgeschnitten ist. Die Welt ist dem bloß Irdischen ausgeliefert, weil aller Politik und Wirtschaft, alleine historisch schon, der Verlust des Himmlischen vorausgesetzt ist.[56]

Der Himmel ist von personaler Art, weil er jener ist, der Gott am nächsten ist. Seine Weiten sind erfüllt von einem Dasein, das reiner Geist ist. Alles, was in ihm zusammenkommt, tut dies, um sich anzublicken und um sich Kunde zu geben, um jenes Wort weiterzutragen, das ausgegangen ist vom Munde des Allerhöchsten. Alles, was im Himmel irgendwie auseinander ist, spannt den Raum auf für die unendliche Fülle des göttlichen Seins. Im Himmel ist keine echte Ferne, wie wir diese von der Erde her kennen – aller Raum in ihm räumt nur der Unendlichkeit Gottes Raum ein, ohne ihn doch je fassen zu können.

---

[55] „Die Sprache lehrt uns, daß die abstrakten Begriffe zuerst lebendige Gestalten waren, daß also gerade das Gegenteil von dem, was allgemein behauptet wird, geschehen ist: keine Personifikation, sondern eine Entpersonifizierung oder Entmythisierung". Walter F. Otto: Die Musen und der Göttliche Ursprung des Singens und Sagens, Darmstadt 1961, S. 75 f.

[56] Mit dem Höchsten geht notwendig auch das Innerste verloren, „denn eines sind das Innerste und das Höchste". Vgl. Bonaventura: Collationes in Hexaemeron, II, 31; und Augustinus: De Trin. XII,1,1; XIV, 8,11.

3. Die Herrlichkeit des Himmels

Der Himmel ist der Inbegriff der Schönheit. Das Erhabene seiner Bläue, die durchsetzt ist mit dem Licht Tausender funkelnder Sterne, ruft das höchste Erstaunen über ein solches Übermaß an Schönheit hervor. Zur Schönheit des Himmels gehört seine Erhabenheit. Der Himmel ist der hohe, und sein Wesen ist für uns unerreichbar und unantastbar. Die Erhabenheit des Himmels geht einher mit seiner Tiefe. Einer Tiefe, die aber nicht primär Ausdruck räumlicher Verhältnisse ist, sondern, zuvor noch, der Ausdruck seiner Unergründbarkeit.

Der Himmel ist der ferne Himmel. Obwohl das Himmlische zum Irdischen gehört, wie der Fluß zum Ufer gehört, so daß dem Irdischen doch nichts näher ist, als der Himmel, so ist ihm doch auch nichts ferner als der Himmel. Gerade seine Ferne ist ein Ausdruck der Wirklichkeit des Himmels, so daß die Nähe einzig der Erde zu gehören scheint. Die Erde ist das Verfügbare, weil das Nahe, der Himmel aber ist das Unverfügbare, weil das Ferne.

Es gibt eine eigentümliche Art von Schönheit, die unbedingt der Unverfügbarkeit bedarf, einer Unverfügbarkeit, die jedoch bald auch übergehen kann zur Unnahbarkeit. In dieser Spannung steht der Himmel, nur daß der himmlischen Schönheit die Unnahbarkeit keinen Abbruch tut. Der Himmel ist und bleibt unnahbar. Es ist bemerkenswert, daß wir vor dem Anblick des Himmels keine Scheue empfinden. Eine solch hohe und fremde Würde zwingt uns andernorts zu einem ganz unwillkürlichen Senken des Blickes. Nicht aber der Himmel, er verlangt von uns, daß wir unseren Blick auf ihn richten, so als könne man ihm gerade so die geschuldete Referenz erweisen. Das Hohe und Würdige will angestaunt und verehrt werden.

Der Himmel duldet unsere Blicke, weil er wie ein Angesicht ist, weil er uns sein Angesicht zeigt, weil er zu uns spricht. Das Angesicht des Himmels ist das, was sich zeigt, es ist der Zuspruch selbst. So wie es auf der einen Seite unhöflich ist, einem Menschen, den wir nicht kennen, unverwandt ins Gesicht zu starren, so ist es auf der anderen Seite ebenso unhöflich, sich von einem

Menschen abzuwenden, der sich uns zugewandt hat, um mit uns zu sprechen. Was im Bereich der Menschen untereinander nur eine Frage des Verhaltens ist, das ist zwischen Himmel und Mensch eine Frage des Wesens: Das Wesen des Menschen beruht darin, daß er zum Himmel emporschaut, dessen Wesen wiederum es ist, daß er sein Angesicht zeigt. Das Wesen des Himmels ist der personale, das heißt, der personbegründende Zuspruch, das Wesen des Menschen ist das einer Antwort. Sein Dasein ist die Erwiderung des Blickes, den er vom Himmel her empfangen hat.

Was wäre die Schönheit des Himmels ohne die Fülle, die sich in ihm zeigt? Alles, was auf Erden ist, hat ein festes Maß und eine Grenze; was über diese Grenze hinausgeht, ist maßlos. Die Fülle im irdischen Bereich ist allzu leicht eine Überfülle, sie ist allzu schnell erdrückend, so daß sich das Einzelne darin nicht mehr zu behaupten vermag, und vom anderen aufgefressen wird, das ihm ob seiner Not zum Feind geworden ist. Anders aber der Himmel: Er erträgt die Fülle, ja er ist Ort der Fülle schlechthin. Kein Stern nimmt dem anderen etwas von seinem Glanze, im Gegenteil: Je weiter der Blick vordringt in die Tiefen des Himmels, desto mehr scheint seine Größe und Einzigartigkeit auf. Je dunkler die Nacht, und je mehr Sterne sich zeigen, desto erhabener wird das Leuchten der Sterne. Ihre Fülle macht sie so himmlisch. Ein einziger Stern am Himmel wäre für uns faßbar, wir könnten mit ihm rechnen oder uns auf ihn beziehen, so wie der Mond es zuläßt, daß wir in seinem Lichte wandern. Die Sterne aber sind die unzählbar Vielen, und gerade das macht sie zu dem, was sie sind.

Der Himmel ist voller Herrlichkeit. Die Herrlichkeit ist dem Himmel so sehr zu eigen, daß alle Schönheit, die wir auf Erden finden, nur wie ein Abglanz von der Herrlichkeit des Himmels ist, ein Widerschein seiner Herrlichkeit. Alles, was wir hier auf Erden guten Gewissens „herrlich" nennen dürfen, hat seine Schönheit vom Himmel. Alle irdische Freude ist eine Folge des Aufscheinens und des Erscheinens der himmlischen Herrlichkeit.

In den verborgensten Kammern unserer Seele liegt noch eine Ahnung davon, wie sehr diese Herrlichkeit uns unserem gewohnten Dasein entreißen kann, so daß wir zuweilen eine echte Furcht davor empfinden. Alle echte Herrlichkeit ist eine Urgewalt, die den Menschen nicht weniger erschrecken kann, als die unberechenbare Strenge des nahenden Gewitters.

Dem, was wirklich schön ist, kann sich niemand entziehen. Deshalb ist es so eingerichtet, daß das Schöne die Gewohnheit hat, sich zu verbergen. Die Schönheit des Himmels zeigt sich nur dem, der den Himmel noch bewundern und verehren kann. Doch viel zu viel schon, was den Himmel angeht, hat sich das ursprüngliche Dasein stehlen lassen. Viel zu viel ist verfallen und vergessen. Versunken ist das Wissen um die Macht des Himmels, verblaßt ist seine Anmut, und kaum einer mehr vermag das Wort zu vernehmen, das vom Himmel her an ihn ergeht.

So kommt heute beides zusammen, die Preisung des Himmels und die Klage über die Ferne des Himmels. Beide gehen heute auseinander hervor, so wie einst die Nähe des Himmels zu seiner Preisung anregte. So preisen wir das Verlorene, um es in der Preisung gegenwärtig zu halten, denn auch der Himmel hat im Wort eine Gegenwart. Er ist das Hohe selbst.

Die Weltraumfahrt hat es nicht vermocht, uns eines besseren zu belehren, sie hat einzig das Hohe erniedrigt zur bloßen Verlängerung des irdischen Raumes. Sie hat den Himmel geschändet. Damit hat sie alles Hohe und Heilige entehrt, sie hat sich vergangen an der Würde des Personalen, und sie hat mitgeholfen, eine Zeit herbeizuführen, in der das Personale, ja selbst das Göttliche geschändet wird, wo immer man seiner habhaft wird. Eine Welt, die keinen Himmel mehr über sich weiß, fällt mit aller Notwendigkeit aus der rechten Ordnung der Wirklichkeit heraus, denn alles Hohe nimmt seinen Anfang im Himmel: Der Himmel ist das Hohe, er ist Heiliges in Gestalt.

4. Das Sein der Welt als Himmel und Erde

Das Dasein der Welt ist nicht selbstverständlich. Die Welt, und alles, was in ihr ist, könnte in gewissem Sinne auch genau so gut nicht sein, denn keines der Dinge, die in der Welt bekannt sind, hat eine absolute Notwendigkeit. Dennoch ist die Welt, und alles, was wir in ihr vorfinden, hat einen Bestand und einen Wert. Der Grund dafür ist die Tatsache der Schöpfung. Das Wort „Schöpfung" sagt, daß hinter dem Sein der Welt das Sein Gottes steht, und daß alles, was ist, in einem freien und vernünftigen Akt aus der absoluten Seinsfülle Gottes hervorgegangen ist.

Der Grund allen Seins kann deshalb kein wesenloser Mechanismus oder ähnliches sein, sondern einzig Gott, der Schöpfer des Himmels und der Erde. Das Sein Gottes ist personales Sein. Das besagt für Gott, daß er, wie die endliche Person auch, frei, vernünftig und liebend ist, allerdings in einer Weise, die wegen der Vollkommenheit der göttlichen Seinsfülle einen unendlichen Abstand zur Daseinsweise der endlichen Person begründet. Weil alles Sein des Endlichen aus der Teilhabe am absoluten Sein Gottes seinen Bestand hat, ist das endliche Seiende im vollsten Sinne von der Herkunft des Seins aus der göttlichen Seinsfülle geprägt.

Das Sein ist der Kreatur in jedem Falle in gestalthafter Weise gegeben: Das geistige Wesen hat vermöge des Prinzips seiner Gestalt, der Seele nämlich, in einem solchen Maße einen Anteil am Sein, daß es Person ist, das übrige aber hat ein Sein in vorpersonaler Gestalt. Das Sein, das dem Endlichen in der Schöpfung zuteil wurde, trägt dementsprechend die volle Güte, Wahrheit und Beständigkeit in sich, die das Sein selbst, wie es in Gott ist, auch schon ausmacht – alles, was ist, ist wie die Spur oder sogar das Abbild des Seins Gottes. Es ist deshalb nicht übertrieben, entsprechend der Herkunft des Seins aus der Dreifaltigkeit Gottes in einem analogen Sinne sogar von einem „dreigefalteten Sein überhaupt" zu reden. Ebenso ist die Personalität ein Grundcharakter allen Seins, angefangen von dessen höchster, überhimmlischer Wesenheit, hinunter durch die Himmel, bis hinein in die irdische Wirklichkeit. Dort ist es speziell der menschlichen Person aufgetragen, auch die untermenschlichen Bereiche, die in ihrer Gestalthaftigkeit auf das personale Sein hingeordnet sind, mit der dem Personalen eigenen Würde zu beschenken, und ihr äußerliches Sein in jene Innerlichkeit des Wortes zurückzuholen, die am Anfang allen Seins schon stand.

5. Die Hierarchie des Seins

Es wurde schon angedeutet, daß das geistige, personale Sein von höherer Art ist als das Sein des bloß Gegenständlichen. Dem entsprechend hat sich das Sein des Himmels als ein höheres Sein als das der Erde dargestellt; als noch größer und grundlegender hat sich der Unterschied zwischen Gott und dem Geschöpf gezeigt. Mit der Gestalthaftigkeit des Seins, gerade auch mit der Gestalt des Himmels, und mit der Personalität des Seins ist ein Grundcharakteristikum der Wirklichkeit angesprochen, das sich in der „Hierarchie" des Seins ausdrückt.

Nichts von all dem, was ist, ist ohne Bedeutung. Jede Bedeutung aber setzt einen Unterschied voraus, eine wesenhafte Differenz. Der Inbegriff des Unterschieds aber ist der Abstand zwischen Himmel und Erde. Das „Oben" und das „Unten" teilt die Welt, an ihrem Unterschied ist die Grundordnung von Raum und Zeit festgemacht.

Der Propaganda der Neuzeit war das, was mit der Hierarchie gesagt ist, ein Anlaß zu den verschiedensten Verdächtigungen, welche allesamt auf dem einen Grundmißverständnis beruhen, daß man gemeint hat, die Hierarchie sei den Dingen und vor allem dem Menschen äußerlich. Das war möglich, weil man sie immer nur auf eine konkrete, das heißt politische Herrschaftsform bezogen hat, nie aber den dahinter waltenden ontologischen Sachverhalt gesehen hat. Man hat der Hierarchie unterstellt, sie könne dem Sein des Individuums, vor allem dem, das im „unteren" Bereich der Ordnung steht, nur Unrecht tun. Dieser Aussage ist zu entgegnen, daß dort, wo das der Fall ist, von keiner echter Hierarchie die Rede sein kann, denn wo die Dinge nicht zu ihrem Recht kommen, herrscht jene Gewaltherrschaft und jene Diktatur, die eine Folge der fehlenden Hierarchie ist, eine Folge der Zerstörung der Hierarchie.

Es ist heute schwierig, von der Hierarchie zu reden, ohne schon von Grund auf mißverstanden zu werden. Nur wer das Sein der Dinge von ihrer Gestalthaftigkeit her begreifen kann, wird auch verstehen, daß alles, was ist, von vorne herein und wesentlich in einer Hierarchie steht. Ist es geschichtlich überholt, wenn man sagt, daß die Tatsache, daß der Handwerksmeister, der seinem Lehrling etwas beibringt, damit eine gewisse hierarchische Ordnung begründet? Ist es ein intellektuelles Kunststück, einzusehen, daß derjenige, der eine bestimmte Erfahrung in seinem Leben gemacht hat, mit dem, was er zu sagen hat, auf denjenigen, der diese Einsicht nicht hat machen können, ohne weiteres eine ganz bestimmte Wirkung ausüben wird? Das ist Hierarchie. [57] Wo immer etwas bewirkt wird, ist eine Hierarchie angelegt, denn die Gestalt dessen, was in die Welt zu tragen ist – durch wen auch immer – begründet eine Hierarchie.

Oft wird die Hierarchie als die Rangordnung der Dinge und Personen untereinander gekennzeichnet, ohne daß eine solche Ordnung etwas Innerliches von den Dingen besagen würde. Der „Ordo" des Seins, wie Thomas von Aquin diese Ordnung nennt, ist eine Ordnung der Wesenheiten. [58] Diese haben das Maß ihres Seins so wenig aus sich, wie sie es einfach aus dem Ganzen der Welt hätten. Vielmehr ist das Ganze der Welt, wie die in ihr vor-

---

[57] Thomas von Aquin: „So ist zu sagen, daß die Ungleichheit, in der die Göttliche Weisheit die Dinge gestellt hat, wie (in a.2) gesagt, dazu führt, daß ein Geschöpf auf das andere eine Wirkung ausübt. Denn daß ein Geschöpf vollkommener ist als das andere, das ist der Grund aller Ungleichheit. Das Vollkommenere aber verhält sich zum weniger Vollkommenen wie der Akt sich zu Potenz verhält. Es gehört aber nun einmal zum Wesen dessen, was im Akt ist, daß es auf das einwirkt, was in Potenz ist. So wirkt also mit Notwendigkeit ein Geschöpf auf das andere ein. Aber, so wie das Geschöpf, das wirklich ist, darin, daß es ist, an Gott partizipiert, der als der reine Akt die reine Wirklichkeit ist, so hat es auch in seiner Wirkmacht an Gott teil, und es wirkt in seiner Macht, so wie die Zweitursache in der Kraft der Erstursache wirkt." S. Th., I, q. 47, a.3, resp.

kommenden Dinge und Personen, hingeordnet auf eine Finalursache, die nicht einfach ein Teil der Welt ist. Wie beispielsweise die Farben in einem Bild nicht einfach aufeinander abgestimmt sind, und wie ihre Ordnung nicht einfach die von bloßer Harmonie oder Wohlgefälligkeit ist, so ist auch in der Ordnung des Seins anderes und tieferes. Wie die Ordnung der Farben auf der Leinwand ihren Grund in dem hat, was abgebildet ist, so hat auch alles, was ist, einzig von dem her seinen Ort, und seine Ordnung, was sich darin zeigen oder ereignen will. Ebenso die Töne in einem Lied: Weder sind die einzelnen Töne untereinander geordnet, noch ist es einfach das Ganze der Töne, nämlich das Lied, das ihre Ordnung bestimmen würde. Jenes, was im Lied besungen oder ausgedrückt ist, ordnet das Einzelne im Lied, wie das Ganze des Liedes hin zu einer Gestalt. Es ist die besungene Liebe oder die im Lied ausgedrückte Freude selbst, die sich als Gestalt ausprägt, die das Einzelne in ein Verhältnis zueinander stellt.

Das ist wirkliche Hierarchie: die Töne der Tonleiter, einer vom anderen verschieden, alle aufeinander angewiesen, und alle beschenken einander mit dem Sein, das ihnen gegeben ist. Jeder ist vom anderen grundlegend verschieden, jeder hat eine andere „Höhe", und doch besteht kein Grund zum Neid, denn die Bedeutung, die sie zu dem macht, was sie sind, haben sie nicht aus sich selbst, sondern von dem, in dessen Dienst sie stehen. Das Einzelne kann sich einzig dann in einer Ordnung wiederfinden, wenn auch das Ganze finalursächlich auf etwas hin ausgerichtet ist, das sich seinerseits in ihm ausprägt und sich in ihm auswirkt. Das Einzelne ist wie das Ganze von daher geordnet.[59]

Die Hierarchie ist eine Seinsordnung, die zweierlei besagt: die Herkunft des Seins aus dem Heiligen, und die Herkunft des Seins

---

[58] Das lateinische Wort „Ordo" besagt die geordnete Reihenfolge von Dingen oder Sachverhalten.

[59] Eine Rede vom „ganzheitlichen Tun" oder von der „Ganzheit" des Menschen, die nur eine gewisse Einheit von Psyche und Körper meint, verfehlt das Wesen des Menschen und der Welt genauso sicher wie eine bloß physikalische Sichtweise. Von einer Ganzheit kann nur dort sinnvollerweise eine Rede sein, wo auch der Grund der Ganzheit in den Blick kommt.

aus dem Himmel. Das Heilige hat mit etwas zu tun, das dem Denken, so wie es heute geprägt ist, fremd sein muß, mit dem Heilen und Unversehrten nämlich, genauer gesagt mit dem Unversehrbaren, das in allem waltet, was ins Dasein tritt. Daß etwas Unversehrtes in den Dingen ist, das gibt es in Zeiten einer totalen Industrie höchstens noch am Rande, oder im Naturschutzgebiet, das als solches wiederum der industriellen Nutzung zugehört. Daß in den Dingen gar das Unversehrbare sei, diese Aussage scheint abstrus zu sein. Aber genau dieses, daß das heute vorherrschende Denken in die Dimensionen dieser Wirklichkeit gar nicht mehr vordringt, ist selbst mit ein Grund dafür, daß alles, was ist, in den Gebrauch und in die damit sich anbahnende Versehrung mit hineingerissen wird. Das heutige „Denken" ist, sofern ihm die Tiefendimension der Wirklichkeit verschlossen ist, von Anfang an ein Gebrauchsdenken, ein Verwertungsdenken, das zu keinem echten Wert mehr fähig ist.

Hinter den Verstellungen der Gegenwart aber liegt noch ein Wissen verborgen, das Wissen um eine ganze Welt, die nur darauf wartet, wieder ans Licht zu dürfen. Was und wie darin der Himmel ist, wurde schon angedeutet. Auch der Himmel gehört, wie das Heilige, zum Sein selbst, damit aber zum Sein, das der Grund eines jeden Dinges ist. Der Himmel, so ist überliefert, ist in der Ordnung des Seins der Ort der Herkunft alles Höheren, er ist der Sitz Gottes, und der Bereich des Geistigen, und weil das Geistige der Anfang des Personalen ist, ist der Himmel der Ort des Zuspruchs.

Die Hierarchie, welche die Ordnung der Anteilhaftigkeit aller Wesenheiten am Sein selbst besagt, ist damit durch und durch eine personale Ordnung, eine Ordnung der Vernunft, eine Ordnung der Freiheit und der Liebe. Dies ist am Wesen der Liebe zu erfahren und zu erkennen, denn es ist die Art der Liebe, den anderen, so wie er ist, zu wollen, und ihn gerade in seinem Eigensten zu fördern, ihn sein zu lassen, und ihn zu sich selbst zu befreien. Die wesentlichste Bestimmung der Liebe ist es, die Dinge in das rechte Verhältnis zu jenem Wort zu stellen, aus dem heraus ihnen ihr Sein zufließt. In der Liebe ist immer jene Wahrheit am Werk, die Freiheit will. Es ist der Sinn der von Gott gestifteten Hierarchie, daß jede Kreatur zu ihrem Recht kommt, indem das Sein, von der höchsten Höhe, wo es ganz und gar bei sich ist, frei und wahr und liebend, herabfließt über die verschiedensten Ordnungen der personalen Wirklichkeit, bis hinein in die bedürftigsten und ärmsten Regionen des Seins.

Weil in diesem Seinsfluß wiederum keine Mechanik ist, sondern personales Leben, ist es der Auftrag des Menschen, die gegenständliche, die vegetative und die vitale Welt, also die Welt unterhalb des Personalen in personales Sein zu überführen. Nicht daß der Mensch einem Gegenstand das Bewußtsein schenken könnte, das freilich nicht, aber er kann doch alles, was ist, in das rechte Wort bringen, er kann die Dinge achten, ehren und lieben. Das sind alles Qualitäten personalen Seins. Ein Reiz-Reaktions-System oder eine Mechanik reicht dazu nicht aus.

Die Hierarchie meint nicht einfach eine selbstmächtige Herrschaft, sondern sie fordert den Dienst an den Dingen ein, sie fordert, daß das Obere sich neige, um dem zu dienen, was ihm unterstellt ist. Die Bewegungsrichtung heute dagegen ist die umgekehrte: Anstatt daß der Mensch sogar die Dinge in das Personale erheben würde, erniedrigt er sich und die anderen Personen, indem er sie wie Gegenstände behandelt und gebraucht. Eine Achtung den Dingen der Welt gegenüber, die heute vielen so sehr am Herzen liegt, ist nur innerhalb der Hierarchie des Seins möglich, denn aller moralische Anspruch ist vergebens, wenn dem Menschen nicht die Ordnung des Seins, und die darauf gegründete Ordnung der politischen und der wirtschaftlichen Verhältnisse helfend und tragend entgegenkommt. [60]

Die Hierarchie des Seins ist uns vermittelt durch die Ordnung des Himmels, aber ihren Ursprung hat sie im Wort. Denn es ist

---

[60] Es ist eine Verleumdung schlimmster Art, wenn die Hierarchie in die Nähe der Diktatur gestellt wird. Eine Diktatur kann nur dort entstehen, wo die Hierarchie verloren ist, ja, wenn die Herkunft des Seins aus dem Heiligen vergessen ist, entwickelt sich der Staat mit aller Notwendigkeit zu einem totalitären System.

das Wort, das alle Dinge unterscheidet, und dem uranfänglichen Wort gemäß, sowie dem, was es spricht, entsprechend, ist dem Endlichen das Sein in einer ganz bestimmten Wesenheit geschenkt. Die Geschöpfe tragen das Sein in seiner urbildlichen Prägung, je im Maße der Empfänglichkeit, die ihnen als ihre Wesensgestalt vorgegeben ist, als Wirklichkeit, als Akt, als Leben in sich. Diese gestalthafte Gabe ist ihnen ihr eigenstes Vermögen zu sein und zu wirken. Die Hierarchie ist so wenig eine statische Sache wie das Sein selbst, sie ist vielmehr ein Wirkgefüge, in dem der Wille des Allmächtigen letztlich darauf hinaus will, im und durch den freien Willen der Kreatur sich auszusprechen und zu verwirklichen. Die Welt als ganze trägt nun, wie das Geschöpf als einzelnes auch, in sich schon die Hierarchie des Seins, denn das Sein hat sich ihnen, ausgehend von der höchsten Höhe seiner Wirklichkeit im Absoluten, herab von der Fülle des göttlichen Seins, aus der Wahrheit seiner schöpferischen Vernunft, als Geschenk ganz zu eigen gegeben. Die Hierarchie zeigt sich zunächst im Innern der Dinge selbst, um in der Folge im Zueinander der innerweltlichen Gestalten sichtbar zu werden.

Der Ursprung des Seins aus dem Heiligen setzt eine Hierarchie, denn dieser Ursprung ist ein Ursprung aus dem Wort und aus der schöpferischen Vernunft Gottes, die den Dingen ihre Wesenheit, also ihr So-und-nicht-anders-Sein verleiht.

IV. ZEIT UND EWIGKEIT

1. Die Ordnung des Seins und der Zeit

Die Hierarchie des Seins ist das Binde- und Werkglied des Zueinanders von Himmel und Erde, so daß auch die Ordnung der Zeiten von der Art einer Hierarchie ist. Die Ewigkeit ist in einer ganz grundlegenden Weise über der Zeit. Wenn es heißt, daß die Dinge in der Welt von Oben nach Unten hierarchisch geordnet sind, dann ist damit weniger eine soziologische, denn eine zeitliche Maßgabe ausgedrückt, ist doch im zeitlichen Gefüge der Wirklichkeit das Schicksal des Einzelnen vorgegeben.

Die Ordnung der Dinge im Geiste Gottes ist die Maßgabe für alle Wirklichkeit. [61] Wie die Ewigkeit das Seinsprinzip der zeitlichen Gestalt aller Dinge und Wesenheiten ist, so ist sie auch das Prinzip ihres Werdens und Wirkens. Weil nun alles endliche Wirken und Werden ein solches in der Zeit ist, ist die ewige Ordnung der Dinge im Geiste Gottes das Maß aller Zeiten, so daß die Ordnung der Zeit alleine schon mit der Herkunft der Dinge aus Gott vorgegeben ist, wenn sich die Dinge in der Welt dem Wesen dieser Ordnung entsprechend in die Zeit hinein entfalten. Man denke an die Jahreszeiten, an Tag und Nacht oder an den Rhythmus eines Liedes.

Die Zeit ist wesentlich mehr, als das bloße, quantitative Nacheinander der Dinge. Sie ist selbst eine Maßgabe des Seins, das heißt, sie bringt die Unterschiede im Sein zur Auswirkung, sie bringt „Welt" hervor. Je mehr nun etwas heranreicht an die Ewigkeit, je mehr also ein Wesen des Personalen fähig ist, desto mehr kann es das Ewige mit in die Zeit hinein verwirken. Das so entstehende Gewebe ist die Geschichte des freien Wirkens des Seins durch und in der Freiheit der Gestalten und Personen. So verdankt sich die Ordnung der Zeit in eins mit der Wesenheit

---
[61] Thomas von Aquin sagt: „Die Vorsehung ist nichts anderes als das Bild der Ordnung der Dinge, wie es im Geiste Gottes lebt. Das Schicksal aber ist die Entfaltung jener Ordnung in der Wirklichkeit selbst." (Quol. 12,4.)

der Geschöpfe der göttlichen Vernunft, näherhin der Art und Weise, wie die Vernunft Gottes in der ihr eigenen Ewigkeit die Dinge erkennt und will.

❖

Wie sich hinter der endlichen Wesenheit der Dinge die Unendlichkeit und Absolutheit des Seins Gottes verbirgt, so waltet im Hintergrund des Zeitlichen, die Zeiten haltend und gewährend, die Ewigkeit.

Die zeitliche Präsenz der Dinge hält den aus dem Ewigen hervorquellenden Seinsfluß in sich versammelt. Alles, was ist, ist aufgrund dessen, daß in ihm das Sein selbst fließt und waltet, mehr als es aus sich selbst heraus zu sein scheint. Schon die Dinge haben einen Überfluß, mit dem keiner zu rechnen wagte, der ihre Herkunft aus dem Sein-selbst nicht kennt. Die zeitlichen Dinge haben, weil und solange sie im Zufluß des Seins stehen, den Reichtum des Ewigen in sich; sie bringen als Gestalten, und unendlich viel mehr noch als Personen, selbst Welt hervor, sie schenken – immer jedoch den schöpferischen Grundakt Gottes vorausgesetzt – Welt, denn sie tragen ein Sein in sich, das noch von der Fülle des Seins selbst ist, und das ein Stück der Ewigkeit in die Welt bringt.

Die einzelnen Gestalten sind aufgrund des Seins, das sie in sich tragen, welt-bildend, und sie sind aufgrund ihres Anteils an der Ewigkeit zeit-bildend. Das bedeutet konkret: In dem Maße, als sie Sein tragen und welches Sein sie tragen, wirken sie, schenken sie Sein, fördern sie die anderen Dinge und Lebewesen. In dem selben Maße sind sie geschichtsmächtig. Das Ziel des Werdens und Wirkens alles Welthaften aber ist, wenn man ihm nur bis ins Letzte nachgeht, nichts anderes als es der Ausgangspunkt schon war, die Vollkommenheit des Seins selbst. [62]

---

[62] Thomas von Aquin: „Die eigenen Vollkommenheiten erstrebend, streben alle Dinge hin zu Gott, insofern als die Vollkommenheiten aller Dinge in einer gewissen Ähnlichkeit zum göttlichen Sein bestehen." S. Th., I q. 6 a.1 ad 2.

So ist das Sein in zweifacher Weise hierarchisch, das heißt, es ist als die heilige Ordnung der Welt vorgegeben: Zum einen insofern als sowohl die in der Welt wirkenden Gestalten selbst auf die Vollkommenheit des Seins hinstreben, als auch, zum anderen insofern, als sie sich gegenseitig darauf hintreiben.[63]

Die Hierarchie ist dem Sein selbst innerlich: Weil das endliche Sein seinen Ursprung in der Tiefe der Dreifaltigkeit Gottes hat, weil also auch das der Kreatur mitgeteilte Sein ein Sein vom Sein selbst ist, das hervorgegangen ist aus dem Vater, und das im Sohne urbildlich geprägt, im Heiligen Geist der Kreatur als Gabe zuinnerst vermacht ist, und weil das Sein kraft seiner Teilhabe am innertrinitarischen Selbstvollzug, der ja den Grund allen Seins ausmacht, selbst zuinnerst wirklich, lebendig, und wirkend ist, deshalb ist die Hierarchie des Seins jene Grundtatsache des Seins, die die Vollendung der Schöpfung gewährt und verbürgt.

Die Ausgerichtetheit alles dessen, was ist, auf die Vollkommenheit des Seins hin – die Finalursache also, die ihren Grund und ihr Wesen letztlich im göttlichen Sein hat, ist dem Geschichtlichen der Welt eben so sehr zugehörig, wie dem Schicksalhaften der einzelnen Person.[64] So stehen das Endliche und das Unendliche in viel innigerem Verhältnis, als ein Denken, das die Offenbarung nicht kennt, sich dies je hätte träumen lassen. Die Innigkeit dieses Verhältnisses zeigt sich auch am Zueinander von Zeit und Ewigkeit.

---

[63] Thomas von Aquin: „So ist zu sagen, daß die Unterscheidung und die Vielzahl der Dinge in der Absicht der ersten Ursache ist, die Gott ist. Denn er hat das Sein der Dinge hervorgebracht, um den Geschöpfen seine Güte mitzuteilen, auf daß diese sie repräsentierten. Und weil diese durch ein einziges Geschöpf nicht ausreichend zu repräsentieren war, hat er viele und verschiedene Geschöpfe hervorgebracht, damit das, was dem einen fehlte, um die Güte Gottes zu repräsentieren, vom anderen hinzugetan werde. Denn die Gutheit, die in Gott einfach und einförmig gegeben ist, ist in den Geschöpfen geteilt und vielfältig." S. Th., I, q. 47, a. 1, resp.

[64] Weil sich in der Hierarchie des Seins dessen geprägte Herkunft aus Gott ausdrückt, geht Thomas von Aquin sogar so weit, zu sagen, das höchste Gut in den geschaffenen Dingen sei ihre Unterschiedenheit und Ordnung. Vgl. Summa contra Gentiles, 2. 42.

2. Das innere Verhältnis von Zeit und Ewigkeit

Genauso wie man es gewohnt ist, sich die Welt als die Summe der Dinge, die in ihr vorkommen, vorzustellen, ist man es gewohnt, sich die Zeit als das bloße Nacheinander der Minuten und Stunden zu denken. Doch beides geht am eigentlichen Phänomen des unmittelbaren Erlebnisses von Zeit, aber auch an dem, was sich dahinter verbirgt, vorbei. Wir erleben die Welt und die Zeit in Wahrheit anders, als wir es gelernt haben, über sie nachzudenken, anders, als sie die Physik beschreibt.

Die Zeit, in der wir sind, ist immer ein gewisses „Nun": Jetzt, da wir, in dieser Minute, hier sitzen, und lesen. Nun, da wir die Arbeit des Tages hinter uns gebracht haben. Jetzt, da der Sommer seinem Ende zu geht. Nun, wo wir in der Mitte unseres Lebens stehen. Jetzt, in diesem Jahrhundert, in dieser oder in jener geschichtlichen Epoche, und so weiter, bis wir schließlich sagen können: In der Zeit überhaupt, hier, wo alles einen Anfang und ein Ende hat. Der je kleinere Augenblick, jener, in dem wir gerade stehen, ist dabei immer getragen von einem je größeren „Nun". Das kleinere, wie das größere „Nun" ist immer zugleich da, es wird, je nachdem worauf wir schauen, der Raum der Zeit weiter oder enger, wobei die „kleinere" Zeit auf den in der Ewigkeit entspringenden Quellgrund aller Zeit hin offen ist.

So kommt alle Zeit aus dem Ewigen, wie das Endliche aus der in sich selbst stehenden Fülle des Seins kommt. Die Zeit ist kein Gegenteil und kein Widerspruch zur Ewigkeit, sie hat ihr Sein vielmehr aus der Gegenwart des Ewigen, das letztlich und wesentlich mit dem Dasein Gottes zusammenhängt, von dem man im vollsten Sinne sagen kann, er sei in reiner und voller Gegenwart. Er alleine besitzt die Fülle seiner Wirklichkeit in reinster Gegenwärtigkeit, und nicht so wie wir, die wir in der Zeit sind, und das Sein nur Stück für Stück erfahren. [65]

---

[65] Vgl. die Bestimmung der Ewigkeit Gottes bei Boethius: „Aeternitas igitur est interminabilis vitae tota simul et perfecta posessio" Consol. philosophiae, V, 6. (Die Ewigkeit ist also der ganze und zugleich vollkommene Besitz unendlichen Lebens.)

Wenn gesagt wurde, „Gott ist ewig", dann heißt das nicht, er sei ganz in ein Jenseits gebannt. Er ist zwar von ganz vollkommener Art, so, wie nichts in der Welt ist oder je sein könnte. Das heißt aber nicht, er wollte deshalb mit der Zeit und mit der Welt nichts zu tun haben. Im Gegenteil, je vollkommener etwas ist, desto mehr hat es Anteil am Sein, desto „offener" ist es für das andere, das ist schon im Endlichen so – um so mehr im Höheren: In Gott ist das Höchstmaß an nur erdenklicher Vollkommenheit verwirklicht, deshalb ist er der unendlich Freigebige und Schenkende.

Gott, der Ewige, hat die Zeit erschaffen, über ihr stehend, ohne ein Teil der Zeit zu sein, aber doch auch nicht so, daß er im Abseits aller Zeit stünde. Als der Ewige ist er aller Zeit koexistent, denn er erschafft die Zeit von seiner Ewigkeit her, er trägt sie, er erhält sie, und er erfüllt sie mit Leben. Er leitet sie, er führt sie hin zur Erfüllung, die sie wiederum nur in ihm, in seiner Fülle und in seiner Ewigkeit haben kann. Weil das Sein Gottes ein akthaftes ist, weil es ein Sein ist, das in ihm innertrinitarisch wie von Mund zu Mund geht, von Hand zu Hand, deshalb ist auch das Sein der Zeit, das ein Teilhaben ist am Sein der Ewigkeit, ein akthaftes, ein je aktuelles, ein durch und durch lebendiges. Zeit ist somit die anteilhafte Gegenwart des Ewigen, Zeit ist die Art und Weise, wie im Endlichen das Ewige gehabt wird oder habhaft wird. Die Welt ist jener Anteil am himmlischen Akt, der den endlichen Wesen zugewiesen ist. Dieses Anteilnehmen ist durch und durch Lebendigkeit, Kraft, Wille, Entäußerung, Streben und immer wieder: Liebe. Die Welt ist in Form der Teilhabe – Welt ist dort, wo der Himmel sich schenkt. In der Zeit hat das Ewige eine Gegenwart, in der Zeit ist der Himmel in einem Verhältnis zum Irdischen. Als Zeit ist das Fernste, das Ewige nahe.

❖

Im Einzelnen zeigt sich immer schon das Ganze, im allerkleinsten Teilchen ist das All präsent, und in dem, was konkret und in der Zeit erscheint, taucht hintergründig das Ewige mit auf.

Die Ewigkeit Gottes beinhaltet die Fülle der reinsten Selbstpräsenz. Wie also in der Ewigkeit Gott sich selbst in einer unvorstellbar reichen Aktualität gegenwärtig ist, so ist auch das Ausfließen des Wirklichkeitsstromes der Schöpfung ein je aktueller. Diesen Sachverhalt hat die Scholastik mit dem Begriff der „creatio continua" angesprochen.

Die Schöpfung wird solchermaßen als die je augenblicklich geschenkte Teilgabe der innertrinitarischen, das heißt der dreifaltigen Lebendigkeit der Liebe verstanden, so daß für die Schöpfung eine dreifache Art von „Sein" grundlegend ist, welche sich analog für das endliche Sein aus der Dreifaltigkeit Gottes ergibt. [66]

---

[66] Dazu: Heinrich Beck: Der Akt-Charakter des Seins.

V. DER HERVORGANG DER DINGE AUS GOTT UND DIE RÜCKKEHR DER DINGE ZU GOTT

1. Der zweifache Akt der Schöpfung

Das Sein, wie es die Wirklichkeit Gottes ausmacht, ist als echtes, wenn auch nicht als absolutes Sein dem Geschöpf gegeben, so daß es wirklich „ist". Dahinter verbirgt sich das Sein selbst, das als die reinste Aktualität seines Wesensvollzuges absolut nur in Gott verwirklicht ist. Weil nun nicht nur das Sein, das in Gott selbst ist, sondern auch das Sein, das aus Gott kommt, von Gott in unnachahmbarer Weise erkannt und gewußt ist, hat jedes Geschöpf in sich das Vermächtnis der Wahrheit. Weil es aus dem schöpferischen Wort hervorgegangen ist, ist es wahr, recht, und, so wie es ist, erkennbar. Es trägt in sich das Urbild des Seins, weil Gott sich selbst in der Schöpfung für das ausgesprochen hat, was geworden ist. Thomas von Aquin sagt: Im Sein zeigt sich die Wirklichkeit von Gott-Sohn.

Das Geschenk des Seins nun erfährt die Kreatur in der Gestalt einer Wesenheit, denn nur in dieser ist ihm, einmal abgesehen von der Gnade, wovon später zu reden sein wird, das Sein geschenkt. Die Geborgenheit in seiner Wesensgestalt macht die Güte und den Wert jedes Seienden aus. Sowohl im Geschenk des Seins, das in der die Finalursache bestimmenden Wesenheit besteht, (man bedenke auch die oben angesprochene Wirkung jedes Geschöpfes im Sinne der Seinsordnung) wie, dieses überhöhend, im Geschenk der Gnade zeigt sich das verborgene Wirken des Heiligen Geistes.

Meister Eckhart sagt:

> „...die Wirkung eines solchen Wirkenden, wie es hier durch den Himmel angedeutet ist, bleibt nicht im Empfangenden, wenn das Wirkende nicht mehr da ist. Das Licht zum Beispiel bleibt – im Unterschied zur Hitze – nicht im Medium, wenn der leuch-

tende Körper nicht mehr da ist. Der Grund ist der, daß die Wirkung oder der Eindruck eines solchen Wirkenden auf das Empfangende in diesem keine Wurzel schlägt und an und in ihm nicht haftet. Vielmehr empfängt das Empfangende die Wirkung des Vervollkommnenden immer und ununterbrochen von außen, nämlich vom Wirkenden her, in dem die Wurzel der Vollkommenheit liegt, so daß es immer im Werden ist und sein Werden ihm das Sein ist." ...
„Dieses Gleichnis läßt sich nicht nur vom sittlichen Leben, sondern auch von der Natur im Hinblick auf die Verschiedenheit der mit der Gestalt gegebenen Vollkommenheiten verstehen ...".[67]

Die Schöpfung ist also nicht nur am Anfang der Zeit in dem Sinne, daß mit ihr alles Werden erst begonnen hätte, sondern vielmehr auch so, daß mit der Schöpfung alle Zeit erst je augenblicklich, und zwar aus der Ewigkeit Gottes, ihren Anfang nimmt, denn die Erhaltung der Welt im Sein braucht den selben Akt, wie die Erschaffung der Welt.

Dem Endlichen ist die Wirklichkeit je augenblicklich mitgeteilt, und selbst wenn die Dinge zu einem festen Bestand kommen, dann tun sie dies nur unter der Voraussetzung eines beständig ergehenden Zuflusses und Zuspruches an Sein. Entsprechend den zwei Hervorgehensweisen der göttlichen Personen innerhalb der innertrinitarischen Wirklichkeit, also der Zeugung des Sohnes durch Gott-Vater und der Hauchung des Geistes durch Gott-Vater und Gott-Sohn, ist in der Wirklichkeit des Seins ein doppelter Ursprung: der des Seins-Aktes des mitteilbaren Seins aus dem Absoluten: das Wort; und der des Wesensaktes, also des mitgeteilten Seins aus dem mitteilbaren Sein: die Liebe. [68]

❖

---

[67] Meister Eckhart: Liber parabolarum Genesis, Lat. W. I, S. 493, 23 - S. 494, 24.
[68] Hierzu: Joh. B. Lotz: Der Mensch im Sein und: Martin Heidegger und Thomas von Aquin.

Wenn sich nicht nur das Dasein, sondern auch das Wirken der Kreatur letztlich dem Sein selbst verdankt, das dem Geschöpf zu seiner ganz bestimmten Wesensgestalt dazugegeben ist, dann ist alles Wirken und Werden in der Welt im Endeffekt nicht nur dem mitgeteilten Sein zuzusprechen: Gott erschafft einmal aktuell das Sein einer Welt, um sich (zum anderen) in den innerhalb ihrer Geschichte stehenden Gestalten auszuwirken.[69]

Weil alles Sein eine akthafte Wirklichkeit ist, weil „Sein" eben nicht (nur) Gegenständlichkeit besagt, sondern vielmehr Aktualität, das heißt eine freie, selbstmächtige Wirklichkeit, deshalb ist die Gabe des Seins an die Geschöpfe kein einmaliger Akt, so als stünden sie mit ihrer Erschaffung schon als vollkommene in sich, wie das zum Beispiel bei dem Hergestelltsein etwa von Möbeln der Fall ist. Für diese gibt es, sobald sie vorhanden sind, tatsächlich nur mehr den Verfall, aber kein Wachstum mehr. Mit der dem Geschöpf in der Gestalt seines Wesens geschenkten Wirklichkeit ist vielmehr ein Spielraum oder der Ort vorgegeben, in dem alles Endliche das ihm entsprechende, beziehungsweise das von ihm gewollte Wirken in der Zeit ausüben kann, der Ort also, an dem die einzelnen Wesenheiten das Sein weiterwirken können, das sie von Gott erhalten haben, der Ort auch, an dem sie das ihnen entsprechende Erleiden erfahren können, oder besser gesagt, der Ort, an dem sie die eigenste Empfänglichkeit für das ihnen in der Zeit Zugesprochene haben. [70]

Weil nun alles Wirken ein Wirken desselben Seins ist, (das sich in einer bestimmten Wesenheit dem Endlichen zu eigen gegeben hat, um sich in Gestalt auszuwirken,) deshalb kommt sozusagen zur „ersten" Erschaffung der Wesensgestalt ein zweites

---

[69] Vgl. Thomas von Aquin: „Gott gibt nicht nur den Dingen Wirkkraft; vielmehr kann kein Ding aus eigener Kraft wirken, es wirke denn aus Gottes Kraft" (S.c.G. 3,89).

[70] Thomas von Aquin: „Denn die Kreatur wird Gott auf eine zweifache Weise ähnlich: zum einen so, daß Gott der Kreatur insofern ein Gut ist, als die Kreatur selbst gut ist; und zum anderen so, daß Gott den anderen Geschöpfen der Grund ihrer Güte ist, insofern als ein Geschöpf das andere auf sein Gut hinbewegt." S. Th., I, q. 103, a.4, resp.

hinzu, gewissermaßen eine zweite Gabe von Sein, nämlich die Zeit, die das eigentümliche Werden der Dinge gewährt.

So ist der von Gott herkommende Seinsakt ein zwiefältiger: Er ist zum einen ein den Dingen innerlicher, einer, der ihnen ihre Wesenheit schenkt, indem er diese begründet als den Ort ihrer Wirklichkeit. Zum anderen aber ist er der Akt des Wirkens wie der Empfänglichkeit für andere Wirkungen; er ist also gewissermaßen der Akt, der die Zeit begründet. Dieser zwiefältige Seinsakt ist das erste im geschaffenen Sein, gemäß dem Wort: „Im Anfang erschuf Gott Himmel und Erde". Der Himmel meint darin die Zeit, die Erde den Ort des Seins. Die Erde ist der Ort der Geschichte, das heißt der Ort des Zuspruchs der Gestalten dessen, was vom Himmel her als Zeit in die Welt eintreten will. [71]

Die Wirkung, die vom Himmel her an die Welt ergeht, und in der sich der gestalthafte Zuspruch Gottes ausdrückt, ist keine bloß äußerliche, akzidentielle Angelegenheit [72], so als würde darin das Erschaffene gar nicht berührt oder angegangen sein. Das, was in der Zeit geschieht, ist vielmehr die Fortführung der Schöpfung in die Freiheit hinein, mit dem Ziel, die Geschöpfe einer Vollendung in jener Liebe zuzuführen, die das Innerste des Seins selbst ist.

---

[71] Meister Eckhart: LW I, S.493-503, 34: „Wiederum fünftens wird das vorangestellte Wort so ausgelegt, daß unter dem Himmel das Sein, das die geschaffenen Dinge in ihren ursprünglichen Ursachen haben - etwa (das Sein, das) die Farbe im Licht und die Hitze in der Sonne (hat) - unter der Erde dagegen das Sein der Dinge, das sie entsprechend der Gestalt in sich selbst haben, verstanden wird." Ebd., S. 502, 35 f. und: „Ferner aber werden die Worte: ‚im Anfang schuf Gott Himmel und Erde' viertens so ausgelegt, daß mit dem Himmel das, wodurch ein Ding ist, oder das Sein des Dinges, unter der Erde hingegen das, was ein Ding ist, oder das Wesen und die Washeit verstanden wird." Liber parabolarum Genesis, Cap. 1 v. 1 LW I, S. 501, 34 f.
Konrad Weiss übersetzt in der Ausgabe der deutsch-lateinischen Werke: „... unter dem Bild des Himmels wird ... verstanden" und „...unter dem Bild der Erde wird verstanden". Dabei heißt es im Original ausdrücklich: „per caelum intelligatur esse rerum" etc. Vom Bild des Himmels ist keine Rede, nur vom Himmel selbst ! - Schlimmer kann man das Verständnis Meister Eckharts vom Wesen des Himmels nicht verkehren.

[72] Akzidentiell ist hier im Sinne von „äußerlich hinzukommend" gemeint.

Thomas von Aquin sagt, daß der Begriff der Schöpfung gerade auch die Sorge Gottes um das Erreichen der Finalursache mit in sich trage. Der Heilige Geist ist in diesem Punkt wesentlich an der Schöpfung „mitbeteiligt", so daß es ein Unding ist, nur dem Vater oder nur dem Vater und dem Sohn die Werke der Schöpfung zuzuschreiben, wie es in gewissen deistischen Theorien der Fall ist. [73] Die dem Heiligen Geist eigene Dimension der Schöpfung ist ihre Hinführung auf den Sohn, in dem diese, weil er das Urbild aller Kreatur ist, ihren Richter und Erlöser findet. [74]

---

[73] Mit den „deistischen Theorien", von denen hier die Rede ist, sind die vor allem in England in der Mitte des 16. Jahrhunderts aufkommenden Ansichten gemeint, denen zufolge Gott zwar der Schöpfer der Welt ist, wobei aber ein darüber hinausgehendes Verhältnis zwischen Gott und der Welt, etwa im Sinne einer „creatio continua", wie im 1. Kapitel des vorliegenden Buches nachgezeichnet, geleugnet wird.

[74] Thomas von Aquin: „So wie es also geheißen hat, daß das Hervorgehen der Personen der Grund ist für das Hervorgehen der Geschöpfe aus dem ersten Prinzip, so ist auch das selbe Hervorgehen der Grund der Rückkehr in die Bestimmung (in das Ziel), denn so wie wir durch den Sohn und den Heiligen Geist fest gegründet sind, so auch werden wir durch sie erst unserer Bestimmung verbunden, so wie aus den Worten des Augustinus in Abs. III hervorgeht, wo es heißt: ‚Das Prinzip, auf das hin wir uns zubewegen', nämlich den Vater, ‚und die Gestalt, der wir folgen', nämlich der Sohn, ‚und die Gnade, durch die wir versöhnt werden'. Und Hilarius sagt weiter unten, Abs. 31: ‚Auf das eine Ur-anfängliche beziehen wir den Anfang aller Dinge durch den Sohn.'" I Sent. d. 14, q. 2 a.2, sol.

„Das Vierte, das zur Weisheit Gottes gehört ist die Vollkommenheit, die alle Dinge in ihrer Bestimmung erhält. Wenn man nämlich die Bestimmung ausläßt, bleibt eine Leere, die eine Weisheit bei sich nicht duldet, wie es im Buch der Weisheit, 8, 1 heißt: ‚Die Kraft der Weisheit reicht von einem Ende zum anderen, und in voller Süße entwirft sie alles.' In voller Süße aber ist alles dann entworfen, wenn es in jener Bestimmung, die es von seiner Natur her anstrebt, versammelt ist. Dies gehört speziell auch dem Sohne zu, der uns in die Glorie seines väterlichen Erbes einführt, denn er ist der wahre und natürliche Sohn Gottes."
I Sent. ds. qu. ar. prol.

2. Natur, Freiheit und Gnade

Eine Welt, an deren Anfang die Schöpfung steht, kann keine konfuse oder gar wesenlose Masse sein. Wenn die Schöpfung als Tatsache ernst genommen wird, und man nicht insgeheim bei der Vorstellung eines bildlosen Hervorgehens [75] von Materie von woraus auch immer, etwa im Sinne eines Urknalls, stehenbleibt, dann kommt man zu einem Begriff von „Natur", der für ein bloß naturwissenschaftliches Verständnis für immer unfaßbar bleiben wird: „Natur" besagt ein Sein, das von seiner innersten Bewegungsrichtung her immer schon auf die gnadenhafte Vollendung hin ausgerichtet ist, zu welcher der absolute Anfang des Seins die endliche Welt berufen hat.

Tatsächlich zeigt sich in der Natur, wenn man sie nur ohne positivistisches Vorurteil sieht, eine unbändige Kraft und Neigung auf Erfüllung hin. Diese Tendenz zum Vollkommeneren hin ist der Natur so innerlich, daß sie das ganze Sein und Wirken des Natürlichen grundlegend mit ausmacht. Das uranfängliche Wort spricht sich in der Natur der Dinge aus, worauf es aber damit hinauswill, das ist die Gnade.

Das, was in der Natur der Dinge, ja was in der Natur als solcher zu finden ist, ist der unmittelbare Ausdruck des göttlichen Willens. [76] Die Natur der Dinge ist somit alles andere als beliebig, weil die Natur unmittelbar aus dem Worte Gottes hervorgegangen ist, ist sie sogar das Maß für Gut und Böse, wie Thomas von Aquin sagt:

> *„Alles, was der naturhaften Hinneigung widerspricht, ist Sünde, weil es dem Gesetz der Natur widerspricht."* [77]

---

[75] Thomas von Aquin: „Gott ist das erste Urbild aller Dinge" S. Th., I, q. 44, a.3, resp.
[76] Thomas von Aquin: „Alle Kreatur ist nichts anderes denn eine gegenständliche Ausprägung und Abbildung dessen, was im Inbegriff des göttlichen Wortes enthalten ist." S.c.G., 4, 42.
[77] Thomas von Aquin: S. Th., II, II, q.133, a.1, resp.

Die Ordnung der Natur ist Gebot, denn das, was in die Natur der Dinge gesetzt ist, ist der Wille Gottes. [78]
Wenn der Mensch wider die Natur handelt, tut er den Dingen und den Lebewesen Gewalt an.[79]

❖

Während nun die Dinge auf eine ganz bestimmte Wesensform eingeschränkt sind, ist dem Menschen eine Seele gegeben, die für das Sein überhaupt offen ist, so daß der Mensch vernünftig und frei ist. Das, was den Dingen die in sie gelegte Wesensform und das aus dieser mit gewisser Notwendigkeit hervorgehende Wirken ist, ist dem Menschen seine Seele und die ihm geschenkte Freiheit. In beiden ist, auf je eigene Weise, die Hinordnung auf den Willen Gottes ausgeprägt, so daß in beiden das Wirken der göttliche Vorsehung angebahnt ist.

Wenn also in der bloßen Natur das Gute in der Achtung und Bewahrung der Gestalt des Wirklichen besteht, dann ist im Bereich des Personalen das Gute damit gegeben, daß die Freiheit zum Grund des Wirkens werden darf. Demgegenüber bestünde das Böse darin, daß die Dinge aus der ihnen in der Form ihrer Wesenheit gegebenen Ausrichtung auf das Gute hin herausgeris-

---

[78] Thomas von Aquin sagt: „Weil das, was der Natur gemäß ist, kraft der göttlichen Vernunft geordnet ist, welche durch die menschliche Vernunft nachgeahmt werden muß, darum ist das Sünde und vom Bösen, was immer aus menschlichem Ermessen wider die Ordnung geschieht, die sich gemeinhin in den Naturdingen findet." S. Th., II, II q. 130, a. 1, resp.

[79] Thomas von Aquin: „Die naturhafte Notwendigkeit, die den Dingen innewohnt, die auf ein Einziges (auf eine einzige Wesensform) eingegrenzt sind, ist die Einwirkung Gottes, der sie zum Ziele lenkt; wie auch die Notwendigkeit kraft deren ein Pfeil dahinfliegt, um ein bestimmtes Ziel zu erreichen, die Einwirkung des Pfeilschützen ist und nicht die des Pfeiles. Der Unterschied besteht darin: Was die geschaffen Wesen von Gott empfangen, das ist ihre Natur; was aber die Naturdinge vom Menschen her an Einwirkung erfahren, das über ihre Natur hinausgeht, ist Zwang und Gewalt. Wie daher die zwanghafte Notwendigkeit im Flug des Pfeiles auf das Zielen des Pfeilschützen zurückzuführen ist, so ist die naturhafte Notwendigkeit in den geschaffenen Dingen auf die Lenkung der göttlichen Vorsehung zurückzuführen." S. Th., I, 103, I ad 3.

sen werden; im Bereich des Geistigen aber geht es um den Verlust der Freiheit, würde doch sowohl aus der jeweiligen Wesensgestalt, wie aus der Freiheit, wie von selbst die Erfüllung des von Gott intendierten Seins und Wirkens hervorgehen. [80]

Auf beiden Ebenen der Wirklichkeit, im Faktischen wie im Freien, wird durch das Böse eines vereitelt: Die Auswirkung des göttlichen Willens als Vorsehung für das Werden der Welt.

Man könnte nun meinen, daß sich die Freiheit des Menschen und die göttliche Vorsehung in ihrer Auswirkung gegenseitig ausschließen würden – kann doch der Mensch gerade wegen seiner Willensfreiheit anderes tun, als ihm Gott erlaubt hat – doch bei näherem Hinsehen ist genau das Gegenteil der Fall: Die Freiheit zeigt sich als das eigentliche „Gefäß" für die Vorsehung. Das erklärt Thomas von Aquin so:

„Gott bewegt alle Wesen gemäß ihrer Weise. Und darum haben an der Bewegung durch Gott einige Wesen auf die Weise der Notwendigkeit teil, die geistbegabte Natur aber auf die Weise der Freiheit." [81]

Weil der Wille Gottes ob der Unendlichkeit seiner Allmacht und ob seiner Ur-Anfänglichkeit, die die Dinge ins Sein ruft, nicht in der Konkurrenz zur Identität und zum Wirken der (von ihm erschaffenen) Natur der Dinge steht, und entsprechend auch nicht zur menschlichen Freiheit, ist es im Gegenteil dem Willen Gottes wesentlich, die Natur der Dinge in ihr Eigenstes zu bergen, wie er auch die Menschen zur Freiheit ermächtigt, auf daß sich in ihr die Vollkommenheit des Personseins entfalte.

Nur dann, wenn man, von der Art des Eigenwillens ausgehend, die Freiheit und den Willen einer anderen Person immer nur als Konkurrenten des Willens der eigenen Person ansetzt,

---

[80] „Die rechte Ordnung der Dinge kommt überein mit der Ordnung der Natur; denn die Naturdinge sind hingeordnet auf ihr Ziel - ohne jeden Irrtum." Thomas von Aquin, S.C.G. 3,26.
[81] Thomas von Aquin: S.c.G., 3,75.

hat man große Schwierigkeiten, die Tatsache der Vorsehung mit der menschlichen Freiheit zusammenzudenken. Freilich ist der Mensch so schwach, daß er seinen Eigenwillen zumeist nur gegen den Willen einer anderen Person durchsetzen kann, so daß er geneigt sein wird, die Dinge zu zwingen.

Bei Gott aber liegt die Sache ganz anders: Gott hat in der Schöpfung mit der Gabe der Wesenheit die Natur, wie die Freiheit jedweder Kreatur begründet.[82]

Er hat allen Dingen eine Wirklichkeit und eine Eigenart mitgegeben, die sie vorbereitet und ausrichtet auf die Erfüllung ihres natürlichen Seins in der Gnade, in welcher Gott die Schöpfung einer Erneuerung entgegenführen will, so daß der Mensch zu einer Partnerschaft mit Gott ermächtigt wird, die in der Liebe Gottes des Vaters zu Gott-Sohn ihr Vorbild hat. Wenn also Gott die Welt in den Stand der Freiheit erhebt, dann macht er sie der Freiheit und der Liebe seiner selbst würdig, und er schenkt ihr damit die Möglichkeit einer Entfaltung, zu der die Natur aus sich heraus niemals hätte fähig werden können.[83]

Bei den geistigen Lebewesen kommt demnach mit der Freiheit noch eine ganz eigene, eine fast unermeßlich mächtige Wirklichkeit hinzu, eine Wirklichkeit, die das geistige Wesen wie kein anderes Wesen der Gnade zugänglich macht. Ein Wesen, das frei ist, ist so sehr Herr über sich selbst, daß es selbst in gewisser Weise zum Anfangsgrund seines Wirkens werden kann. Diese Freiheit macht den Menschen zwar auch frei zur Sünde – sie ermächtigt ihn, über die Welt zu herrschen, sie erlaubt es ihm, die Welt unter seine Herrschaft zu stellen, so, als wäre er alleine der Herr über alle Wirklichkeit, so, als wäre alles aus ihm und für ihn

---

[82] „Wenn auch alle Dinge, sofern sie Dasein haben, die göttliche Wesenheit abbilden, so bilden sie doch nicht alle auf ein und die selbe Weise ab, sondern auf verschiedene Weise und in verschiedenem Maße. So ist die göttliche Wesenheit, sofern sie durch diese bestimmte Kreatur auf diese bestimmte Weise abbildbar ist, das eigentümliche Wesensbild und Urbild eben dieser Kreatur." Thomas von Aquin, Quol. 4, 1.

[83] Thomas von Aquin sagt: „Deshalb gibt es zwei Auswirkungen der Führung: nämlich die Erhaltung der Dinge im Guten und ihre Bewegung auf das Gute hin." S. Th., I, q. 103, a.4, resp.

– aber solche Dinge sind in Wahrheit nur die Zerrform der Freiheit, eine Abart der Freiheit, über die das Wesen der Freiheit weit hinausgeht.

Die Freiheit als solche will das „Du" achten, sie will auch die Freiheit des anderen, und sie verliert sich selbst, wo sie sich auf sich selbst versteift, und sich absolut setzt, denn sie gerät, wo sie sich von den Quellen des Seins löst, unversehens in die schlimmste Knechtschaft.

❖

Es ist nicht das Wesen der Freiheit, sich zu verschließen. Im Gegenteil, die Freiheit will die Offenheit, sie will den Ursprung des Seins offenhalten, sie will sich selbst in diesen Ursprung hinein begeben, um sich in ihm zu verlieren und um sich aus ihm wiederzugewinnen. Die Freiheit, die sich erhalten will, verliert sich, denn sie verschließt sich im Eigenwillen, und die Freiheit, die keine Angst davor hat, sich selbst zu verlieren, gewinnt sich selbst.

Wie sich hier andeutet, ist das Wirken der Gnade bereits im freiheitlichen Sein der Natur vorbereitet, denn die Gnade muß nicht, wie Thomas von Aquin sagt, die der Natur eigene Ordnung zerschlagen, im Gegenteil:

„Die Gnade zerstört nicht die Natur, sondern setzt sie voraus und vollendet sie." [84]

---

[84] Thomas von Aquin: De Ver., 14, 10 ad 9; I, I 8 ad 2; I, 2, 2 ad I. Thomas von Aquin sagt in seiner theologischen Summe zu diesem Thema: „Wie Dionysius im 4. Kap., lect. 23 ‚von den Göttlichen Namen' sagt: Es ist der göttlichen Vorsehung eigen, das Wesen der Dinge nicht zu verderben, sondern es zu wahren." S. Th. I, II, q. X, a. 4. Und: „Für jegliches Wesen ist das ein Gut, was ihm seiner Wesensgestalt nach angemessen ist; und ein Übel ist das, was aus der Ordnung der Gestalt seines Wesens herausfällt." S. Th., I, II, q. 18, a. 5.

In den „Sermones" des Meister Eckhart ist eine Rede mit dem Titel „Durch die Gnade Gottes bin ich das, was ich bin" zu finden. Dort heißt es:

„Durch die Gnade Gottes bin ich das, was ich bin (1 Kor. 15). Jedes Wesen lobt und kündet entsprechend dem, was es ist, das, wodurch es ist. Denn ‚aus ihm' hat es dem Ursprung nach, ‚durch es' der Form nach, ‚in ihm' dem Ziel nach, daß es ist und daß es dieses Wesen ist" ...

„ ‚Größer ist es also als alles', weil es nicht etwas von allem ist, sondern die Idee von allem: ‚Im Anfang war das Wort' (Joh. 1,1), der Logos, die Idee. Dann folgen die Worte: ‚alles ist durch ihn geschaffen'. Wiederum heißt es: ‚es ist größer als alles', weil alles durch die Schöpfung ins Sein ausging, der Sohn aber durch Zeugung ist: ‚ich ging vom Vater aus und kam in die Welt' (Joh. 16,28), durch Schöpfung, nicht nur durch die Menschwerdung: ‚er war in der Welt, und die Welt ist aus ihm geworden' (Joh. 1,10), so als wollte er sagen: dadurch, daß er die Welt schuf, ist er in die Welt gekommen." [85]

In diesem Text stellt Meister Eckhart in bester scholastischer Tradition die Natur und die Gnade in den engsten Zusammenhang: Das Wesen, der Wert und die Schönheit eines jeglichen Dinges kommt von seiner Gestalt. Dies betrifft aber nicht nur die Natur eines Dinges, sondern im gleichen Maße und im gleichen Sinne die ihm zugesprochene Gnade.

Die Gnade nennt ein Sein, das, wie alles, was ist, in der Natur seinen Anfang hat, das sich aber kraft seiner Freiheit einem anderen Sein zur Verfügung stellen kann. Was aus der Gnade existiert, stellt sich in seinem Sein mehr auf das sich zusprechende Absolute, als auf seine eigene Natur, es lebt mehr vom Himmel, als vom Irdischen her. Wenn schon die natürliche Gestalt einer Sache von „Oben" kommt, dann um so mehr die Gestalt der Gnade. Wo die Natur des einzelnen Dinges aufgrund der Schöp-

---

[85] Meister Eckhart: Sermones, Sermo XXV, in: Meister Eckhart LW IV, No. 251 - 268.

fung in einer Wesenheit vorgegeben ist, ist die Wirkung der Gnade von „Oben" her über das natürliche Wesen verfügt, weshalb Meister Eckhart die Natur die „erste Gnade" nennt, die Gnade selbst aber die „zweite Gnade"[86].

Was also die Natur mit der Gnade verbindet, das ist wiederum die Gestalt.

„Während die Ordnung der Vernunft vom Menschen kommt, ist die Ordnung der Natur von Gott selbst. Und so ist in der Sünde gegen die Natur, in welcher deren Ordnung verletzt wird, ein Unrecht gegen Gott selbst, der Herr der Ordnung der Natur ist, gelegen."[87]

Die Leugnung des Naturrechts und seine Umdeutung hin zum Naturgesetz, beziehungsweise seine mechanistische Fehlform, macht die Dinge erst wirklich verbrauchbar, und sie liefert sie so der Herrschaft des Bösen aus. Diese besteht näherhin darin, daß die Dinge und die Lebewesen sowohl aus ihrer Freiheit, wie aus der ihnen zu eigen gegebenen Ausrichtung auf die Erfüllung der in ihnen angelegten Wahrheit herausgenommen werden.

Das Tun der modernen Wissenschaft und der aus ihr hervorgegangenen Technik ist durch und durch gewaltsam. Weil es die Dimension der Finalursache nicht einmal kennt, ist ihr auch das Ziel der Natur, die Gnade fremd, deren Erfüllung sie durch ihr fortschrittseifriges Tun aufhebt und verhindert.

---

[86] Ebd., No. 258.
[87] Thomas von Aquin: S. Th., II, II q. 154, a. 12 ad 1.

3. Die Umkehr des Seinsflusses

Daß alles Werden ein Ziel hat, war für die scholastischen Denker keine Frage. Sie meinten damit aber nicht nur, daß es in der Welt irgendwie eine geschichtliche Entwicklung gäbe, sondern sie hatten damit eine noch viel grundlegendere Tatsache im Sinn: daß der Grund, aus dem heraus die endliche Welt als solche ins Dasein gesetzt ist, kein mechanischer Vorgang oder auch nur ein blinder Drang gewesen sei, sondern ein vernünftiger und alles Künftige vorhersehender Wille. So ist allem Werden von Anfang an ein Ziel gesetzt, nämlich eine höchstmögliche Vollkommenheit zu erreichen. Diese höchstmögliche Vollkommenheit ist keineswegs eine Utopie, wie der technische Fortschritt etwa, der, weil er aus keiner echten Quelle gespeist ist, eine Bewegung ins Nirgendwo sein muß.

Die Vollkommenheit, die dem echten Werden versprochen ist, ist eine Vollkommenheit, die in der Vollkommenheit des Seins selbst, das ja alles Endliche ins Sein gesetzt hat, je aktuell schon wirklich und verwirklicht ist. Damit ist der Weg hin zur Vollkommenheit nur mehr gewissermaßen die Einkehr der Dinge in den Grund ihres Ursprungs, ein Eintauchen in die Tiefen des Seins selbst.

> *„Es kehren aber die einzelnen Dinge und Geschöpfe zu ihrem Grund zurück, insofern sie das Bild ihres Grundes tragen, gemäß ihrem Sein und gemäß ihrer Natur, worin sie eine gewisse Vollendung haben."* [88]

Die Dinge der Welt, die Personen wie die Gestalten, sind in ein Werden hineingestellt, das letztendlich daraufhin abzielt, zu jenem Ursprung zurückzukehren, von dem es ausgegangen ist. Diese Bewegung ist sowohl äußerlich wie innerlich, sowohl bewußt als auch unbewußt – die Person hat ein ausdrückliches Verhältnis zu ihrem Ursprung, aber auch die Gestalt hat eine Trans-

---

[88] Thomas von Aquin: S.c.G., 2. 46.

parenz auf Gott hin, einzig das Gestaltlose bleibt gegen die Tiefen des Seins verschlossen.

Zwar haben die Dinge auch eine Entwicklung in den Raum hinein, und sie kennen ein zeitliches Reifen, das sie ihrer Vollgestalt entgegenträgt, aber das alleine wäre viel zu wenig, als daß man damit schon von einer echten Vollendung sprechen könnte. Kein äußerlicher Umstand oder Erfolg könnte je dazu ausreichen, ein Ding oder gar eine Person auch nur annähernd in den Bereich einer Vollendung zu bringen. Einzig die Einkehr in den Wesensgrund kann jenen Seinsmächten, die dem Endlichen eine Vollendung schenken, den Raum bereitstellen, an dem sie sich auswirken können. Keine äußerliche Bewegung – man spricht heute von Karriere und Selbstentfaltung – kann die Person ihrer Vollendung näherbringen; einzig das Heranreifen zu der Fähigkeit, im personal-dialogischen Sinne dem Grund des Seins standzuhalten, kann das Ziel des Lebens sein.

❖

Die Person ist jener Teil der Welt, sie ist jene Wesenheit, die dem Seinsstrom allenthalben in einer solchen Intensität ausgesetzt ist, daß daraus eine Innerlichkeit entsteht. In der Person findet das endliche, entäußerte Sein so sehr zu sich, daß man von einer echten „Reflexion", von einer „Zurückbeugung" des Seinsflusses sprechen kann, denn das zum Personsein berufene Wesen ist vom Himmel in einer ganz besonderen Weise beschenkt, weshalb in der Theologie auch von einer ausdrücklich eine bestimmte Person meinenden Erschaffung der individuellen Seele die Rede ist. Aufgrund ihres Ursprungs im innergöttlichen Dialog ist die geistige Seele – die Person – fähig, die Tiefen des Seins bis hin zu ihrem letzten, göttlichen Grund aufzutun, um in allem das Geheimnis Gottes zu finden. Das ist im geistigen Akt, in der Erkenntnis nämlich, wenn auch im Vollzuge oft nur anfänglich, so doch ontologisch gesehen, im vollen Sinne der Fall.

Dazu gehört auch die Tatsache, daß der Gegenstand aller Erkenntnis die Wahrheit selbst ist, jene Wahrheit, die zur Konstitution allen Seins wesentlich beigetragen hat. Alle Dinge tragen in sich die Tiefen des Seins, aus dem heraus sie sind, so daß der, der die Wahrheit liebt, der Tiefenströmung des Seins, die er in allen Dingen findet, nachgehen kann, bis er, dem Seinsfluß hinauf folgend, vor dem Throne Gottes zu stehen kommt. Es sind die selben Urgründe, aus denen heraus sich das Schicksal ereignet, aus denen sich die Wahrheit zuspricht.

❖

Der eigentliche Ort der Umkehr des Seinsflusses ist das menschliche Herz, denn es ist zum Wort und zur Liebe fähig: Für ein verständiges Herz ist alles, was gestalthaft ist, bedeutend, weil es aus dem Wort geboren ist; es ist sprechend, denn es trägt das Wort in sich, aus dem es erschaffen wurde, und der Mensch ist darauf angewiesen, denn er ist der Hörende. Wo er das Wort zum Verstummen bringt, oder mit dem Lärm, das mit allem Titanischen einhergeht, übertönt, zerstört er die Welt im eigentlichsten Sinne des Wortes.

Die volle Wirklichkeit des Seins ist nur und erst im Wort gegeben. So wie also auch der Mensch auf die gestaltbringenden Mächte angewiesen ist, daß er durch ihr Wirken in sein volles Dasein erhoben werde, wird auch die unter dem Menschen stehende Kreatur durch das Wort ganz in seiner Wirklichkeit geborgen. Die Liebe ihrerseits ist nur aus der personalen Teilhabe an der Seinsfülle Gottes geschenkt. Sie ist zwar allen Dingen mitgeteilt, der Person aber ist sie als das Vermögen gegeben, die Liebe selbst zu lieben, also nicht nur blind zu streben, sondern wissend zu lieben und zu wollen. Indem die Person das Wesenswort aller Dinge ausspricht, und so die Dinge erneut vor Gott trägt, bringt sie die Dinge der Welt, die aus dem göttlichen Wort hervorgegangen sind, zurück aus ihrem entäußerten Zustand, heim zum Ort ihres Ursprungs, zum Wort. Umgekehrt entwendet das

Wort, das aus der innersten Bewegung des menschlichen Herzens hervorgeht, solchermaßen die Dinge aller Äußerlichkeit, was diese als ein Werk der Liebe erfahren.[89]

Es macht das Wesen der Person aus, daß sie in ihrem Tun und Sein immer wieder und in aller Zeit zu dem Ort, von dem das Sein ausgegangen ist, zurückkehrt. Aber nicht nur die Person, auch das Ganze der Welt hat die Tendenz und die Neigung, in jene Fülle des Seins zurückzukehren, von wo alles ausgegangen ist.

4. Die Erneuerung der Schöpfung

Der echte Schöpfungsbegriff trägt der Tatsache Rechnung, daß das Sein im Grunde keine Gegenständlichkeit besagt, sondern eine Akthaftigkeit. Das, was mit dem Wort „Sein" bezeichnet wird, ist kein fester Klumpen, sondern eine zutiefst lebendige Wirklichkeit: Das „Sein" ist ein *Akt*. Die je sich schenkende Aktualität des Seins ist der Grund der zeitlichen Gegenwart der Wirklichkeit. Wegen seiner Herkunft weist alle Wirklichkeit, wo sie nur in ihrer wesenhaften Tiefe geschaut ist, hin auf das innertrinitarische Geheimnis.

Der eigentliche Akt des Seins, der Inbegriff von „Wirklichkeit", ist damit der personale Akt, beziehungsweise der personbildende Zuspruch. Das Sein ist gezeugt-zeugend: Es ist von Gott in die Wirklichkeit gerufen, um selbst Wirklichkeit hervorzurufen. Das „Sein" ist der erste und grundlegende Akt der Teilhabe an der Lebendigkeit Gottes. Deshalb besagt das „Sein" zuinnerst

---

[89] Thomas von Aquin sagt: „So, wie gesagt wurde, daß das Hervorgehen der Personen der Grund ist für das Hervorgehen der Dinge aus dem ersten Prinzip, so ist auch jenes selbe Hervorgehen der Grund der Rückkehr zur Bestimmung, denn entsprechend dem, wie wir durch den Sohn und den Heiligen Geist in unserem Sein begründet sind, so auch werden wir durch sie zu unserer letzten Bestimmung geführt, wie aus den Worten des Augustinus (in dis. III) hervorgeht, wo es heißt: ‚Das Prinzip, auf das hin wir zugehen', nämlich auf den Vater zu, ‚und die Gestalt, die wir erhalten werden', nämlich der Sohn, ‚und die Gnade, durch die wir versöhnt werden'. Und Hilarius sagt weiter unten, (dist. 31): ‚Auf das eine Ur-Anfängliche hin beziehen wir alles durch den Sohn'". I Sent. d. 14, q. 2 a.2,sol.

eine Lebendigkeit, und wo diese in ihrer Fülle gegeben ist, Geistigkeit. Nur dort, wo die Teilhabe an der göttlichen Seinsfülle am schwächsten ist, ist von Gegenständlichkeit zu reden, weshalb man zuletzt auf das Gegenständliche blicken muß, wenn man begreifen will, was das Wort „Sein" besagt.

❖

Die eben aufgezählten Dinge, beginnend mit der Tatsache, daß die Natur wesenhaft auf die Erfüllung in der Gnade hingeordnet ist, die Rückkehr des Seinsflußes hin zu seinem Ausgangspunkt, und die im Herzen des Menschen sich vollziehende Vermittlung der Dinge mit ihrem worthaften Urgrund, muß man in einem einzigen großen Gedanken zusammenhalten, um zu verstehen, wie groß und erhaben die abendländische Tradition, vom Sein der Welt denkt: auch wenn dies im eigentlichen Sinne längst nicht mehr eine Sache der Philosophie, sondern der Theologie ist.

Die Welt ist der Raum der Übereignung des geschenkten Seins und zugleich selbst Geschenk. In der geschenkten Welt kommen der erste und der zweite Akt des Seins zusammen, womit das Sein von Raum und Zeit begründet ist. Mit der Gabe der Welt als solcher, wie in der Gabe der Wesenheit der Dinge im einzelnen ist der Ort vorgegeben, an dem sich das Sein in die Zeit hinein entfalten kann, in der, zumal für die freien und geistbegabten Geschöpfe, der volle Zuspruch der Wirklichkeit des Seins selbst erfahren werden kann. Die Wirklichkeit des endlichen Seins, die in der urbildlichen Wahrheit Gottes ihr unverfälschbares Maß hat, kommt in der Inkarnation des Gott-Sohnes zu ihrer endgültigen Erfüllung, die Zeit gipfelt darin, daß sie zum Ort der Gegenwart des Absoluten wird.

Thomas von Aquin:

„Das Geheimnis der Inkarnation [des Gott-Sohnes] besteht in der Umkehrung des Flusses, denn es heißt: ‚An den Ort, von dem sie ausgegangen sind, kehren die Flüsse zurück'. Aber die

Frucht der Inkarnation ist angedeutet mit der Wiederkehr des Flusses, wenn es heißt: ‚Auf daß sie wiederum fließen mögen' " [90]

So erhebt die Inkarnation des Herrn die Welt und alle Wesen in ihr in eine neue, gnadenhafte Unmittelbarkeit zu Gott. Weil und indem Gott Mensch geworden ist, ist das Sein aller Dinge und Lebewesen unverbrüchlich mit dem Ursprung, aus dem es hervorgegangen ist, verbunden. Die Dinge und zu vorderst der Mensch sind somit nicht mehr nur das, was sie von der noch dazu durch den Sündenfall entstellten Natur aus wären; sie sind vielmehr in das vollkommenere Sein zurückgeholt, das sie im Geiste Gottes von Anfang an hatten, und die göttliche Gnade hat ihnen ein neues Sein gegeben, das sie nun erst in die Erfüllung dessen bringt, woraufhin sie immer schon angelegt waren.[91]

Die christliche Theologie wie Philosophie hat, wo sie nur einigermaßen intakt war, den Tod und die Auferstehung Christi, wie auch das Wirken des Heiligen Geistes in der Welt, genauso wie den Dreifaltigen Grund der Schöpfung als ontologische Tatsachen verstanden und ernstgenommen. Das heißt, daß mit den Ereignissen der sogenannten Heilsgeschichte nicht einfach nur ein neuer moralischer Anspruch oder eine neue Idee in die Welt gekommen wäre – es ist darin so grundlegend Bedeutsames geschehen, daß durch sie das Sein der Welt im Ganzen von Grund auf verändert wurde. Das Sein ist seither nicht einfach ein natürliches Sein, sondern, dieses zu seiner Blüte und Erfüllung bringend, ein Sein aus Gnade, war doch die Natur von Anfang an darauf hin angelegt, am Ende der Zeiten in der Gegenwart Gottes ihre Vollendung zu finden. Speziell das Sein des Menschen und

---

[90] Thomas von Aquin: III Sent. Prol.
[91] Bonaventura geht in seiner Lehre von Christus soweit, zu sagen: „Die Ähnlichkeit, die von der ausdrückenden Wahrheit selbst ist, ... drückt die Sache mehr aus, als die Sache sich selbst (sich ausdrücken könnte), denn die Sache selbst hat den Grund ihres Ausdrucks von dieser." (Bonaventura, Sentenzenkommentar, 1 d 35 q 1 ad 3 (I 662a), hier zitiert nach H.U. v. Balthasar, Herrlichkeit II, S. 297).
Das würde hier bedeuten: Erst in der Erfüllung, welche die Dinge in Christus als ihrem Urbild haben, können die Dinge zu ihrem eigensten Wesen kommen, aber so, daß darin mehr und anderes zum Ausdruck kommt, als je in ihnen real hätte sein können.

das der geistigen Kreatur ist darauf hingeordnet, in der Gegenwart des Herrn seine endgültige Erfüllung zu finden: Ein neuer Himmel und eine neue Erde haben angefangen, zu sein.

4. Kapitel
Die Welt ohne das Wort

I. Welt, Geschichte und Zeit

1. Das Wort - Raum der Freiheit, Raum der Welt

Die Aussagen der mittelalterlichen Philosophen und Theologen über das Wesen der Schöpfung und über ihr Verhältnis zum Wort haben das Wort als den Grund des Seins aufgezeigt. Gemessen an den Aussagen der Scholastik über das Wesen der Wirklichkeit, fehlen der heute gültigen wissenschaftlichen Weltauffassung ganze Dimensionen, so daß man sich des Eindruckes nicht erwehren kann, die Theorien der heute populären Physiker über das Wesen der Welt seien nur eine dumme Aufzählung von leeren Formeln. Nachdem man so tut, als könne die physikalische Weltsicht alleine die Dinge so präsentieren, wie sie nun einmal sind, wird das naturwissenschaftlich Weltbild gemeinhin als das einzig gültige ausgegeben. Dabei ist es das zweifelhafte Verdienst genau dieser Weltsicht, daß heute die Welt ohne das Wort ist, ja mehr noch, daß sie eine Welt gegen das Wort ist.

Die Welt ohne das Wort, die Welt gegen das Wort, der Verrat am Wort – dies sind inhaltlich die einzelnen Schritte der Verneinung und Leugnung der Wirklichkeit des Wortes, das der Anfang aller Dinge ist. Die Logik dieser Schritte ist das verborgene Gesetz der Geschichte der letzten Jahrhunderte.

Die abendländische Geistesgeschichte wird dementsprechend als der Ort der immer neu in seiner Herrlichkeit sich zeigenden Gegenwart des Wortes zu lesen sein, aber auch als die Geschichte des Verrates am Wort, als das Drama der konsequenten Verneinung und Vernichtung der Schöpfung aus dem Wort – womit im Wesentlichen der Inhalt der folgenden Ausführungen vorgezeichnet ist.

2. Die hohe Zeit und das Ende der Zeiten

Wenn der Mensch des zwanzigsten Jahrhunderts nicht mehr weiß, wie es um ihn und um die Welt steht, dann macht ihn dies gefügig für das Treiben jener, die ihm eine Erlösung durch sozialen und wissenschaftlichen Fortschritt versprechen, um ihn im selben Zuge der ihm zustehenden Seinsfülle zu entreißen. Ein so unerhörter Diebstahl ist in keiner Geschichte zuvor dagewesen. Man hat die Freiheit geraubt, und das Gefühl von Freiheit gegeben. Man hat die Wahrheit zerstört und an ihre Stelle das Wissen gesetzt. Sie haben die Nacht mit Neonlicht ausgeleuchtet, nachdem sie einer ganzen Epoche das Licht des Tages hinweggenommen haben.

In einer bisher ungesehenen Finsternis endet die Zeit des Erscheinens des Göttlichen. In ihr kann schließlich der Zugriff des Mechanischen auf das Lebendige gelingen. Wo das Lebendige im Mechanischen versinkt, verfällt es ganz dem Erdhaften. Dort herrscht nicht mehr das von Gott gegebene Licht. Das bloß Erdhafte ist der Bereich des Titanischen. Das bloß Erdhafte ist nicht Welt, sondern Unterwelt. Dort ist kein Licht, keine Freiheit, keine Einsicht, keine Liebe und keine Gnade.

Die Welt verfällt dem Lichtlosen und Zeitlosen, wenn sie ganz dem Mechanischen gehört, weil im Erscheinen des Himmlischen das Wesen der Zeit überhaupt begründet ist.

Nur in einer Welt, die sich zwischen den Himmel und die Erde gestellt weiß, ist echte Zeit, eine echte Gegenwart. Eine Gegenwart, die sich dem Gegenwärtigsein des Ewigen in der Zeit verdankt. Wo immer aber etwas bloß dem Irdischen zugehört, hat und kennt es zwar ein Vergehen, aber es „hat" keine Zeit.

Die Erde und der Himmel gehören zusammen, sie sind der Raum des endlichen Seins, der Raum des Wachstums, der Raum der Annahme der geschenkten Präsenz. Der Himmel und die Erde gehören zusammen, und sie gehen zusammen im Wort. Im Wort nur ist Identität und Differenz, im Wort nur ist Einheit und Abstand. Im Raum, der zwischen den Dingen ist, sie trennend und verbindend, bricht die Freiheit auf. Von solcher Art aber ist einzig der Raum des Wortes. Der vom Wort aufgespannte Raum ist der Bereich der Freiheit, er ist zugleich der Bereich des Heiligen. Denn nur aus der Gegenwart des Göttlichen ist Geist, ist Vernunft, ist Wort.

Das göttliche Wort hat in seinem Ursprung die Räume der Welt eröffnet, während das durch den Menschen aussprechbare Wort, das im zuvor zugesprochene, das aus der Übereignung empfangene Wort, den Raum des Welthaften erschießt, um sich darin dem Sein als solchem zu öffnen.[92]

Das eigentliche Wort gehört in die Ewigkeit, aber es schickt sich in die Zeit. Der Gehalt des Wortes ist die Teilhabe, sein Inhalt ist das Sein. Die Teilhabe am Sein, genauer gesagt die Teilhabe an Gott durch das Sein ist das Geschehen schlechthin, jenes, in der die Zeit entsteht.

Die geistige Entwicklung des Abendlandes ging dorthin, dieser Tatsachen inne zu werden, und das Abendland reifte an diesen Einsichten, und diese Einsichten waren fruchtbar, sie schenkten das Abendland selbst, seine Kultur, seinen Reichtum, sein Wesen. Von diesen Dingen her wurde die Zeit des Abendlandes die große Zeit, die Zeit schlechthin, die Zeit der Fülle und der Freude, die Zeit der christlichen Kultur.

❖

---

[92] „Das Singen und Sagen muß also seinen Grund in dem Bedürfnis nach einer Verständigung höherer Art haben: einer Verständigung nicht mit dem Nebenmenschen, sondern mit dem Sein der Dinge selbst, das im menschlichen Singen und Sagen offenbar werden will. Da dies Offenbarwerden in Tönen geschieht, muß das Musikalische zum Sein der Dinge mitgehören, eine übersinnliche Stimme, dem inneren Ohr allein vernehmbar, die den für sie Empfänglichen unwiderstehlich antreibt, sie als Sprachgesang laut werden zu lassen. Das entspricht genau dem griechischen Mythos von der Muse und dem Verhätlnis des griechischen Sängers zu seiner Göttin ..." Walter F. Otto, Die Musen und der Göttliche Ursprung des Singens und Sagens, Darmstadt 1961, S. 83 f. Auch Max Picard sagt: „... die Sprache ist nicht geworden, sie wurde durch einen Akt auf ein Mal geschaffen, nicht vom Menschen langsam errungen, sondern ihm als ein Fertiges gegeben." Max Picard: Der Mensch und das Wort, Zürich 1955, S. 39.

Mit dem Ende der Gegenwart des Himmlischen aber hat alle Zeit ein Ende, denn Zeit ist nur aus der Gegenwart des göttlichen Wortes, vermag doch nur das Wort es, Zeit zu begründen. Wenn das Göttliche keine Gegenwart mehr bekommt, beginnt das Ende der Zeit, das Ende der Zeiten, das Ende aller Zeiten – wenn die abendländischen Geschichte an ihr Ende kommt, verendet mit ihr die Geschichte schlechthin.

Die Ängstlichen unter denen, die im naturwissenschaftlichen Weltbild verharren, rechnen mit dem Weltuntergang. Aber die Welt wird nicht einfach untergehen, denn die Welt ist nicht einfach vorhanden wie ein Gegenstand unter anderen. Sie ist nicht ein großer Behälter, in dem alle Dinge nebeneinander stehend enthalten sind. Das Wesen der Welt ist ein zeitliches, ein geschichtliches. Das Wort „Geschichte" kommt von „Geschick". Die Welt steht im Zuspruch eines Geschickes; es gibt ein Geschick oder eine Geschichte, weil ein Zuspruch ist, aus dem heraus die Welt erst Welt ist.

Wenn der Zuspruch nicht gehört wird, dann bedeutet das nichts anderes, als daß eine Zeit in den Raum des Geschichtslosen eintritt. Dieser geschichtslose Raum ist dem Abendländischen fremd. Eine solche Zeit hat das Abendland noch nie erlebt, es hat eine solche Zeit immer gefürchtet, mehr als alles andere, denn das Ende der Geschichte ist das Ende der Gegenwart, wenn Gegenwart so viel sagt wie Nähe oder Gegenwärtigkeit des Himmels. Die Angst vor der Geschichtslosigkeit ist die erste Angst, sie hat hinter jeder anderen Angst gestanden, sie hat jede andere Angst erst begründet, denn mit der Gegenwart ist alles verloren. Hier beginnt das Grauen, hier ist jener Grenzbereich, wo sich alles im Nichts verliert. Hier ist nur mehr Nacht, Nacht und Finsternis.

Wenn die große Bitte des 31. Psalms lautet: *„Herr, laß dein Angesicht leuchten über deinem Knecht"* (Ps. 31, 17), dann ist diese Bitte die Bitte schlechthin, denn sie umfaßt die Bitte um jede andere Gnade, wo doch alle Gnade darin besteht, daß der Herr sich huldvoll neigt. Die abendländische Geschichte und die ihr zugehörige Kultur ist die Zeit, über die „der Herr sein Angesicht hat leuchten lassen", mag diese Kultur und diese Zeit von denen, die immer am lautesten tönen, noch so sehr geringgeschätzt, ja zuweilen sogar verachtet werden.

Zu anderen Zeiten hat man von dem Erscheinen der Götter gesprochen. Auch so gesehen besagt die Gegenwart das Im-Verhältnis-Sein des Endlichen zum Göttlichen. Es ist ein Grunddatum geistiger Weltdeutung, daß alles Licht von Gott ausgeht, daß alles Licht vom Himmel kommt, und daß die Finsternis – und sie gehört alleine deshalb schon mit zum Bereich des Bösen – nichts anderes ist als die Verneinung dieses Lichtes.

❖

Mit der Finsternis beginnt der Verfall der Zeit, und so hat auch das Mechanische keine Zeit, und es kennt nicht das Licht der Gegenwart. [93] Der Mechanismus könnte genau so gut auch gegen den Sinn der Zeit laufen, das heißt rückwärts. Einen Mechanismus kann man genau so gut in die eine Richtung wie in die andere Richtung bewegen. Nicht so das, was Zeit hat. Das Lebendige kennt zwar Wachstum und Fäulnis, doch ist der Verfall nicht die Umkehrung der Zeit des Wachstums, sondern sein nächster Schritt innerhalb der selben Ordnung. Die Ordnung der Zeit hat eine neue Qualität in sich, die höher steht als das Mechanische, sie ist eben Zeit aus der Gegenwart des Ewigen.

Die „Zeit" ist nicht nur, wie Aristoteles gesagt hat, das äußere Maß eines Ablaufes, die Zeit bringt Welt hervor. Zeit heißt „Anteil". Die Zeit hat als solche einen Anteil an der Ewigkeit, sie gibt Gegenwart, sie schenkt Welt. So ist es das Wesen der Zeit, zu vermitteln, das heißt, Anteil zu geben, Anteil am Ewigen, Anteil am Himmlischen, Anteil am Göttlichen. Das Wort „Zeit" alleine schon sagt die anteilhafte Gegenwart des Göttlichen aus. Alle Zeit setzt voraus, daß Gott über die Welt sein Angesicht hat leuchten lassen; die Fülle der Zeiten aber bricht an, wenn Gott

---

[93] Deshalb ist es ein Ding der Unmöglichkeit, daß ein Computer, und sei er noch so komplex gebaut, und hätte er noch so viel Rechenleistung, je zu Bewußtsein käme.

selbst in die Welt kommt. Als diese Zeit der Präsenz der göttlichen Wirklichkeit hat sich die Zeit des Abendlandes begriffen. Sie ist die Zeit des sich zeigenden Gottes, die Zeit des Lichtes und der Daseinsfreude, die Zeit aller Zeiten, die hohe Zeit, die Zeit, in der das Ewige an uns rührte, die Zeit des Zuspruchs, die Zeit der Fülle und der Blüte. Die Hoch-Zeit. Die Zeit des Reichtums, die Zeit der Überfülle, die uns die Himmlischen geschenkt haben. Die Zeit der barocken Lebensfülle. Die Zeit des sich zeigenden Gottes: Alles, was ist, war und ist dieser Zeit Ort des Erscheinens des Heiligen. Kraft dieses Vermächtnisses sind selbst die geringsten Dinge mehr, als sie scheinen, kommt doch ihr Wesen aus den Tiefen des Seins. So wie die kleine Flamme auf der Kerze ein Feuer von jenem Feuer ist, das überall auf der Welt brennt, so, wie in jeder noch so kleinen Flamme dasselbe Verlangen und die selbe Kraft ist, eine ganze Stadt zu zerstören, so hat alles, was ist, einen Anteil am Sein selbst, das Gott ist. Es ist Sein vom Sein selbst. Dieses „mehr" zeigt sich selbst im kleinsten Augenblick: In jedem Augenblick taucht das Ganze der Zeit auf. So reich ist das Sein in Wirklichkeit.

Das Mechanische aber ist immer weniger. Im Mechanischen sind die Dinge reduziert auf ihre Brauchbarkeit hin, so daß sie dort nicht mehr das sein und hervorbringen dürfen, was in ihnen auftauchen will. Das Wesen des Mechanischen ist der Raub. Das dem Mechanischen Zugehörige hat keine Tiefe, es kennt keine Bedeutung, es hat kein Ziel und keine Höhe. Das Mechanische kann nichts schenken, denn es hat nichts an sich und in sich außer seiner eigenen Nacktheit, ja es hat nicht einmal diese; es ist dürftig. Es hat nur für jenen kurzen Augenblick eine Existenz, an dem es sich bewegt, dann aber ist es für immer vergangen, und es könnte genau so gut auch nicht sein und nie dagewesen sein. Das Mechanische ist fern von allem Licht, es kennt keine Dankbarkeit und keine Freude.[94]

---

[94] Friedrich Georg Jünger schreibt: „Alle Technik aber ist titanischen Ursprungs, der Homo faber gehört immer zu den Titaniden," ... „Der Homo faber ist durch sei-

3. Der moderne Fortschrittsglaube

Der Mensch der Neuzeit weiß von den Gründen der Wirklichkeit so gut wie nichts, seine Welt ist so arm wie die keiner anderen Zeit. Dabei ist der Mensch als solcher darauf angewiesen, daß sich ihm die Wirklichkeit in all ihrer Tiefe und in all ihrer Größe zeigt. Weil es das Wesen des Menschen ausmacht, daß ihn alles, was ist, etwas angeht, wird ihn jede noch so geringe Abblendung vom vollen Licht der Wahrheit in die Irre führen. Darin wird er sich verstricken, bis er ganz im Heillosen ist, wo er wiederum nicht sein Los beklagen, sondern sich im Größenwahn ergehen wird. Gerade jene Zeit, die ihm das volle Maß der Wahrheit schuldig bleibt, wird ihn in dem Wahn gefangen halten wollen, jeweils gerade an der vordersten Spitze der geistigen und geschichtlichen Entwicklung zu stehen.

Es mag sein, daß noch die Philosophen in der Zeit der Aufklärung voraussetzen durften, daß die Welt und der Mensch und die Geschichte in sich gut wären, einfach so, und ganz ohne weiteres, ohne daß man sie einer Lüge hätte anklagen müssen. Auf dieser optimistischen Weltsicht bauen sie ja ihren Fortschrittsglauben auf, die Hoffnung, es könnte einen Fortschritt an Wissen und Wahrheit geben, ohne daß jede Zeit für sich ein unmittelbares Verhältnis zu den Seinsgründen erst gewinnen müßte. [95] Es mag sein, daß sich das sechzehnte, das siebzehnte und das acht-

---

nen Eifer, seine unruhige Betriebsamkeit, seine rastlose Geschäftigkeit, sein exzentrisches Machtstreben den Göttern verhaßt. Die Majestät des Zeus ist die Fülle des ruhenden Seins, die Kraft des Prometheus aber besteht im Aufruhr, in der Empörung, in dem Bestreben, den Zeus von seinem goldenen Thron herabzuwerfen, die Welt zu entgöttern, sich selbst zu ihrem Herrn zu machen. Der Techniker ist in seinem geistigen Wesen ein Hinkender. Er ist einäugig, wie alle Kyklopen. Sein Empirismus schon deutet darauf hin." Friedrich Georg Jünger, Die Perfektion der Technik, Frankfurt/Main 1993, -7. S. 177.

[95] Solcher Fortschrittsglaube ist in Wirklichkeit nur die Karikatur der christlichen Aussagen. Woher sollte denn plötzlich alles besser werden, wenn nicht von Grund auf sich etwas ändert? Der Optimismus der Aufklärung ist ein Überbleibsel der christlichen Weltanschauung. Der Christ weiß sich und die Welt in allem getragen und gehalten von der Göttlichen Vorsehung. Er weiß aber auch, daß diese Welt, wenn sie unter dem Gesetz der Sünde steht, genau jene Wirklichkeit verneint, die sie am Sein erhält und ihr Sinn gibt. Wer die Welt und den Menschen

zehnte Jahrhundert in diesem Fortschrittsoptimismus wiederfinden konnten und durften, aber schon im neunzehnten Jahrhundert hätte man es besser wissen müssen, und vollends können wir uns heute, wenn wir es genau genug bedenken, einen solchen Optimismus nicht mehr leisten. Wir müssen nach all den Greueln und Katastrophen des neunzehnten und des zwanzigsten Jahrhunderts feststellen: Es gibt Abgründe im Menschen und in der von ihm zu verantwortenden Geschichte, die über die Grenzen dessen weit hinausgehen, was eine Sicht auf die vermeintlich bloße Natur der Dinge erklären könnte, und womit man je hätte rechnen wollen oder können. Wenn das neunzehnte und das zwanzigste Jahrhundert etwas über den Menschen dazugelernt haben, dann gehört ganz sicher das Wissen um seine Unfähigkeit zur Humanität mit dazu, die Erkenntnis der Möglichkeit zum Bestialischen.

Die schrecklichsten Jahrhunderte der Geschichte sind nicht die des vermeintlich so dunklen Mittelalters gewesen. Die wahren Abgründe haben sich erst in den letzten zwei Jahrhunderten aufgetan. Diese Zeit hat zugleich damit, daß die untersten Kerker des Seelischen aufgerissen wurden, den aus diesen Tiefen ent-

---

kennt, der rechnet mit der Verkehrung und der Zerstörung, so sehr er um die innerste Güte der Welt und um die Wahrheit der Dinge, wie sie aus Gott ist, weiß. Das Leid der Welt ist etwas, das nur durch eine neue Qualität zu überwinden ist. Dieses Neue ist mit dem Tod und der Auferstehung Gottes Wirklichkeit geworden.

Der einzelne Gläubige, der sich nun Christ nennen darf, hat dieses neue Sein einzulösen. Und genau dafür hat der Herr ihm das Versprechen gegeben, daß er die Sorge für die Welt und deren Gelingen übernehmen werde, daß er kraft der Vorsehung über allen Gefahren und aller Not sein werde. Diese Vorsehung ist aber gebunden an das Werden des Reiches Gottes. Wo das Reich Gottes eine Gegenwart hat, gilt die Vorsehung. Dort steht der Wille Gottes über dem Gesetz der Verneinung und über deren Macht. Die Welt als solche aber, solange sie nicht in allem Einzelnen zum Reich Gottes gehört, bleibt der Schreckensherrschaft der erdhaften Mächte unterworfen - jetzt erst recht. Wenn das neuzeitliche Denken so durchweg fortschrittsgläubig und geschichtsoptimistisch ist, dann nur deshalb, weil sie einem Kurzschluß unterlegen ist: Der moderne Fortschrittsglaube hat sich einerseits ungeniert vom Bemühen und von der Sorge um das Reich Gottes losgelöst, aber der Glaube an die Vorsehung wurde in der Form eines blinden Vertrauens, es werde alles sowieso irgendwie immer besser, beibehalten, trotz der Tatsache, daß die Basis für jeden Optimismus längst entfallen ist.

steigenden Monstrositäten Maschinen und Waffen zur Verfügung gestellt, wie sie die Welt vorher nie gesehen hatte.

Wer sich einen Einblick in die geschichtliche Entwicklung des modernen Weltbildes verschafft hat, kann erkennen, daß all die sozialen, politischen und humanitären Katastrophen, die in den letzten Jahrhunderten über uns gekommen sind, wie jene, die noch im Begriff sind, über uns zu kommen, alles andere als Zufall oder eine vermeidbare Fehlentwicklung sind. Die Zerstörung der Welt, paradigmatisch zu sehen in der Entwicklung der Atomphysik, und als solches in eine neue Stufe eintretend mit der Gentechnik, ist nur die konsequente Ausfaltung dessen, was von Anfang an im innersten Kern der Verneinung des Wortes gelegen hat.

Das freilich wissen die Protagonisten der heutigen Zeit nicht. Die einen übergehen großzügig die Geschichte, und denken weiter an die Segnungen, mit denen sie hoffen, die Welt beschenken zu dürfen, während die anderen fanatisch am Glauben festhalten, den sie an das Gute meinen haben zu können, das sie im Reich des selbstgemachten Fortschritts zu finden suchen. Eine neue Technik, die nun alles Lebendige kontrollieren will, soll endlich ein Ende machen mit aller Krankheit und aller Not. Die Gentechnik soll nun, nach der Niederlage von Tschernobyl, den Endsieg bringen. Sie wird aber nichts anderes bringen, als das, was das „Endsieg"-Geschrei immer schon angekündigt hat: Untergang, Chaos, und immer nur neues und größeres Elend.

5. Kapitel
Die Welt gegen das Wort

I. Der Fall des Himmels

1. Das Wesen des Himmels und seine Entstellung

Der Himmel ist der Sitz des Göttlichen. Überall, in jeder Zeit und in jeder Kultur galt der Himmel als der Thron der Götter. Es ist kaum vier Jahrhunderte her, daß der Himmel und das Weltall auseinandergerissen wurden, so daß man heute meint, wenn vom Himmel die Rede ist, dürfe man das nur mehr symbolisch verstehen.

Wenn Platon vom Himmel redet, dann meint er den Himmel, den wir des Nachts in all seinem Glanz über uns sehen, nicht aber den Weltraum, an den der Astrophysiker denkt. Für Homer ist der Himmel das, was den Menschen erst zum Menschen macht, denn die Gestalt des Menschen ist die zum Himmel hoch aufragende. Der Mensch hat sich von jeher als jenes Wesen verstanden, dessen Leben einzig aus dem rechten Verhältnis zum Himmlischen gelingen kann, so daß es der Blick zum Himmel war, der den Menschen vor allen anderen Lebewesen auszeichnete, wo doch das Tier nur das ihm vor Augen Liegende sieht.

Wir kennen heute den Himmel nicht mehr. An seine Stelle ist das Weltall getreten, jener Welt-Raum, der wie der Raum auf Erden mit dem Fernrohr betrachtet und mit dem Fahrzeug durchmessen werden kann. Der Weltraum ist der verfallene Himmel, der mit naturwissenschaftlichen Augen angeschaute Himmel. Es gibt heute keinen Himmel mehr. Der Himmel hat seine Bedeutung verloren. Der Himmel ist höchstens noch eine Kindheitserinnerung, ein literarisches Motiv, ein Gegenstand kitschiger Dichtung, das Thema eines meist schlechten Schlagers. Auch was mit dem Himmel verloren gegangen ist, ist nicht mehr faßbar.

Die Erde ist sich selbst genug. Einst hieß es „Himmel und Erde". Nie wäre es jemandem eingefallen, etwas von der Erde zu sagen, ohne auch den Himmel zu erwähnen, sie waren einst ein

Paar wie Tag und Nacht, wie Zeit und Ewigkeit, wie Mann und Frau. Heute ist uns kaum mehr die Erinnerung daran geblieben. Es wäre nun einfach, das, was das Wort „Himmel" einst sagte, als ein bloß historisches Faktum hinzunehmen. Er wäre damit nur eine Kuriosität, etwas, das man heute nicht mehr versteht, etwas, das längst überwunden ist, wie die Zeit, aus der dieses Wort stammt. Man glaubt heute gemeinhin an den Fortschritt des Wissens und an den der geistigen Entwicklung über die Jahrhunderte hinweg. Man ist zuweilen froh, jene „dunklen Zeiten" des „mythischen und abergläubischen Denkens" hinter sich gebracht zu haben. Allzu offensichtlich scheinen die Fortschritte und Erfolge des modernen, aufgeklärten und naturwissenschaftlich vorgehenden Denkens zu sein. Müßte nicht derjenige, der es auf sich nähme, gegen diese Übermacht anzukämpfen, als ein Verrückter gelten, als ein Unbelehrbarer? Die Weltsicht der modernen Naturwissenschaft hat sich schließlich ein viel höheres Maß an absolutem Anspruch auf Gültigkeit und Ausschließlichkeit erwerben können, und sie hat sich noch ungehemmter in der ganzen Welt verbreiten können, als dies je einer anderen Weltanschauung gegeben war.

Der Himmel und die Erde, sie gehörten einst zusammen wie das Geben und das Nehmen, wie das Schenkende und das Empfangende. Daß das Irdische sich so selbstgefällig gibt, hat sehr viel damit zu tun, daß sich die Erde vom Himmel losgerissen hat. Daß das Irdische sich selbst begründen will, daß es den Anspruch hat, Grund seiner selbst zu sein, auch der Gedanke, daß aus der Erde nicht nur alles hervorgebracht sei, sondern daß sie selbst das einzige Prinzip des Seins und des Werdens sei, dies alles ist nur denkbar unter der Voraussetzung, daß es mit dem Himmel nichts ist.

Der Himmel hat seine Bedeutung verloren. Wir wissen nicht mehr, was der Himmel ist. Wir bewundern zwar noch den Indianer, der, soweit nicht auch er entwurzelt ist, und an den Fließbändern der amerikanischen Autoindustrie oder am Computer arbeitet, in der Einheit mit Himmel und Erde lebt, der sein Dasein als ein Geschenk der Götter betrachtet, der allmorgendlich mit Dankbarkeit zum Himmel emporblickt, wo er seine Gottheit weiß, die sich liebend und fürsorgend um sein Dasein kümmert. Und scheuen wir uns nicht, den Kindern den Glauben an den Himmel zu nehmen, weil wir wissen, daß ihre Seele es nicht ertrüge, die Welt als solche für das Ganze eines Daseins zu nehmen? Aber den Himmel selbst nehmen wir nicht ernst. Wir haben Angst davor, in das Kindliche oder in das Primitive zurückzufallen. Nicht daß das Kindliche oder das Primitive etwas Schlechtes sei – aber wir wissen, daß es für uns unzugänglich ist. Wir wissen, daß wir nicht mehr in der Welt der Kinder und der Naturvölker leben können, denn wir sind über sie hinaus.

Wir leben heute in einer anderen Zeit, in einer Zeit, von der wir meinen, zu wissen, sie lasse es nicht mehr zu, daß wir uns wie zwischen den Himmel und die Erde gestellt sehen, in einer Zeit, die die „nachmetaphysische Zeit" genannt wird. Wer sich in der heutigen Zeit wiederfinden will, muß einsehen, daß es mit dem Himmel nichts ist. Die heutige Zeit ist die Zeit der Atomraketen, der Überschallflugzeuge, die Zeit der Gentechnik, des Internets und der virtuellen Realität. Die Zeit ist nicht mehr die alte. Sie ist uns davongeeilt, so schnell ist sie in ihrem Lauf, daß sie alles mit sich reißt, den, der sich wirtschaftend und konstruierend an die Spitze jeder Entwicklung stellt, wie den, der sich träumend oder müßiggängig nach der einstigen Geborgenheit in der Natur zurücksehnt. Aber es ist längst nicht alleine die technische Entwicklung, die Zeit antreibt, auch die allgemein gesellschaftlichen Veränderungen, politische Umstürze, und die kulturellen Revolutionen aller Art lassen uns atemlos zurück.

Ist die Zeit selbst aus den Fugen geraten? Die beiden Weltkriege werden gerne als die Folge einer unheilvollen Verkettung von Umständen oder als die Folge von moralischem Versagen dargestellt. Wenn man tiefer blickt, kann man erkennen, daß sie die notwendige Folge einer schon vor Jahrhunderten sich ankündigenden Entwicklung waren, einer Entwicklung, die noch längst nicht an ihr Ende gekommen ist. Viel zu sehr im Oberflächlichen bleibt der Blick stecken, viel zu wenig der wahren Gefahr und des wirklichen Verhängnisses ist noch erkannt. Gerade erst fangen die Dinge an, auch weniges nur von ihrem wahren Wesen zu zeigen. Keiner ist dem gewachsen, was uns schon erreicht hat, und keiner noch begreift den wahren Umfang dessen, was uns bevorsteht.

2. Der erstürmte Himmel

Der Himmel ist nicht mehr – mit dem Himmel ist es nichts mehr. Daran sind viele schon zu Grunde gegangen, und diese Einsicht droht, jeden, der es versteht, um den Verstand zu bringen. Diese Tatsache ist ob ihrer Unerträglichkeit unbewältigt, es verbirgt sich darin die schrecklichste Wahrheit einer ganzen Epoche, denn da ist nichts mehr, das uns einen Halt geben könnte – wir sind ungeschützt den Gewalten ausgeliefert, schlimmer noch: Wenn wir nicht mehr den Himmel über uns haben, haben wir alle Gewalten gegen uns gestellt.

Der Himmel ist das Hohe, das Unerreichbare, das Unantastbare. Solches scheint es heute nicht mehr zu geben, denn dem menschlichen Tun und Streben ist alles offen und zugänglich. Wer würde es wagen, den Fortschritt oder die Forschung einzuschränken, wer könnte es wagen, der menschlichen Autonomie eine Grenze zu setzen? Hinter dem bloß moralischen Anspruch des „Hohen" und „Unantastbaren" verbirgt sich ein anderer Sinn, und dies ist sein eigentliches Wesen: Das Hohe ist das Würdevolle, das, was so ist, daß es von keinem angetastet werden kann. Es gibt einen Bereich, der keiner Manipulation und keiner Zerstörung anheimfallen kann. Gerade in den Zeiten, wo die zerstörerischen Kräfte am schlimmsten walten, wo sich die Gemeinschaft wie der Einzelne dem Wahn und der Raserei hingibt, gerade da scheint der Himmel sich von der Erde zurückgezogen zu haben.

❖

Das Weltall ist zugänglich, es kann erobert werden. Der Himmel aber entzieht sich. Wie ein König, der sich nur dem geduldig wartenden Volke zeigt, und der sich zurückzieht in die hintersten Gemächer, wenn der Pöbel die Straßen besetzt hält, so auch beliebt es dem Himmel, sich in den Tiefen seines eigenen Raumes zu verbergen. Auch heute ist eine solche Zeit, und unser Unvermögen, das Wesen des Himmels zu fassen, hat darin seinen Grund, daß der Himmel nicht ein körperhaftes Gebäude ist, sondern von personaler Art. Deshalb tun wir gut daran, unseren Blick den Ansichten solcher Zeiten zuzuwenden, in denen der Himmel noch sichtbar war, in denen der Himmel noch sein Angesicht leuchten ließ „über Gut und Böse", wie es heißt. Dabei besteht freilich die Gefahr, daß die gemachten Aussagen über den Himmel nicht ernst genommen werden.

Mit welchem Recht nimmt einer den Himmel nicht ernst? Mit dem Recht des Blinden, der über das Wesen der Farbe urteilt, mit dem Recht des Rächers, der über jenen ein Urteil sprechen soll, den er nach langen Jahren härtester Verfolgung zu fassen gekriegt hat? So, wie die Dinge heute stehen, kann dem Himmel kein Recht geschehen. So, wie heute die Dinge stehen, wird der Himmel im Schnellverfahren abgeurteilt werden, abgeurteilt zu jenem Los und zu jener Strafe, die er seit Jahrhunderten schon geduldig erträgt. Es stellt sich die Frage: wollen wir den Himmel überhaupt haben? Sollen wir ihm – um im Bild zu bleiben – überhaupt eine Chance geben, sich zu rechtfertigen?

Alleine – schon die Frage ist verkehrt, und sie zeigt, wie schlimm es um die Sache steht, denn wenn hier wirklich vom Himmel die Rede ist, dann müßte sich die Frage umkehren: Wird uns der Himmel noch einmal eine Gelegenheit geben? Wird er sich noch einmal als Himmel zeigen? Wird er uns noch einmal die Huld seiner Nähe gewähren?

Als die sowjetischen Generäle im Jahre 1961 den ersten Menschen ins All schickten, gaben sie ihm den Auftrag, den Menschen, die auf der Erde geblieben waren, mitzuteilen, daß nirgends ein Gott zu sehen sei. War dies nur ein taktisches Manöver, ein propagandistischer Feldzug gegen den Aberglauben und die Dummheit der russischen Bauern, oder hatten die Generäle am Ende selbst Zweifel? Oder mußten sie, gerade wie sie die Bauern keine vier Jahrzehnte zuvor von ihren Äckern vertrieben hatten, um sie zu Landarbeitern zu machen (man brauchte ja schließlich ein Proletariat, um eine proletarische Revolution zu machen!) – mußten sie also auch Gott erst aus dem Himmel vertreiben, um durch diese Tat jene Situation herzustellen, die ihren Atheismus rechtfertigte, oder ihn am Ende gar erst zur Tatsache machte?

Der neuzeitliche Mensch verneint das Göttliche.[96] So sehr der Mensch sein Dasein einzig aus der Gegenwart des Göttlichen bezieht, so sehr auch will er sich gegen das Göttliche behaupten. Die Gegenwart des Himmels begründet das Verhältnis des Menschen zum Sein, so daß der Mensch einzig aus diesem Verhältnis lebt, ob er es annimmt und will oder nicht.

3. Der Umbruch der Zeiten: Der Himmel als Maschine

Die Neuzeit wird eingeleitet mit einer Revolution, wie sie die Welt noch nicht gesehen hat. Diese Revolution könnte mit Fug und Recht von sich behaupten, daß sie die Mutter aller Revolutionen sei, denn in ihr wurde die Welt von Grund auf umgebrochen.

Hinter dem, was in den Geschichtsbüchern unter der Bezeichnung des „Übergangs vom geozentrischen zum heliozentrischen Weltbild" beschrieben ist, verbirgt sich mehr, als bloß eine astronomische Erkenntnis. Eine solche alleine hätte nie so bedeutend sein können wie die Dinge, um die es in Wirklichkeit geht. Ob

---

[96] Karl Marx: „Die Philosophie verheimlicht es nicht. Das Bekenntnis des Prometheus: ‚Mit einem Wort, ganz haß ich all und jeden Gott' ist ihr eigenes Bekenntnis, ihr eigener Spruch gegen alle himmlischen und irdischen Götter, die das menschliche Selbstbewußtsein nicht als die oberste Gottheit anerkennen ... Prometheus ist der vornehmste Heilige und Märtyrer im philosophischen Kalender". Karl Marx/Friedrich Engels, Werke a.a.O., Ergänzungsband I, S. 262; Zit. n. Hans Graf Huyn, Ihr werdet sein wie Gott, S.155, f.

nun die Erde um die Sonne kreise, oder die Sonne um die Erde, ist als Aussage der Spezialwissenschaft Physik für den Zeitgeist nicht sonderlich bedeutsam – es geht um anderes:

Ob der Himmel ein Mechanismus ist, oder aber der Inbegriff des Personalen, dieser Unterschied trennt die Zeiten von einander. Denn wenn der Himmel als ein großes Uhrwerk vorgestellt wird, dann herrschen in ihm die „ehernen Götter der Notwendigkeit", nicht mehr aber der Gott der Liebe.

Platon sagt im Timaios, es sei der Wille des Vaters von Allem, also die Liebe, die die Planeten auf ihrer Bahn hält. [97]

Auch Boethius preist die Liebe des Himmels:

„Glücklich bist du,
Geschlecht der Menschen,
wenn in euren Herzen jene Liebe herrscht,
die den Himmel lenkt". [98]

Die Tatsache, daß im Himmel Revolution ist, macht den Übergang der einen Zeit in die andere aus. Daß es der heutigen Zeit gar nicht bewußt ist, daß vor etwa fünfhundert Jahren ein großer Zeitenwechsel war, hat sehr viel mit der Art dieser Revolution zu tun, denn seither sind die Menschen blind für alles Wesentliche, sie haben keinen Blick mehr für ihre eigene Situation, sie wissen nicht mehr, was in jenen Dimensionen vor sich geht, die ihr Dasein bestimmen, sie haben keinen Einblick mehr in die großen Umwälzungen im Lauf des Schicksals.

In der nun anbrechenden neuen Zeit gilt nicht mehr die Liebe als die Grundkraft aller Dinge, sondern die Gravitation. Hat es je einen ungeheuerlicheren Wandel in der ganzen Geistesgeschichte gegeben?

Hier bricht wirklich eine neue Zeit an. Die Ordnung der Liebe und des Zuspruchs wird abgelöst durch ein neutrales, wesenlo-

---

[97] Platon: Timaios, 41. St. (Meiner: Sämtl. Dialoge, S. 61)
[98] Boethius: Consolatio II, 8.

ses Gesetz. Auf Erden wie im Himmel herrscht von nun an nicht mehr die personale Liebe, die hervorgegangen ist aus dem Herzen Gottes, um sich jedem Geschöpf mitzuteilen, sondern die rohe Notwendigkeit des mechanischen Zwanges. Eine neue Herrschaftsordnung ist entstanden, und schon bald, nach wenigen Jahrhunderten wird sich kein einziges Wesen mehr der Versklavung durch die in sich verschlossenen Gewalten erwehren können.

❖

Daß aus dem Himmel die Gnade hervorgeht, dies verlangt einen Himmel, in dem geistige, das heißt personale Wesen wohnen: Die Ordnung der Engelwelt, wie sie in der alten Engelslehre zur Darstellung und zum Ausdruck kam, war ein Abglanz der personalen Fülle des Geheimnisses der Dreifaltigkeit.[99] Von der personalen Ordnung des Seins her wurde die Welt als Ort der Gnade, das Schicksal als Zuspruch der Gnade, und das Dasein als Geschenk der Gnade begriffen. Nun aber, unter der Vorherrschaft des Mechanischen, ist die Welt ein Monstrum, das Schicksal ein Verhängnis, und das Dasein ist eine lästige Angelegenheit, auch wenn es manchmal, wie es heißt, „Spaß" macht, zu leben.

Vor der Wende zur Neuzeit wurde der Himmel als der Ort der personalen Ordnung und des personalen Seins begriffen. Im größten Umbruch, den es im christlichen Abendland überhaupt geben konnte, wurde der Himmel und in der Folge die Erde unter die Herrschaft des Mechanismus gestellt. Sobald die gestalthafte Ordnung des Himmels, die im Geheimnis Gottes selbst gründete, zu einem Mechanismus verkam, hatte das Personsein und die personale Würde des Menschen keine Basis mehr, ist doch das Personsein der gnadenhaft geschenkte Anteil an der personalen Seinsfülle Gottes, vermittelt und gegeben durch die Mächte und Gewalten des Himmels.

---

[99] Vgl.: Dionysius (Pseudo-) Areopagita: De divina hierarchia.

Nichts hat die nun beginnende Neuzeit so sehr geprägt, wie das Scheitern am Personalen, und der darauf folgende Ausverkauf der höheren und der höchsten Dinge an das Gemachte und an das Machbare, der Verrat des Geistigen und der ihm eigenen Freiheit und Würde an die Kräfte der mechanischen Notwendigkeit. In der Knechtschaft unter die blinden Mächte der Notwendigkeit geht alle Freiheit und Liebe verloren.

❖

Die Welt ist seit einigen Jahrhunderten schon ohne Himmel. Seitdem der Himmel seine ehrfurchtgebietende Höhe, seine Macht und seine formgebende Kraft verloren hat, gilt auch die Welt nur mehr als die Summe der in ihr vorkommenden Gegenstände. Nur mehr die aller kleinsten Kinder leben in einer Welt, die noch von einem Himmel überwölbt ist, wie ihn die Welt von ihrem Anfang an gekannt und verehrt hat.

Hier beginnt die Not des neuzeitlichen Menschen, hier beginnt die Not der Neuzeit überhaupt. Sie ist die Zeit, die sich selbst enthauptet hat, sie ist die Zeit, in der das Untere sich selbst absolut gesetzt hat.

Im Himmel ist der Anfang allen Seins, der Anfang aller Zeiten, der Anfang der Welt. Alles Werden, Wachsen und Gedeihen kommt von Oben her. Die Welt wird, wenn der Himmel nicht mehr ist, zur festen, undurchsichtigen Masse, sie erstarrt, sie verschließt sich in sich selbst. Auch alles Bedeutungshafte und Bedeutende ist hinfällig, wenn dem Himmel seine Bedeutung genommen ist. Die erste Handlung des neu regierenden Weltbildes hat deshalb die Vernichtung des Bedeutungshaften des Himmels zum Ziel. Denn alle Bedeutung kommt aus der bedeutungshaften Weite des Himmels, aus dem das Geschick, der Sinn, die Gestalt, und die Wahrheit kommt.

Es gibt kein bloß irdisches Werden, und wenn es ein solches gäbe, wäre es ohne Bedeutung. Alles Werden ist gehalten vom Himmel, von dem her es seinen Anfang und seine Dauer hat, und zu dem zurück es sich wendet. Das Sein der Welt ist ein Werden, weil es jenen Himmel in sich trägt, von dem es herkommt: sein Innerstes ist geformt aus Ewigkeit. Alles, was ist, faßt in sich die Höhe des Himmels und die Tiefe der Erde, es ist zeitlich und ewig zugleich. Wird die Höhe des Himmels geleugnet, muß sich das Irdische verkrümmen und in sich selbst verschließen. Die Gnade des Himmels zurückweisend, wird das Irdische sich selbst zum Maß aller Wirklichkeit machen, und so tun, als hätte es einen Bestand aus sich.

Wie bedeutend und umfassend die angesprochene Umwälzung der Schicksalsmächte tatsächlich gewesen ist, ist einem Menschen, der nach der besagten Revolution lebt, nur dann erahnbar, wenn sichtbar geworden ist, was die Welt und die Natur, das Leben und das Dasein vorher waren.

Deshalb ein kleiner geschichtlicher Rückblick.

II. Geschichtliche Entwicklungen I: Von der Antike zur mittelalterlichen Philosophie

1. Die Natur – was ist das?

Die Natur steht in einem seltsamen Lichte. Obwohl kaum einer mehr wirklich in und mit der Natur lebt, wird heutzutage die Natur verherrlicht, wie in kaum einer Zeit vorher, so daß sie vielen als das Maß allen Tuns und Lassens gilt. Selbst der Großstadtmensch kennt noch den Schrecken, die Unberechenbarkeit und Wildheit der Natur, er weiß zum Teil noch um die Gefahren der Natur und er erfährt gelegentlich noch die Unerbittlichkeit ihrer Gewalten, aber er liebt die Natur mehr als so mancher, der Tag für Tag in und mit ihr lebt.

Das Bild der Natur hat eine überaus reiche Geschichte, und die Erfahrungen, welche die Menschen mit der Natur gemacht haben, wie auch der Begriff, den sie sich von ihr gebildet haben, sind so schillernd wie die Zeiten selbst es sind: Die Zeit der Naturvölker und die der Naturreligionen, die Zeit der technisch-wissenschaftlichen Kultur, all deren Epochen, in der Griechischen Antike, im Mittelalter, bis hinein in die Zeit der Renaissance und der Aufklärung, die Zeit der Romantik und in der industriellen Revolution, das Atomzeitalter – in all diesen Zeiten wurde die Natur je anders erfahren. Und es scheint so, als sei in dem, was man sich heute unter der Natur vorstellt, irgendwie von all diesen Erfahrungen noch etwas gegenwärtig, so als schimmerte, je nachdem von welcher Seite her man auf die Natur blickt, je eine andere Facette ihres Wesens durch.

Das Wesen der Natur ist mit einem Griff nicht faßbar, und die heutige Wissenschaft und Kultur hat, auch wenn sie gerne anderes vorgibt, keinen ursprünglichen Begriff vom Wesen der Natur. Das, was ihr als „Natur" gilt, ist nicht einfach das, was von der Natur selbst vorgegeben wäre. Die Natur kommt immer erst in einem zweiten Akt ins Bild, denn unser Blick ist zunächst immer auf anderes gerichtet. Wir befassen uns viel mehr mit der Kultur und mit der Geschichte, als mit der Natur, und die Kultur scheint durchaus das Interessantere zu sein, während die Natur immer irgendwie sowieso schon da war. Die Natur bedurfte nie einer besonderen Zuwendung von Seiten der Menschen, sie mußte nicht gemacht werden, sie konnte nicht einmal gemacht werden. Erst heute, und das heißt, seit kaum dreißig Jahren, wo die Menschheit erkennen muß, wie schlimm es um die Natur steht, jetzt erst, wo sie zum Problem wird, wird die Menge auf die Natur aufmerksam, und das, noch bevor einer wirklich nach ihrem Wesen gefragt hätte.

Immerhin – wir sind jetzt unversehens zu einem brauchbaren Begriff von „Natur" gekommen:
Die Natur ist das, was irgendwie sowieso schon da ist. Das heißt, sie ist da, ohne daß der Mensch irgend etwas dazu hätte tun müssen. Die Natur ist von selbst gewachsen, sie war schon vor dem Menschen und seinem Werk da, deshalb erscheint die Natur auch heute noch, trotz aller Naturwissenschaft und Forschung, so unergründlich. Sie ist nicht aus den Plänen und Entwürfen der Menschen hervorgegangen, sie war diesen immer schon vorgegeben, so daß all das Planen und Wirtschaften der Menschen auf ihr aufbauen konnte.
Die Natur liegt dem Denken und Handeln des Menschen wesenhaft voraus. Sie hat allem zuvor sein Dasein ermöglicht, sie hat ihn getragen, sie war ihm Heimat und Zuflucht; sie bietet ihm Nahrung und Kleidung, und wann immer der Mensch einfach in die freie Natur hinausgeht, kommt er unversehens in Kontakt zu jenem Bereich, von dem er weiß, daß er in ihm einen Quell der Muße findet. Wann immer der Mensch in den Wald hinausgeht, ist er umfangen von den ältesten Dingen; er ist in einer Welt, die sich im Ring der Jahreszeiten immer wieder erneuert, die aber keinem geschichtlichen Wandel unterworfen ist.

❖

Im Denken der Antike ist die Natur jener Bereich, der den Göttern zugehört. In der Natur wohnten die Götter, in ihr erschienen sie, in ihr waren sie anzubeten. In der Antike war kein Abstand zwischen der Natur und dem Göttlichen. Wenn wir heute unter der Natur jenes verstehen, das wie von selbst einfach da ist, dann steht dahinter auch der antike Gedanke, daß die Weltwirklichkeit in aller nächster Nähe zu den Göttern steht, so daß die Natur etwas Unhinterfragbares ist.

Die Natur verweist unmittelbar in das Göttliche, die Natur selbst ist für das antike Denken wie eine Göttin, ja sie ist Göttin ganz und gar, und sie birgt in sich Göttliches. [100] Wo immer der

---

[100] „O Natur, du Mutter von allem! Allwirkende Göttin,
Reich an Künsten und altgeboren, und immerschaffend!
Allbezwingerin, Unbezwungene, leuchtend und leitend!
Allbeherrscherin, Allgepriesne, Erste von allem!
Unvergängliche, Erstgeborene, blühend und uralt,
Unaufhaltbar im Laufe, führst die Sterne der Nächte;
Wandelst geräuschlos dahin auf der leichten Spitze der Fersen!
Heiliger Schmuck der Götter, du endloses Ende von allem;
Allen Wesen gemein und unmittelbar alleine!
Selbergezeugte, Vaterlose, ewige Urkraft,
Blütenerziehend, leibverflechtend, alles vermischend,
Anfang und Vollendung, das Leben erteilend und Nahrung,
Allgenügsam, gerecht, und der Grazien liebliche Mutter,
Herrschend im Himmel und auf der Erde, und herrschend im Meere!
Strenge und bitter den Bösen, Gehorchenden gnädig und lieblich!
Du Allweise und Gabenreiche, herrschende Göttin;
Nährerin dessen was wächst, Erlöserin alles Gereiften:
Vater bist du und Mutter von allem und Amme von Allem!
Frauenhelferin, samenreich und zeitenerfüllend;
Künstereiche, Gestaltbildende, immer im Schaffen;
Ewige Immerbewegte, an Kräften reich und an Klugheit;
Schnell ihre Schritte wälzend in unaufhörlichen Kreisen;
Rundvollendete, immerströmend, Gestalten verwandelnd;
Herrlichthronende, die allein vollführt ihren Willen allezeit;
Über die Herrscher erhaben, mächtig und donnernd,
Unerschütterlich, festgegründet, flammenausatmend,
Allbezwingend, ewiges Leben, unsterbliche Weisheit!
Alles ist dein. Denn du allein bist die Schöpferin Alles.
Darum o Göttin! fleh" ich dich an, daß du bringst mit den Zeiten
Frieden und Gesundheit, und allen Dingen das Wachstum".
Dieses Gedicht ist ein Anruf an die Göttin Physis, das heißt an die Natur, genommen aus dem orphischen Hymnenbuch. Vgl.: Orphisches Hymnenbuch, übersetzt von Christof Tobler, zit. n. Karl Kerenyi, Apollon und Niobe, München 1980, S.349.

Mensch der Antike mit der Natur zu tun hat, verehrt er sie als tragende Mutter, als allgewaltige Kraft, als Herrscherin. Sie wird mit einem religiösen Pathos angerufen.

Aus der Beziehung, die zwischen dem Göttlichen und seiner Erscheinung besteht, betreiben die griechischen Philosophen „Ontologie", die Lehre vom Sein, denn der Anfang aller echten Philosophie ist im Mythos.

Es ist ein historisches Mißverständnis, wenn der vorherrschende rationalistische Zeitgeist meint, die Abwendung vom Mythos könnte je eine Philosophie hervorbringen. Schon Josef Pieper hat den Versuch unternommen, der heutigen Zeit in Erinnerung zu rufen, daß die sogenannte „Aufklärung" der vorsokratischen und vorattischen Philosophen in Wahrheit die uranfängliche Götterlehre gegen die Halbheiten der homerischen Götterlehre hätte wiederherstellen sollen, nicht aber den Mythos als solchen hätte infragestellen oder gar überwinden wollen. [101]

Die griechische Philosophie ist keine aufklärerische Veranstaltung, und sie wendet sich keinesfalls gegen die als „vorrational" verleumdete Götterlehre der alten Griechen. Die Philosophie hat sowohl historisch wie inhaltlich beim Mythos angefangen, und diesem Anfang blieb sie verpflichtet, solange sie ihrem eigensten Wesen treu war. Die platonische Akademie war eine religiöse Gemeinschaft, die vor jedem Zusammenkommen den Göttern das ihnen zustehende Opfer darbrachte.

Im Raum der griechischen Hochkultur war jeder, der über die Welt nachdachte, und Gültiges über sie sagen konnte, von einer tiefen Ehrfurcht den Göttern gegenüber gehalten. Diese Ehrfurcht hat ihm geboten, die Natur zu verehren, lebte er doch in der Gewißheit, daß in der Natur das Göttliche mittelbar wie unmittelbar zu finden sei. Dem Göttlichen gegenüber hat man aber eine heilige Scheu zu haben, und diese Scheu hat auch der Natur

---

[101] Vgl. Josef Pieper: Was heißt philosophieren? In: Schriften zum Philosophiebegriff. In: Werke in 8 Bänden, Bd. 3.

gegenüber eine Geltung. [102] Die Ontologie der Griechen ist von Natur aus Theologie.

Auch wenn Platon, indem er nach einem wirklich letzten Prinzip allen Seins fragte, die Identifikation zwischen Gott und Natur aufhob, so blieb doch unumstößlich und allen Ortes eine heilige Scheu der Natur gegenüber bestehen, eine Scheu, die in dem Wissen, daß in allem mit dem Göttlichen zu rechnen ist, ihren Anfang nahm.

So diente das Orakelwesen ursprünglich nicht dazu, etwa, wie es heute üblich ist, die Unsicherheit zu überdecken, wenn eine wichtige Aufgabe zu bewältigen ist, oder dazu, den schnellsten Weg zur Durchsetzung des eigenen Willens zu finden. Vielmehr wollte man den Willen der Götter erkunden, um ihm entsprechend handeln zu können. Dahinter steckt die Einsicht, daß nicht nur die Natur, sondern auch die Tat in einem ganz bestimmten Verhältnis zum göttlichen Willen steht, und diesen galt es, vor jeder Unternehmung zu erforschen.

In allem konnte sich Göttliches zeigen – die Götter zeigten sich, und sie verbargen sich, je nachdem, wie es ihnen beliebte. Als ein Frevel gegen die Götter wurde es angesehen, wenn ein Sterblicher es versucht hätte, ihnen ein Wissen zu entreißen, denn um zur Wahrheit zu kommen, ist der Mensch darauf angewiesen, daß ihm aus göttlicher Gunst eine Einsicht geschenkt wird, oder, was auf das gleiche hinauskommt, daß ihm eine Erkenntnis von Geschickes wegen zufällt. Daß es einer aber wagen würde, den Göttern ein Wissen zu entreißen, wurde als ein Frevel schlimmster Art angesehen, der von den Göttern auch drastisch bestraft wurde, wie es das Schicksal des Prometheus zeigt.

Entgegen eines weitverbreiteten Vorurteils, das Aristoteles als den Vorreiter der modernen Naturwissenschaft präsentiert, ist

---

[102] Ergreifend ist die Darstellung des Goldenen Zeitalters, wie sie Ovid in seinen Metamorphosen überliefert hat. Mit einer ungeheuerlichen Sensibilität wird jeder Eingriff in die Unversehrtheit der Natur und ihrer und einzelnen Gestalten als ein Unrecht beschrieben. Selbst die Tatsache, daß die Schiffe über das Meer fahren und die Wellen brechen, und daß die Erde mit dem Pflug aufgerissen wird, wird als eine Verletzung der Integrität des Ursprünglichen erlebt. Ovid, Metamorphosen, Lib. I, Z. 89 - 112.

gerade auch in den sogenannten „naturwissenschaftlichen" Werken des Aristoteles allerorten eine heilige Ehrfurcht zu spüren, eine Ehrfurcht, die letztendlich nur auf die erfahrene Gegenwart des Göttlichen zurückzuführen ist. [103] Die Aristotelische Substanz-Lehre war in keinem Falle Ausdruck einer entgötterten Weltsicht, als die sie so gerne hingestellt wird; sie sollte lediglich die Wirklichkeit des einzelnen Seienden sowohl gegenüber der populär-platonischen Abwertung der Welt als bloßem Schein, wie auch gegen die Entwertung des realen Seins durch die parmenideische Ansetzung des Werdens als einzige Wirklichkeit retten. In allen Bereichen war die aristotelische Philosophie vom Wissen um die Herkunft alles Seienden aus dem göttlichen Geheimnis getragen. Dem entsprechend sollte das Vorhaben, die Natur zu erkunden, dazu dienen, eine Grundlage dafür zu schaffen, den Göttern in allem Tun gerecht zu werden, und sie zu verehren, nicht aber dazu, nur den Menschen zu nützen.

So konnte das Hinschauen auf die Phänomene der Natur aus Gründen der Pietät, je nach Sachlage, gefordert oder aber verboten sein, da sich in jeder Erscheinung prinzipiell die Gottheit zeigen konnte. Ein Geschehen in der Natur als das bloß Vordergründige zu nehmen, das heißt, losgelöst von dem in der Natur sich zeigenden Göttlichen, das war absolut undenkbar.

Der Begriff „Natur" ist ursprünglich ein Ausdruck eines religiösen Weltverständnisses. Er meint das Gegenüber des Göttlichen, das, was die Gottheit hervorgebracht hat als Erscheinung und als das zu ihrer Erscheinung Gehörige, nämlich den Ort ihrer Anwesenheit. Daß sich in der Natur das Göttliche zeigt, bleibt, angefangen bei den „Naturreligionen", über die Fröm-

---

[103] Sehr früh schon wurde die Gefahr erkannt, die in der aristotelischen Naturforschung bleibt, wenn sie von der sie tragenden Ehrfurcht des Grundes des Seins gegenüber gereinigt ist, jene nämlich, die Urbildlichkeit, nachdem man sie in den einzelnen Gestalten festgemacht hat, in ihrer absoluten Dimension, die sie im Wissen Gottes hat, zu verlieren, was zur Folge hat, daß Gott zwar Anfang und Ende aller Dinge ist, nicht mehr aber jenes Urbild, das ihr Sein und Werden hält und trägt. Vgl. dazu die Kritik des Bonaventura im Hexaemeron, Coll. VI, 2, f.

migkeit der Antike und bis hin zum „Naturrecht" in der katholischen Tradition bestehen: Was „natürlich" ist, gilt als Ausdruck des Willens Gottes, was wider die „Natur" ist, kommt aus der Sünde, denn die Natur steht nicht für sich, gilt sie doch als das Angesicht der Gottheit: In der Natur zeigt sich ursprünglich Göttliches.

2. Der Anfang der neuzeitlichen Naturwissenschaft

Wie im griechischen Weltverständnis wird auch im christlichen Schöpfungsbegriff das Sein der Welt und der Natur auf die Wirklichkeit des Göttlichen zurückgeführt. Zwar geht auch die griechische Philosophie von der Faktizität der Welt aus, aber die Rückfrage hinter die jeweiligen Erscheinungen geht nur soweit, als bis in ihr das Göttliche gefunden und erreicht ist. Das jüdisch-christliche Weltverständnis hingegen kann in gewisser Hinsicht noch weiter gehen, als dies der platonischen Philosophie möglich war, denn es vermag, die Tatsächlichkeit der Welt als solche noch einmal zu hinterfragen. Das christliche Denken kann das Ganze des Seins in Frage stellen, weil es im absoluten Gott einen Grund findet, der des Seins als solchem mächtig ist, einen Grund, ohne den kein endliches Sein einen Bestand hätte. Der Charakter der Welt und der Natur wandelt sich damit grundlegend: War sie bei den Griechen noch mit der Erscheinung des Göttlichen untrennbar verbunden und unmittelbar gegeben, so ist sie im Christentum jenes, was von Gott hervorgebracht ist, etwas, das Gott und Mensch einander wie von Angesicht zu Angesicht gegenüberstellt: Die Welt und die Natur werden als Wort verstanden.

Analog zum Hervorgang des Wortes in Gott wird der Hervorgang alles Endlichen aus dem Nichts nun die „Schöpfung im Wort" genannt. In diesem Begriff wird auf der einen Seite von vornherein alles Seiende in einen direkten Bezug zum Nichts gestellt, und auf der anderen Seite wird es zum erschaffenden Gott in Beziehung gebracht. So wird alles, was ist, auf Gott bezogen, der die ganze Wirklichkeit aus dem Nichts erschaffen hat, indem er sich wie im Wort darin ausspricht.[104]

Weil es einen ständigen Prozeß des Erschaffens erfordert, die Wirklichkeit in ihrem Sein zu erhalten, geht mit der Schöpfung aus dem Wort die Erhaltung der Schöpfung einher, so daß die Natur in gewisser Weise der ständige Selbstausdruck Gottes ist. Weil der Schöpfungsgedanke davon ausgeht, daß die Schöpfung in jedem Augenblick der Gegenwart geschieht, von Anfang der Zeiten an bis hin zu deren Ende, kann das Schicksal als der Spruch Gottes verstanden, und die Geschichte als das Medium der Selbstmitteilung Gottes erfahren werden.

Der Unterschied einer aus dem Wort erschaffenen Welt und einer Welt, die wie ein Stück Möbel hergestellt ist, ist unendlich groß, nicht nur für die Welt, sondern auch für das Gottesbild. Denn wenn Gott nicht mehr als derjenige begriffen wird, der sich in der Welt ausspricht – so als hätte er die Welt nur hergestellt – dann ist er ab dem Augenblick überflüssig, wo er die Welt fertiggestellt hat. Es ist dann nur mehr eine Frage der Zeit, bis der Schöpfer, nachdem er hinter der von ihm hergestellten Welt verschwunden ist, dann auch konsequenterweise irgendwann ganz wegfällt. Von nun an kann die Schöpfung der Welt nur mehr als ein Hergestelltsein der Welt durch eine Allmacht interpretiert werden, so daß die Welt und die Natur ihren worthaften Charakter verlieren.

---

[104] Von daher fällt auch ein Licht auf die Nähe des Sohnes Gottes zur Welt: Das Wort, der Sohn Gottes wird Fleisch, nicht Gott-Vater und auch nicht der Heilige Geist. Hans Urs von Balthasar schreibt in Anschluß an Bonaventura: „Ferner ist durch den Gedanken der Disponibilität des Logos für jeden Schöpfungsbeschluß Gottes sowie durch seine archetypische Ausdrucksgestalt, durch die er nicht nur, wie gezeigt, die ganze Trinität in sich ausdrückt, sondern Urbild jedes möglichen schöpferischen Selbstausdruckes Gottes ist, die Idee einer möglichen Weltwerdung gerade des Logos vorbereitet." ... „Der Logos allein ist ‚incarnabilis' und weil das mittelste Geschöpf der Welt, der Mensch als Mikrokosmos (‚parvus mundus') und als ‚Bild Gottes', die nächste ontische Verwandtschaft mit dem Logos hat, ist [er] von diesem ‚assumptibilis' ". Hans Urs von Balthasar, Theologik II. Die Wahrheit Gottes. S.155.

Die Folgen für das Sein der Welt sind von grundsätzlichster Art: Das Geschöpf muß von nun an selbst den Grund seiner Substanzialität tragen, denn das aus dem Munde Gottes hervorgehende Wort ist als der Grund des Seins weggefallen. Von da an denken sich die „Klugen der Welt" eine Materie als das Innerste der Dinge, eine Materie, die mit allen Attributen der Gottheit ausgestattet sein muß, soll sie wirklich dazu taugen, das Sein der Dinge zu tragen.

Darüber wird später zu reden sein – das sogenannte „aristotelische" Denken jedenfalls ist noch ein Weltbild der Wesensbestimmungen, worin der Versuch unternommen wird, den Wirklichkeiten, die in der Welt sind, gerecht zu werden.

Das Christentum hat mit solcher Entschiedenheit auf das aristotelische Weltbild zurückgegriffen, weil dieses wie kein zweites in der Geschichte der Menschheit einen Raum offen ließ für all jene Aussagen und Einsichten, die dem Christentum wesentlich waren und sind. [105]

Die aristotelische Philosophie ist, wie schon die platonische Philosophie, woraus sie ihren Ursprung genommen hat, eine Welt der Gestalten, eine Welt der Qualitäten und der Werte. Sie ist offen für die personale Tiefe des Seins, ja, sie wartet in gewisser Weise sogar auf die mit der Offenbarung möglich gewordene Erfüllung all dessen, was in ihr keimhaft angelegt ist, denn die platonisch-aristotelische Weisheit, mit ihrer Suche nach dem ersten unbewegten Beweger, mit ihrer Ideenlehre, mit ihrer Akt-Potenz-Lehre, mit ihrem Wissen um die Hinfälligkeit des bloß Materiellen und so weiter, ist das ideale Gefäß für das Verständnis dessen, was in der christlichen Offenbarung in die Welt kam.

Der Krieg, den die Naturwissenschaft dem aristotelischen Weltbild erklärt hat, gilt dieser Offenheit für das Bedeutsame schlechthin. Die neuzeitliche, das heißt, die nicht-aristotelische Naturwissenschaft ist die der zerstörten Qualitäten, sie ist die Wissenschaft der verneinten Gestalt. Ihre Grundlage ist eine ma-

---

[105] Erst in der Mitte des 13. Jahrhunderts bekommt das so sehr umkämpfte aristotelische Geistesgut Eingang in die Theologie. Zunächst ist es freilich der Platonismus, in dem die Theologen der Christenheit sich wiederfinden.

thematisch-instrumentelle Physik, die alles Gestalthafte in Quantitäten zersetzt, und durch das Quantitative ersetzt hat.

Weil das neuzeitliche Denken auf den gleichen Voraussetzungen wie der im Laufe der Jahrhunderte sich erst ausbildende Materialismus beruht, konnte sich die Neuzeit letztendlich des Materialismus nicht erwehren. Mit diesem Materialismus ist eine „Wissenschaft der Gestalten", wie etwa die Theologie in der Weisheitsliteratur des Alten Testaments, oder die Philosophie der Patristik und der Scholastik es war, hinfällig und undenkbar geworden.[106] Die Rücknahme der vollen Wirklichkeit auf ein materielles Substrat hin, ob ausdrücklich oder ungesagt, kann nie und nimmer neutral sein gegen das Göttliche, denn in dieser Entscheidung wird der Streit zwischen Himmel und Erde ausgetragen.

Die Natur, ehemals Inbegriff des Göttlichen, wird von nun an zum Gegensatz des Göttlichen gemacht, die „Natur" wird zum Nicht-Gott; in ihr ist das Göttliche verloren gegangen. Die Verbindung, die der Naturbegriff der Griechen mit der christlichen Schöpfungstheologie einging, war von solcher Art, daß der innerste Kern und das eigentliche Wesen beider Weltsichten dabei

---

[106] Der so oft zitierte Satz: „Wäre die Entwicklung der Naturwissenschaft auf der von Albert [Albertus Magnus, geboren 1193 in Lauingen an der Donau, Bischof von Regensburg, Lehrer des Thomas von Aquin, gestorben 1280 in Köln,] eingeschlagenen Bahn weitergegangen, so wäre ihr ein Umweg von drei Jahrhunderten erspart geblieben" (H. Stadler in: Verhandlungen deutscher Naturforscher und Ärzte I, Leipzig 1909, S. 35) verkennt die Intention und die Bedeutung des Werkes Alberts des Großen auf das äußerste.
Albertus Magnus wollte eine wahre Erkenntnis von den Dingen haben, und als guter Philosoph, der er war, wußte er, daß man dazu am besten die Phänomene selbst betrachten muß. Aber bei ihm blieb der Prozeß der Einsichtnahme und der Wahrheitsbildung keineswegs bei der bloßen Empirie oder beim bloßen Experiment stehen, wie bei all denen, die sich so gerne auf seine vermeintliche Pionierarbeit in Sachen „moderner Naturwissenschaft" berufen. Sein Interesse an der Natur, wie seine Naturforschung waren von einer Ontologie getragen, die ihrerseits (schöpfungs-) theologisch fundiert war: Die Zuwendung zu den einzelnen Naturerscheinungen geschieht in der ontologischen Einsicht, daß Gott in der Schöpfung aller Kreatur das Sein ganz zu eigen gegeben hat, so daß das Einzelne als wirklich wichtig und bedeutsam erachtet werden kann. Der Umweg, den die moderne Naturwissenschaft gemacht hat, ist auch nach mehr als sieben Jahrhunderten noch lange nicht ausgeschritten.

verloren ging, aus welchem Verlust die heutige naturwissenschaftliche Welt hervorging:

Zeigte in der Griechischen Philosophie der Blick auf die Natur das darin waltende Göttliche, und verwies in der jüdisch-christlichen Tradition der Blick in die Welt auf das Göttliche, so wurde nun das theologische Moment beider Weltsichten ausgeblendet. Man war zwar nach dem Vorbild der jüdisch-christlichen Theologie über die Natur als solche hinausgekommen, so daß man nicht mehr vermuten konnte, in der Natur selbst das Göttliche anzutreffen, aber nachdem in der Hinwendung an das Griechische Ideal das Jenseits wegfiel, war auch im Aufstieg über die Welt hinaus nichts Göttliches mehr zu finden. Tatsächlich hat sich die Naturwissenschaft in ihrer heutigen Ausprägung erst daraus entwickeln können, daß das Göttliche, das vordem als das Waltende in jeder Erscheinung verstanden und verehrt wurde, aus dem Begriff der Natur hinausdefiniert wurde. So haben die „Götter" aus Eisen und Stahl den lebendigen Gott vertrieben. Diesen Dingen gilt es nun nachzugehen.

III. Das Wort als Urbild

1. Der Angriff auf das Wort – die Ignoranz dem Urbild gegenüber

Der entscheidende Schritt für jene große schicksalsmäßige Umwälzung, die den Anfang der Neuzeit bildet, ist inhaltlich mit dem Verlust des urbildlichen Wortes schon vorgegeben. Die urbildliche Bedeutung des Wortes, die in der platonischen Ideenlehre so herrlich aufscheint, und die innerhalb der nachfolgenden christlichen Schöpfungslehre vom theologischen Verständnis her ausgefaltet worden ist, hat mit dem Ende des scholastischen Denkens seine die Welt und die Geschichte prägende Kraft verloren. Die einzelnen Etappen der Geistesgeschichte nachzuverfolgen, um speziell der Zeit des Übergangs der mittelalterlichen Welt in die der Neuzeit hinein, die Aufmerksamkeit zu widmen, ist ein überaus bedeutsames Unterfangen – ein Unterfangen, das erst dann einen wirklichen Ertrag schenkt, wenn zuvor das Phänomen selbst gesichtet wird.

Was das „Urbild" ist, ist heute kaum mehr ein Begriff. In der heutigen Welt gibt es nur mehr das Verfertigte. Die Dinge des zwanzigsten Jahrhunderts sind kaum mehr gewachsene, sie sind in einer Massenproduktion für einen Massenkonsum hergestellt. Die Dinge und mittlerweile auch die Tiere und Menschen sind nur mehr wie Betriebsgut darin. Deshalb ist ihr Wesen verflüchtigt. Sie hängen nur mehr oberflächlich an dem, was sie einst waren, wie von einer äußeren Haut zusammengehalten. Das Gediehene ist selten, denn nichts mehr hat die Zeit und die Kraft, in einem lange währenden Wachstum zu seiner Gestalt zu finden. Zu sehr ist alles in einen ihm fremden Betrieb mit hineingenommen.

Kaum mehr darf etwas einfach das sein, was es nur aus sich heraus wäre. Auch das Echte und Edle gibt es kaum mehr, es ist nur mehr Teil der Dekoration, daraufgesetzt auf das eilig Hingeworfene, und so ist der Glanz verschwunden, verkehrt in einen äußeren Schein, verkommen zu einem Verkaufsargument für etwas Wertloses. Und genau so ist es mit dem Leben: Nur mehr selten ist heute ein Kind zu finden, das in der Kindergarten- und Schulmaschinerie, bei all den Computerspielen und dem Fernsehen, in einer Welt, in der nur mehr der unmittelbare Erfolg zählt, noch aus sich heraus wachsen kann, zu jener Gestalt hin, die der Himmel in seine Seele gelegt hat. Je mehr die Menschen und die Welt, in der sie leben, von der eigentlichen Gestalt, und das heißt, vom Urbild, abgefallen sind, desto mehr mußte das Urbild zu einem Fremdwort werden.

Das Urbild ist nicht wie ein Gegenstand unter anderen in der Welt vorfindbar. Um das Urbild schauen zu können, bedarf es eines schöpferischen Blickes, einer Aufmerksamkeit, die im Konkreten die Gestalt erkennt, um auf das darin waltende Urbild zu schließen. Wer die dazu nötige Kraft nicht aufbringt, dem ist die Welt unbedeutend, und sie wird Tag für Tag leerer. Sobald die Bedeutung der Dinge nicht mehr gegeben ist, wird den Menschen nach und nach auch die Kraft verlassen, sein Leben dem Urbild, das der Himmel in ihn gelegt hat, entsprechend zu entfalten. So fallen ihm auch die einzelnen Dinge seiner Welt auseinander, sie verlieren ihre Mitte. Am Ende dieses Prozesses, wenn sie wesenlos geworden sind, vermögen es die Dinge nicht mehr, sich im Dasein zu halten, womit eine Atomisierung der Welt in Gang gebracht ist, die aus der Entstellung der Wesenheiten ihren Anfang nimmt. [107]

---

[107] Gerade weil die franziskanische Mystik so sehr von der Gegenwart Christi geprägt ist, hat auch die aus ihr hervorgehende Philosophie immer den Urbildcharakter des ewigen Wortes für die Welt betont und den Grund seiner Leugnung in aller Deutlichkeit gesehen: „Der Grund, weshalb sich die Geister an der ‚causa exemplaris' scheiden, ist das besondere Verhältnis des ewigen Wortes zur Schöpfung. Dieses Gesetz hält sich in der Heilsgeschichte durch: Das Verbum incarnatum wird später der ‚Eckstein', den ‚die Bauleute verwarfen' (Mt. 21, 42), der Stein des Anstoßes, an dem sich die Geister scheiden". Alexander Gerken: Theologie des Wortes. Düsseldorf 1962, S.88, Fußnote 16.

2. Das Wort aus Gott, und das Wort des Menschen

Das Christentum hat die platonische Lehre vom Urbild in seine Lehre vom Wesen Gottes wie in seinen Schöpfungsbegriff – wenn auch in anderer Tiefe und Bedeutung – aufgenommen, um in ihr jenes Geheimnis auszulegen, das speziell in der Theologie des Johannes-Evangeliums und in der Theologie des Paulus über das „fleischgewordene Wort" ausgesprochen ist.[108]

Demnach ist das Wort, durch das alles, was ist, geworden ist, das Wort Gottes. Es lebt in Gott in reinster Aktualität, das heißt in vollkommenster Wirklichkeit. Es ist von einer Natur mit dem Wesen Gottes, es ist Gott selbst.

Thomas von Aquin sagt von ihm:

„ ... daß das Wort in Gott ein Abbild dessen sei, von dem es ausgeht; und daß es mit dem, wovon es ausgeht, gleichewig sei, denn es ist nicht von einer Gestaltbarkeit in eine Gestalthaftigkeit übergegangen, sondern es ist immer schon wirklich (aktuell) (gewesen); und daß es dem Vater gleich sei, denn es ist vollkommen und es ist der Ausdruck des Ganzen (Seins) des Vaters; und daß es eines Wesens und einer Substanz mit dem Vater sei, denn es ist von seinem Wesen." [109]

---

[108] Der Platonismus denkt das Urbild freilich nicht ursprünglich von Gott her. Er weiß aus der Wirklichkeit der Dinge um die Notwendigkeit, ein Urbild zu denken. Daß sich dahinter die volle personale Wirklichkeit und Lebendigkeit Gottes verbirgt, wissen wir aus der Offenbarung. H.-U. von Balthasar sagt deshalb ausdrücklich: „Der alles ermöglichende Grund ist somit die Dreifaltigkeit Gottes, in der das Ausdrucksverhältnis ins absolute Sein zurückverlegt ist: dieses Verhältnis ist rein christlich-theologisch und hat mit Platonismus ebensowenig zu tun wie mit Aristotelismus; platonische Ideen gibt es nur in bezug auf die wirkliche Welt, eine Ausdrucksbeziehung im Absoluten ist für alle Philosophie schlechterdings unzugänglich. Und Gott der Vater erzeugt Gott den Sohn nicht im Hinblick auf die Schöpfung, deshalb liegt im Sohn nicht - wie die platonisierenden Väter anzunehmen geneigt waren - eine beginnende, vermittelnde Vervielfachung des Einen, vielmehr kann es die vielen Schöpfungsgedanken Gottes nur deshalb geben, weil der Sohn der Einzige, Eingeborene des Vaters ist, auf dessen Einheit hin und von dessen Einheit her alle äußern Ausdrucksformen und nachahmenden Bilder entwerfbar sind." Herrlichkeit II, S, 288,f.
[109] Thomas von Aquin: In Ev. Joh., I,1.

Was also ist das für ein Wort, das alle Dinge ins Sein ruft? Es ist anders als das Wort des Menschen. Für die Menschen ist es eine Qual, auch nur eine Sache wirklich ins Wort zu bringen, denn die Macht des Wortes übersteigt all das, was ihnen erträglich ist. Die Menschen sprechen die Worte nur langsam nacheinander, und sie schleppen schwer am Gehalt der Worte, deren Gewicht größer ist als der Mensch alleine zu tragen vermag. Je geringer der Auszug ist, den sich die Sprechenden vom Gehalt der Dinge machen, desto leichter ist es für sie. Die Leute lieben es, über die Dinge hinwegzugehen, ohne etwas vom Wort aufzunehmen, und von dem, was die Worte ihnen zusprechen, denn sie wissen insgeheim, daß ihr ganzes Dasein nicht dazu ausreichen würde, auch nur einer einzigen Bedeutung wirklich gerecht zu werden.

Zum Beispiel das Wort „Wasser": In ihm steckt der Fluß und das Meer, der Brunnen und der Tau, all das Fließende, das Reine, die Demut, die Würde, die Kraft, die Erhabenheit, die Hingabe und Tausende anderer Dinge, die in jedem Tropfen Wassers sind, das je auf Erden gewesen ist.

Während das Vermögen des Menschen zum Wort nur ein zeithaftes ist, so daß er all die Reichtümer des Seins nach und nach erfahren muß, hält das schöpferische Wort des Absoluten alle Wirklichkeit in einem Nu in sich versammelt, es spricht alle Herrlichkeit und Fülle in einem einzigen Wort aus. Das Wort, das am Anfang der Welt gestanden hat, ist ein mächtiges und starkes Wort, es ist das aller vollkommenste, denn es ist aus der Fülle des Seins selbst, und es trägt diese noch in sich. Es ist und bleibt das Maß aller Wahrheit. Es spricht jenes Wissen aus, in dem Gott sich selbst kennt und erkennt, jenes Wort, in dem er um sich weiß, aber in eins damit auch jenes Wissen, das Gott von den Dingen hat, die er erschaffen hat.

Demgegenüber zeigt sich das Wort, das dem Menschen gegeben ist, als gering und oberflächlich: Nicht einmal Millionen von Worten der Art, wie der Mensch sie spricht, können auch nur einen kleinen Teil jenes Wortes wiedergeben, das in Gott ist. In Gott sagt das eine Wort die Fülle und die Vollkommenheit allen Seins aus, alles, was je war, alles, was ist, und was je sein wird. Dieses Wort ist der Inbegriff all dessen, was je eine Bedeutung hatte, verglichen mit ihm ist des Menschen Wort nur wie ein dünner Hauch. Aber so weit das zeitliche Wort seinem Gehalt nach auch hinter der Fülle des ewigen Wortes zurückstehen mag, es ist seiner Gestalt nach das selbe Wort: Die Zeit ist im Wort mit der Ewigkeit vermittelt.

Im ewigen, anfänglichen Wort ist der Sinn aller Geschichte, es gibt jenen Zuspruch, den der Mensch in langen Jahren als sein Schicksal erfahren darf. So schenken sich durch das Wort die Reichtümer Gottes, denn das Wort Gottes ist voller Leben, und es schenkt Leben. Es ist die Wahrheit und die Weisheit selbst, und es schenkt Wahrheit und Weisheit.

Thomas von Aquin sagt:

„Auch wenn da viele Wahrheiten aus Teilhabe sind, so gibt es da doch nur die eine absolute Wahrheit, die aufgrund ihres Wesens die Wahrheit ist, und diese ist das Sein Gottes selbst, von dessen Wahrheit alle Worte es haben, daß sie Worte sind. Ebenso ist da die eine absolute Weisheit, die über allem steht, nämlich die göttliche Weisheit, und alle, die weise sind, sind es durch die Teilhabe an ihr. Und es gibt ein absolutes Wort, aufgrund dessen alle, denen das Wort gegeben ist, sprechend genannt werden. Dieses aber ist das göttliche Wort, das durch sich das über alle anderen Worte erhabene Wort ist."[110]

Das erschaffene, das heißt, das dem Menschen gegebene Wort ist aus Teilhabe, so wie alles Erschaffene das Sein nur hat, es aber nicht selbst ist. Wie das endliche Sein aus der Teilhabe am absoluten Sein nur wirklich ist, so auch ist das endliche Wort nur aus Teilhabe am absoluten Wort, am Worte Gottes. Und wie das Sein ein Sein vom Sein ist, das heißt wirklich und echt, so ist auch das Wort ein Wort vom Wort, und durch diese Teilhabe ist es wirklich und wahr. Das Wort Gottes ist der Anfang der Schöpfung.

---

[110] Thomas von Aquin: In Ev. Joh., I,1.

Weil aber auch das erschaffene Wort noch ein echtes Wort ist, hat auch es noch etwas von der Kraft des Wortes selbst in sich. Das Wort gibt Welt, es bedeutet Welt. Jedes Wort ist trächtig, geschichtsträchtig und schicksalsträchtig. Als wahres Wort, das heißt, im Maße seiner Nähe zum uranfänglichen Wort, schenkt auch des Menschen Wort Welt. Das Wort als solches gibt Welt, denn es ist aus der Fülle des Seins hervorgegangen. Das Wort hat Macht über alle Dinge, denn es ist der Inbegriff alles Gestalthaften, es ist voller Kraft, es ist wie der Same, aus dem alle Dinge hervorgegangen sind, und die Dinge sind nichts, wo sie nicht dem Wort entsprechen.

Dies ist das Wort, von dem gesagt wurde, es sei der Anfang aller Dinge, das Urbild, nach dem alles erschaffen ist. Ihm wußten sich die Theologen in der Blüte des christlichen Abendlandes verpflichtet.

IV. Geschichtliche Entwicklungen II: Die Anfänge der modernen Naturwissenschaft

1. Das Ende des urbildlichen Wortes und der daraus entstehende Nominalismus

Aber schon am Höhepunkt des scholastischen Denkens, als in der Mitte des zwölften Jahrhunderts die Schriften des Aristoteles über arabische Quellen neu entdeckt wurden, kam es zu einer so ungeheuerlichen Gewichtsverlagerung vom platonischen Denken weg, und hin zu einer vermeintlich aristotelischen Weltsicht, daß die Identität der abendländischen Welt in die Gefahr kam, verloren zu gehen. Das größte Erdbeben, das je die Welt erschüttert hat, ein Erdbeben, das groß genug war, die Ursprünge der abendländischen Kultur zu verschütten, hat, von keinem Menschen bemerkt, eine neue Zeit eingeleitet: Das Wort ging verloren. Die unmittelbare und zugleich schrecklichste Folge davon war die, daß der Grund des Seins nicht mehr gedacht werden konnte, was wiederum zur Folge hatte, daß alle Wahrheit der Vernunft entglitt, hatte sie doch ohne das Wort in der Welt keinen Anhalt mehr. Das Wort, das bisher als das Urbild alles Geschaffenen galt, wurde in seinem Reichtum und in seiner Bedeutung verkürzt, ja vernichtet.

Die ersten Anzeichen dafür sind schon bei dem schottischen Franziskanermönch Johannes Duns Scotus (ca. 1270 bis 1308) zu erkennen. Für Duns Scotus besagt die Vernunft einen vom Menschen selbstherrlich gesetzten Willensakt; das Denken – und das ist für einen „mittelalterlichen" Menschen eine revolutionäre Aussage – gilt ihm als das logische Verrechnen und Verknüpfen von Gedanken, und nicht mehr als das Organ für die Empfängnis der Wahrheit der Dinge. Die verborgene Voraussetzung für das Zustandekommen einer solchen Erkenntnistheorie ist die, daß die menschliche Erkenntniskraft nicht mehr an die Gestalt gebunden und solchermaßen vom Urbild getragen ist.

Das drückt sich darin aus, daß sich Duns Scotus die ihm zu seiner Zeit offenstehenden Zugänge zur urbildlichen Welt systematisch verschließt: Er verwirft mit aller Leidenschaft die augustinische Illuminationstheorie, welche alle menschliche Erkenntnis in einem von Gott gewissermaßen dazugeschenkten Licht begründet sein ließ, was unmittelbar zur Folge hatte, daß das „Allgemeine", worin sich die Erkenntnis der Wahrheit bewegt, für ihn nichts anderes mehr als eine leere Kategorie des logischen Kalküls sein konnte.

Obwohl es Duns Scotus äußerlich noch gelingt, an der dreifachen Existenz des Allgemeinen (also am „universale ante rem", am „universale in rem" und am „universale post rem") festzuhalten, ist diese innerlich schon ausgehöhlt, denn die Gestalt hat darin ihren ursprünglichen Wert und Charakter verloren, so daß das „Allgemeine" zum bloß logischen Schematismus verblaßt ist.

Weil Johannes Duns Scotus die vom Urbild herkommende Gestalt nicht mehr kennt, muß er die Erkenntnis von ihrem Seinsgrund ablösen, und dementsprechend auch die Materie von der Gestalt abreißen, um sie als die unmittelbar von Gott geschaffene Basis des Seins der Kreatur aufzufassen. Hier wird erstmals in der Geistesgeschichte die Metaphysik von der Theologie getrennt, und eine von der Metaphysik losgelöste Physik betrieben.[111]

Wie die von einem Magneten in einer Reihe herabhängenden Nadeln alle auf einen Haufen zusammenfallen, wenn die oberste Nadel vom Magneten abgerissen wird, bricht die Hierarchie der Wirklichkeiten in sich zusammen, wenn die Gestalt, an der ihrerseits die Erscheinung (die Materie) hängt, vom Urbild losgerissen ist. So entsteht das Bedürfnis, die geistige Welt „von unten her" neu aufzubauen. Das hatte zum einen die Folge, daß die Materie als Basis des Seins sozusagen zu einem zweiten, der Gestalt im Grunde gleichgestellten Seinsprinzip gemacht wurde, und zum anderen, daß das von der Wirklichkeit entfremdete Denken seinen eigenen Bereich einfordern mußte.

---

[111] Dazu: Kurt Flasch: Das philosophische Denken im Mittelalter, S.437 f.

Auch wenn Duns Scotus selbst so viel an Unterscheidungskraft hatte, zu bemerken, daß die Materie keinesfalls der Grund des individuellen Seins der Geschöpfe (wie auch der einzelnen Person) abgeben kann, ist schon bald nach ihm aus der Überbewertung des Materiellen der Anschein entstanden, das Individuelle könne nur gegen das „Allgemeine" gewahrt oder gerettet werden. Dies ist eines der wichtigsten Mißverständnisse der Neuzeit – wohinter, wie schon angedeutet, die Tatsache steht, daß die vom Urbild ermächtigte Gestalt nur mehr als „Allgemeines" gesehen wird und so zum leeren Schematismus eines wesenlosen Kalküls verkommen ist. Wenn nunmehr jede Einsicht und jede Aussage an diesem neuen Ideal der reinen Logik gemessen wurde, war es nur folgerichtig, daß aus diesem untergründigen, und noch kaum ins Wort gefaßten Mißtrauen gegen die Wahrheitskraft der Vernunft sich eine neue Wissenschaft, vor der die Philosophie und die Theologie nicht mehr bestehen konnten, herauszubilden begann. [112]

Von hier aus mußte allem, was ist, eine neue Art von Wirklichkeit zugesprochen werden, denn sobald das Wort nicht mehr als der schöpferische Grund aller Dinge gesehen wird, bekommt das Sein der ganzen Welt ein neues Gesicht: Die einzelnen Gestalten der Welt sind nunmehr nicht der Ausdruck des Wortes, aus dem sie hervorgegangen sind. Die Welt wird, nun erstmals unter dem Gesichtspunkt des Materiellen gesehen, flach und bedeutungslos. Die Dinge vermögen es nicht mehr, den Menschen anzusprechen; es ist ihnen die Tiefe genommen, so daß die einzige Wirkung, die aus ihnen noch hervorgehen könnte, die einer rein äußerlichen, das heißt physikalisch meßbaren Einwirkung ist: Die Dinge sprechen von nun an nicht mehr, sie sind nur noch schwer und fest. Wenn aus ihnen nichts mehr spricht, hat die menschliche Seele nichts mehr, woran sie einen Anklang finden könnte, was wiederum zur Folge hat, daß in jenem Wort,

---

[112] Vgl. zum Folgenden: Friedrich Überweg: Geschichte der Philosophie, Bd. I, S. 238 - 243, und Wolfgang Röd: Der Weg der Philosophie, Bd. I, S. 359 ff.

mit dem der Mensch von nun an die Dinge bezeichnen muß, keine Entsprechung mehr zum Wesen der Dinge gegeben ist.

Was sich in diesen wenigen Worten andeutet, ist die Weltsicht des aus den vorigen Positionen konsequent sich ergebenden Konzeptualismus, beziehungsweise die des Nominalismus. Man verbindet mit diesen Namen gewöhnlich eine bestimmte Periode, aber auch eine bestimmte Denkrichtung innerhalb der Philosophie des Abendlandes, die vom Ende des 11. Jahrhunderts, angefangen bei Roscellin de Compiegne, bis hin zu William von Ockham (ca. 1300 bis 1350) reicht.

Diesen Denkansätzen zufolge wären die Namen (nomina) oder die Begriffe (conceptus), mit denen der Mensch die Dinge, vor allem aber die abstrakten Wesenheiten bezeichnet, (wie Beispielsweise „die Standhaftigkeit", die unter anderem das Wesen des Baumes qualitativ bestimmt) nichts als im Grunde leere, weil vom Menschen an die Dinge bzw. an die Wirklichkeit nur von außen herangetragene Bestimmungen oder Kennzeichnungen, die in den Dingen bzw. in der Tiefe des Seins keine Entsprechung hätten. Einzig dem konkret vorliegenden Gegenstand wird das Prädikat der „Realität" zuerkannt, jede Kennzeichnung der ideellen Welt aber wird als „flatus vocis", als leerer Stimmhauch verleumdet, so, als sei die vom Himmel her sich entfaltende Welt der Gestalten nur Trug und Schein.

Aufgrund des besagten Verlustes des urbildlichen Wortes ist es schließlich dazu gekommen, daß gesagt wurde, hinter der Wirklichkeit des Baumes stehe, sozusagen anstelle des Urbildes und anstelle des zeugenden Wortes nur mehr der bloße Begriff des „Baum-seins", von dem her der einzelne Baum sein Sein haben sollte, quasi als Ausdruck und Abzug eines leeren Schemas. Als bloßer Begriff verstanden kann die Wesensgestalt der Dinge unmöglich das Sein schenken, wodurch unversehens die Materie in die Verlegenheit kommt, das Sein nicht nur tragen, sondern auch begründen zu sollen. Weil nun der Grund des Seins nicht mehr im Geistig-Gestalthaften, sondern im Konkreten vermutet wird, verfällt die Philosophie zum logischen Kalkül, welches in der Ableitung der Einzelwirklichkeit auf ein leeres Allgemeines zurückgeht, das es in der „Spezies" gefunden zu haben glaubt. Eben diese „Spezies" konnte solchermaßen in der Biologie der folgenden Jahrhunderte eine schlimme Karriere machen: Sie wurde zur entscheidenden Kategorie, die es erlaubte, das Urbild jeder lebendigen Gestalt im Vergessenen zu lassen.

❖

Die hierin sich abzeichnende Verdrängung des Ideell-Gestalthaften aus der Welt brachte es mit sich, daß von nun an die Dinge ohne ihren urbildlichen Grund gedacht werden mußten, was zur Zerstörung der mythischen Welt, ja sogar zur Feindschaft gegen den Mythos als solchen – zur Feindschaft gegen den christlichen Mythos, wie gegen den der anderen Religionen und Kulturen führte: Das Denken, das den an sich einzig über die Gestalt möglichen Aufschwung in die urbildliche Wahrheit und in die Welt der Bilder nicht mehr schaffen konnte, versank in der Anschauung des Konkreten und verendete so im Verrechnen logischer Schematismen.

Die Märchenwelt der arabischen Länder, die Erfahrungen der jüdischen Religion und Geschichte, die Fabel- und Bilderwelt der Kelten, die Philosophie, und die mit ihr zusammenhängende Theologie der „heidnischen" Völker, die Mythen der Altgriechischen Welt, aber auch jene der bloßen Logik verschlossenen Grundaussagen des christlichen Glaubens, wie etwa die im Jahre 1147 erstmals formulierte Lehre von der „unbefleckten Empfängnis Mariens", ja sogar der Glaube an die Auferstehung Christi, das Wissen um die in den Gestalten der Natur verborgenen Heilkräfte, und vieles mehr – all das konnte von nun an nur mehr auf der Ebene der konkreten Realität verstanden, und als eine äußerliche Vorgangsbeschreibung aufgefaßt werden, was dazu führte, daß man, je weiter das neue Denken vordrang, sie als lächerlich empfand und schließlich ganz leugnen mußte.[113]

Eben diese, aus dem Scheitern am Gestalthaften hervorgegangene, und in den späteren Jahren die „wissenschaftlich" genannte Denkhaltung betrieb mit der ihr eigenen Systematik den Sturz des Mythos in das rein Vorgangshafte der konkreten Welt. In einem zuvor nie gesehenen Bildersturm wurde das Gestalthafte aus dem Denken und aus der Welt vertrieben.

Damit einher ging der Wandel der Frömmigkeit in den Fanatismus – die Mystik des frühen und hohen Mittelalters wurde von schwärmerischen Reformbewegungen abgelöst, und die Hingabe an Gott wurde zunehmend mit Welt- und Leibverachtung verwechselt. Schon am Ende des dreizehnten Jahrhunderts zogen, angestachelt von den schrecklichen Erlebnissen der Pestjahre, die ersten Geißlerzüge durch Europa, und selbst in den Klöstern mußte die christliche Demut seelischer Erniedrigung und körperlicher Selbstzüchtigung weichen. Auf politischem Gebiet die selbe Tendenz: Die verschiedenen Religionen und Glaubensrichtungen wurden, sobald sie auf die konkrete Erscheinung bezogen waren, militärisch gegeneinander gestellt, gerade als ob die einzelnen „Götter" miteinander um die Herrschaft konkurrierten. Im selben Maße, als die politische Handlung und die wirtschaftliche Weltbemächtigung immer wichtiger erschienen,

---

[113] Wie sehr heutzutage die Inhalte des christlichen Glaubens verleumdet werden, wie dumpf das neuzeitliche Denken den Urgestalten der Wirklichkeit gegenüber ist, ja wie groß allzuoft der Haß auf den Mythos ist, kann man am deutlichsten dann erfahren, wenn man, sobald auf das „Dogma" geschimpft wird, nachfragt, welches Dogma der andere denn meine. (Am besten klappt es, wenn dieser Akademiker ist, denn der weiß in der Regel nur von der Existenz von zwei Dogmen: Von der Unfehlbarkeit des Papstes und der Lehre von der unbefleckten Empfängnis Mariens). Meistens macht er sich dann lustig über den Unverstand und die Dummheit der Gläubigen, die an so etwas glauben, wo doch heutzutage jedes Schulkind über alle Details der Fortpflanzung genauestens aufgeklärt ist. Wird der Gesprächspartner mit der Tatsache konfrontiert, daß die Lehre von der „unbefleckten Empfängnis Mariens" einzig den Glauben der katholischen Kirche ausspricht, daß die Mutter Gottes bei ihrer Empfängnis (durch ihre Mutter Anna) „in Hinblick auf die Verdienste Jesu Christi" (vgl. DH 2803) von der Erbsünde bewahrt blieb, daß es sich dabei also keineswegs um etwaige biologische Komplikationen am Anfang der Heilsgeschichte handelt, erntet man gemeinhin nur Unglauben und Unverständnis.

wurde der Kampf der zu Ideologien verkommenen Glaubensinhalte im Namen der auf die Erde gestürzten Götter mit Schwert und Feuer geführt, und weil die wirklich christlichen Inhalte auf dieser Ebene nur verraten werden können, ist es nur folgerichtig und im gewissen Sinne auch gerecht, daß im Jahre 1291 mit Akkon die letzte Heilige Stätte der Christenheit den „Ungläubigen" in die Hände fiel.

Die Toleranz gegenüber fremden Anschauungen und Religionen, die das Abendland bis dahin geprägt hatte, war damit freilich vollends verloren, so daß das solchermaßen einer ersten „Aufklärung" unterworfene Europa zum Schauplatz grausamster Pogrome und Verfolgungen wurde, in denen die als Staat sich instrumentalisierende Ideologie gnadenlos mit allem aufräumte, was nicht auf seiner Linie lag.[114]

Wenn auch der Höhepunkt der Inquisition und Hexenverbrennung erst im 17. Jahrhundert, im Jahrhundert der sogenannten Aufklärung, also wenigstens zweihundert Jahre (!) nach dem Ende des so viel geschmähten Mittelalters war, so sind doch ihre Anfänge in jenem Religionsphänomenismus des späten Mittelalters gegeben, der sich im Nominalismus des dreizehnten Jahrhunderts unausweichlich abzeichnete, wobei die Ideologie, auf die die staatlichen Vollzugsorgane sich stützten, in den folgenden Jahrhunderten vom besagten Religionsphänomenismus, der sich als der rechte Glaube ausgab, auf die Wissenschaft überging, die diesen nach und nach ersetzte.[115]

❖

---

[114] Die ersten Anfänge der Inquisition sind mit der Übermacht des Materiellen über die Gestalt notwendig gesetzt, denn das Tun wird damit wichtiger als die Einsicht, und die Weltbemächtigung wichtiger als die Wahrheit. Wer nur mehr die Realität kennt, hat in die totale Ermächtigung der Gewalt über Welt und Mensch schon eingestimmt, wie das bei Johannes Duns Scotus der Fall ist, der sich, seiner Überbewertung des Materiellen entsprechend, schon im 13. Jahrhundert ausdrücklich für eine staatliche Verfolgung von Andersgläubigen und Juden einsetzt. (Vgl. dazu Überweg I, S. 242.)

[115] Vgl. dazu: Wolfgang Döbereiner: „Die Inquisition der Gegenwart" in: Erfahrungsbilder II, S. 120:

Mit dem Verlust des urbildlichen Wortes ging nicht nur das Geheimnishafte der Dinge, sondern auch die Wahrheit der Welt, und von da aus der Adel des menschlichen Geistes zugrunde. Zwar versuchte die am Ende der Scholastik neu entstandene Denkweise nach wie vor innerhalb ihres Vorentwurfes von „Realität" die Dinge der Welt zu erkennen und sie zu bezeichnen, weil aber in der Welt und in den Dingen, ob der entstandenen Blindheit für die Gestalt, das Wort, aus dem die Dinge wie aus ihrem Urbild hervorgegangen sind, nicht mehr zu finden war, waren all die Bezeichnungen, die der Mensch den Dingen gegeben hatte, nur mehr wie Etiketten, die äußerlich auf sie aufgeklebt sind, so daß der Verdacht aufkommen mußte, die menschliche Erkenntnis sei, weil sie in den Dingen keine echte Wesenheit mehr antreffen kann, von Grund auf leer und hinfällig.

Das Weitere ist damit nur eine Frage der Konsequenz: Wenn das menschliche Wort nicht mehr das Wesen der Sachen trifft, woher könnte und sollte der Mensch dann wissen, daß da überhaupt noch ein bestimmtes Wesen in den Dingen ist?
Was sind die Dinge noch, wenn nicht das, als was der Erkennende bisher gemeint hat, sie zu erkennen? Die Worte sind dann nur wie eine Aufschrift auf Hülsen, in deren Innerstem auch keine echte Bestimmung mehr steckt, sondern nur eine wesenlose Masse. An die Stelle der Wesensgestalt der Dinge tritt jetzt unversehens die Materie, die von nun an als wesenlos gilt, denn auch sie muß jetzt ganz ohne das Wort gedacht werden.

„Jede Inquisiton weist klassische Züge auf.
1. Die Identität zwischen Staat und Denkhaltung. Die Denkhaltung hat den Staat in seiner Strukturierung bestimmt, insofern also hat die Institution der Denkhaltung Macht über den Staat (Glaubens- oder Wissenschaftsdoktrin). Die Identität ist nahtlos, daher unauffällig, anonym.
2. Die Denkhaltung ist nicht ‚weltlich' (politisch tätig) und überläßt die Exekutive dem Staat.
3. Die Denkhaltung stützt sich auf Formeln der Macht (Glaubenssätze- Wissenschaftsdoktrin) und urteilt. Sie ist an allen Schaltstellen der Macht präsent und sorgt für die Verbreitung und Einhaltung der Urteile.
4. Die Ausschaltung Andersdenkender ist durch die Identität von Staat und Denkhaltung legitimiert".

Das Wort, das einst das Urbild in allen Dingen aussprach, wurde abgelöst durch leere Formeln: Es heißt jetzt nicht mehr „Wasser", sondern „H-2-O". Das „H-2-O" hat nicht mehr die Macht, den Fluß zu nennen. Es nennt auch nicht das Meer, und all die Wesen, die in ihm wohnen. Im Wort „Wasser" waren einst die Nixen noch mit angesprochen, die Wassergeister, die Nymphen und die Tritonen, aber auch der umstehende Berg, und der Quell und der Bach, und die Au und das Land, die Nacht und der beginnende Tag, mit all dem Leben, das hervorgeht aus dem aufsteigenden Nebel. All das ist jetzt tot. Das H-2-O ist für alles verfügbar, denn es ist wesenlos. Dort, wo einst am Fuße des Berges ein Quell zum Bach wurde, einer ganzen Landschaft Leben und Gegenwart schenkend, steht heute ein Industriegebiet. Als an die Stelle des lebendigen Wortes die blinde Notwendigkeit des Mechanismus und der Maschine getreten ist, war das der Anfang der neuzeitlichen Naturwissenschaft.

In dieser Zeit – also etwa im Jahre 1300 – wurde die mechanische Uhr erfunden. Die Zeit konnte von da an nicht mehr in ihrer inhaltlichen Bedeutung ergriffen werden, und dementsprechend wurde sie nicht mehr als die vom Himmel gegebene Zeit, als der heilsgeschichtliche Abdruck des Ewigen erfahren; die Zeit war von nun an einer herz- und gnadenlosen Mechanik unterstellt. Nicht der Mensch, wie er sich versprochen hatte, herrschte von nun an über die Zeit, sondern ein Mechanismus aus Eisen und Stahl sollte von nun an, stellvertretend für die anderen Mächte des Erdbodens, Herr sein über die Zeit.

Die Zeit und alle Dinge in ihr sind ihrer Herkunft aus dem Wort entrissen worden, sie sind hohl geworden, so daß alles nur mehr Äußerlichkeit ist. Sobald das innere Wort verloren geht, das den Dingen in ihrer Wesensgestalt verliehen ist, hat auch das äußere Wort, das der Mensch in der Erkenntnis der Gestalt den Dingen als ihre Wahrheit abzuringen hat, keinen Inhalt und keine Kraft mehr. Der gestalthaft-personale Zuspruch der Wirklichkeit ist verloren gegangen. Von hier an gibt es keine Wahrheit mehr, denn hinter dem Verlust der Wahrheit verbirgt sich tiefer gesehen der schrecklichste Verlust überhaupt, der Verlust des Wortes, aus dem die Dinge erschaffen sind:

Der Mord am fleischgewordenen Wort hat seine Entsprechung in der Geistesgeschichte gefunden. Von jetzt an gab es keine Wahrheit mehr, und das Wort war ein zweites mal aus der Welt vertrieben.

2. Der Krieg gegen die Welt der Bedeutung

Nachdem die nominalistische Reduktion des Namens der Dinge auf eine rein äußerliche Bezeichnung seit drei Jahrhunderten schon zum Allgemeingut geworden war, konnte auch im 16. Jahrhundert das Urbild nicht mehr als der Grund aller Wirklichkeit gedacht werden. So ging der große wissenschaftliche Aufschwung der Renaissance, bei aller Verherrlichung des Griechischen Ideals, völlig an dem vorbei, was in der Antike mit dem Begriff der „theoria" als das Ideal der Wissenschaft ausgesagt worden war, nämlich das freie und unvoreingenommene Zur-Geltung-kommen-Lassen der Wahrheit der Dinge. [116]

Obwohl sich diese Zeit in allem Tun so sehr um das griechische Vorbild bemühte, vermochte jenes große Licht, das die platonische Philosophie in Gang gebracht hatte – die allgewaltige Kraft der Ideen – es nicht mehr, sich gegen die Ignoranz der Rechengenies und gegen das Besserwissen der Tüftler durchzusetzen. Bis hinein in die innersten Bereiche der Konstitution der Wirklichkeit wurde von nun an das Äußerlichste zum Innerlichsten gemacht, und das Unterste nach oben gekehrt. Jene atoma-

---

[116] Schon bei Heraklit findet sich die Aussage: „Verständigsein ist die wichtigste Tugend; und die Weisheit besteht darin, das Wahre zu sagen und zu tun in Übereinstimmung mit der Natur, im Hinhorchen". Fragment DK 22B 112; Reclam: No. 109, in: Die Vorsokratiker, Stuttgart, 1987, S. 276, 277. Auch Aristoteles nennt jenes Weltverhältnis das „theoretische", das sich darum bemüht, die Wahrheit als solche, und das heißt, wie sie sich selbst zeigt, zu erkennen. Vgl. Aristoteles: Metaphysik II, 993 b 20.

ren Kräfte, die ja in Wirklichkeit nur der materielle Ausdruck der Substantialität sind, bekamen als die angeblich eigentliche Ursache der Substantialität Geltung.

❖

Im naturwissenschaftlichen Denken ist es inzwischen üblich, die Materie als Substanz zu bezeichnen. Wenn der Chemiker von der Substanz spricht, dann meint er damit eine ganz bestimmte Ansammlung oder Anordnung von Molekülen, so als könnte die strukturelle Charakteristik von Atomen eine Substanz ausmachen; die Substantialität eines Wesens würde sich demnach aus dessen Materie ergeben.

Die lange Tradition der Metaphysik hat da anders gedacht: Das, was eine Sache zu dem macht, was sie ist, ist ihre Wesensgestalt. Diese ist, sofern sie aus der Vernunft und aus dem Willen Gottes als die Bestimmung des So-Seins eines endlichen Wesens hervorgegangen ist, zunächst eine geistige Größe. Der Grund aller Substantialität ist demnach das Wort, das am Anfang des Seins steht, jenes Wort, das aussagt, ob eine Kreatur diese oder jene ist. Allen möglichen „atomaren Kräften" oder welchen Kräften auch immer zuvor, ist es das Wort, das die Dinge in ihrer Wesenheit versammelt und zusammenhält. Die eigentliche Substanz aller Dinge, die das Sein, das einem Ding geschenkt ist, zu einem einheitlichen Sein hin versammelt, ist der aus dem Wort hervorgegangene Gehalt ihrer Wesenheit. Daß also das eine vom anderen verschieden und unterscheidbar ist, und zwar so, daß etwas der Träger ganz bestimmter Charakteristiken und Eigenschaften ist, dieses haben die Dinge nicht aus ihrer Materialität, sondern aus ihrer Wesensgestalt. Die Materialität folgt im Gegenteil erst der Gestalt, so daß das einzelne Ding erst kon-kret wird, wenn es als die Verbindung von Gestalt und Materie eine Erscheinung bekommt. [117] Die Substantialität des endlichen Seins verdankt sich letztlich dem Urbild, aus dem alles, was anfängt zu sein, hervorgegangen ist, und aus dem es jeden Augenblick hervorgeht. Und wenn etwas aus dem Zufluß des Seins, welcher vom Urbild ausgegangen ist, herausfällt, dann muß die Substanz wortwörtlich zerfallen.

Welche Weltsicht hier, am Anfang der Renaissance, entstand, konnte erst nach Jahrhunderten, nachdem sich ihre letzten Konsequenzen gezeigt hatten, vollends sichtbar werden. Wenn das, was als geistiges Geschehen im Nominalismus seine Anfänge genommen hatte, jetzt als wissenschaftliche Forschung die Welt von ihren Gründen auf zu verändern begann, dann wurden von nun an die Grundlagen des Seins der Welt, die bis jetzt von „oben her" verstanden worden waren, „von unten her" definiert. Dieser neue Materialismus, der seinen Anfang in der Leugnung des urbildlichen Wortes genommen hatte, schickte sich jetzt an, die Welt zu verändern. Die darin vorausgesetzte Leugnung des Wortes zog in der Folge und mit aller Notwendigkeit die absolute Bedeutungslosigkeit der Welt und der Wirklichkeit nach sich: Wenn nicht das Wort am Anfang des Seins steht, dann hat nichts eine echte Bedeutung, dann ist nichts wirklich „wirklich", dann hat nichts einen Wert. Dann ist alles, was angefangen hat, zu sein, stumm und dumm und sinnlos. Dies ist der schrecklichste aller Gedanken, die schlimmste aller Welten, die je erdacht wurden.

❖

Eine neue Zeit war dabei, zu entstehen, eine Zeit, in der die Wahrheit nicht mehr vom Bedeutungshaften her sich ereignen konnte, eine Zeit, in der kein Zuspruch mehr erging, um gehört zu werden: Von nun an mußte alles, was als Wahrheit noch gelten durfte, der äußeren Welt und ihren Vorgängen abgerungen

---

[117] Das Wort „konkret" kommt aus dem lateinischen Wort con-crescere, was soviel heißt wie „zusammen-wachsen". Das, was im Konkreten zusammenkommt ist die Gestalt und die Materie, so daß deren Einheit, nämlich das in seiner Wirklichkeit stehende Einzelwesen das Konkrete ist, keineswegs aber, wie man heute oft meint, die Materie als solche.

werden. Von nun an galt die Physik als die eigentliche und einzig wahre Philosophie:

„Die Philosophie steht in diesem großen Buch geschrieben, dem Universum, das unserem Blick ständig offenliegt. Aber das Buch ist nicht zu verstehen, wenn man nicht zuvor die Sprache erlernt und sich mit den Buchstaben vertraut gemacht hat, in denen es geschrieben ist. Es ist in der Sprache der Mathematik geschrieben, und deren Buchstaben sind Dreiecke, Kreise und andere geometrische Figuren, ohne die es dem Menschen unmöglich ist, ein einziges Wort davon zu verstehen; ohne sie irrt man in einem dunklen Labyrinth umher". [118]

Der Mann der dies geschrieben hat, heißt Galileo Galilei. In diesen zwei Sätzen werden drei Aussagen gemacht, die für die Geschichte der Wissenschaft, und damit für die ganze Menschheit eine unabsehbare Bedeutung erlangen sollten.

Zum ersten: Die Philosophie steht im Universum wie in einem Buche geschrieben. Demgegenüber wußte die Philosophie der Zeit vorher sich jener Wahrheit verpflichtet, die sich als das Wort Gottes gegeben hatte, sei es nun als christliche Offenbarung, niedergeschrieben im Buch der Bücher, in der Heiligen Schrift, oder inspiriert durch die Musen, wie uns etwa das Werk Platons oder das Werk eines Homer darüber ein reiches Zeugnis gibt.

Zweitens: Die Sprache, in der dieses Buch geschrieben steht, ist die Mathematik. Das Wort der Offenbarung, ebenso wie die Auslegung des Mythos durch die griechische Philosophie dagegen ist in einer durchweg poetischen Sprache, voller emotionaler Anklänge und wesenhafter, das heißt, das ganze Dasein des Hörenden erschütternden Bildrede gehalten.

Und drittens schließlich ist behauptet, daß derjenige, der die Welt nicht mit den Mitteln der Mathematik analysiere, nur wie „in einem dunklen Labyrinth" umherirre, daß er unmöglich

---

[118] Galileo Galilei: Il saggiatore; zit. n. Emilio Segrè, Die großen Physiker und ihre Entdeckungen, München 1997 (ursprüngl. 1984 u. 1981), S. 58, f.)

auch nur „ein einziges Wort"(!) verstehe von der Wahrheit der Welt. Damit wird der ganzen alten Weltweisheit, der platonischen, wie der aristotelischen Philosophie, aber auch der christlichen Theologie und all dem, was an ihr hängt, der Kampf angesagt, mit dem Anspruch und dem Ziel, die alte Weltsicht durch die neue Wissenschaft abzulösen.

Wenn man es mit aller Schärfe und Entschiedenheit, und bis in seine letzten Konsequenzen hinein durchdenkt, zeigt sich, daß es in der Auseinandersetzung um die neue Wissenschaft ganz offenbar um nichts weniger, als um die Frage geht, ob die Wirklichkeit überhaupt eine Bedeutung hat. Damit ist nicht nur die katholische Kirche, der man im Fall Gallilei so gerne eine Engstirnigkeit nachsagt, betroffen, sondern das Innerste einer jeden geistigen Welt, das Herz eines jeden vernünftigen Wesens. In den neuen weltanschaulichen Ansprüchen, die Galilei hier ausdrücklich formuliert hat, geht es um das Ende einer jeden geistigen Weltsicht, um das Ende einer jeden Philosophie, um das Ende einer jeden Religion – ist es doch das Wesen der Philosophie wie der Religion, eine Antwort zu geben auf die Gegenwart des Göttlichen. Wo die Welt ohne Wort ist, kann auch keine Antwort sein.

❖

Galilei nennt die Gestalt der Dinge „Akzidentien", rein äußerliche Bestimmungen also, von denen er in seiner Forschung konsequenterweise abstrahiert, so daß er zu einer rein quantitativen Beschreibung der Welt kommt. Begriff der bis dahin vorherrschende christliche Aristotelismus die Welt als den Schauplatz der gestalthaften Vermittlung des in seiner Tiefe göttlichen Seins, so wurde von nun an die Erde als ein unterschiedsloser Raum betrachtet, in dem sich nur mehr mechanische Vorgänge abspielen, deren Wirklichkeit nur mehr als der Ablauf materiegebundener Kräfte verstanden wird. Die den Dingen in und mit der aus dem Wort geborenen Gestalt gegebene Bedeutungsmacht ist ein Teil ihrer Seinsmacht: Die Dinge bedeuten nicht nur, sie bewirken auch, was sie in ihrer Gestalt aussprechen. Die Kraft ist also letztlich die mit der Gestalt einer Sache gegebene Wirkmacht; daß die Kraft als das Produkt aus Masse und Beschleunigung definiert werden kann, setzt voraus, daß die Dinge ihrer Gestalt entrissen sind, so daß die Kraft zum aller Unwesentlichsten wird, das einem Ding zu eigen sein kann.

Ebenso wurde der Himmel, den die aristotelische Theologie Gott und den Engeln überließ, jetzt zum Gegenstand der Physik. Thomas von Aquin hatte noch behauptet, die räumlichen Verhältnisse im Kosmos würden nichts im Hinblick auf die wesenhafte Verschiedenheit der Himmelskörper aussagen;[119] die Unterschiede im Himmel seien von essentieller Natur, auch die Distanz des Himmels zur Erde wäre eine wesenhafte, und keine bloß räumliche, die durch irgendwelche Instrumente zu überwinden wäre.

Galilei dagegen reduziert die wesenhafte Distanz des Himmels auf räumliche Entfernungen, die als solche mit dem Fernrohr zu egalisieren sind.[120] Dieses Vorgehen ist in der geschichtlichen Entwicklung insofern schon vorweggenommen, als daß gemäß der nominalistischen Weltsicht keinerlei wesenhafte Differenz mehr haltbar bzw. aussagbar ist. An die Stelle der Ordnung der Wesenheiten tritt das rein räumliche Maß und die Arithmetik, wodurch in der Naturphilosophie des Nominalismus alles möglich und machbar ist, denn die Dinge sind nur mehr rein äußerliche Erscheinung.

❖

Es gibt zwischen diesen beiden Grundkonzeptionen von Wirklichkeit, zwischen der aus dem Wort geborenen Welt und der Welt, in der es nur den äußerlichen Ablauf gibt, keinen Mit-

---

[119] Vgl. Thomas von Aquin: De caelo II, lect. 4, n.3.
[120] Galileo Galilei, Dialogo I, Ediz. naz. VII, 80, 81.

telweg. Die Konsequenzen, die sich aus der einen Weltsicht ergeben sind mit denen der anderen absolut unvereinbar.

Es ist kein Zufall, und es ist auch keineswegs unbedeutend, daß die hier zur Frage stehenden Grundkonzepte, das Sein der Welt zu beschreiben, sich in der damaligen Theologie gerade im Streit um die sogenannte „Realpräsenz" in aller Schärfe bekriegten:

Die etwas abstrakt klingende Frage, ob die Welt und die Geschichte, Raum und Zeit die Träger der Gestalten sind, die vom Himmel her in die Gegenwart kommen, oder ob die Welt nur eine wesenlose und tote Masse ist, fand in der Renaissance in der Frage nach der sakramentalen Präsenz Gottes einen konkreten Ausdruck.

Jeder Denkansatz, wie auch jedes philosophische Kategoriensystem wurde zu dieser Zeit daran gemessen, ob und wie sich in ihm die „reale" Gegenwart des Göttlichen im sakramentalen Opfer ausdrücken ließ. Wenn man sich auf das geistige Abenteuer einläßt, das Göttliche mit dem Irdischen zusammenzudenken – eine Sache, die am Anfang der christlichen Theologie bei der Frage nach der Natur Christi, unter dem Stichwort „wahrer Gott und wahrer Mensch" bereits aufgetaucht ist – dann wird man relativ schnell an einen Ort kommen, wo sich unversehens die Kategorien der Naturphilosophie zugunsten einer ganz neuen Ontologie aufheben; in einer Art und Weise, daß dabei eine an der Ontologie orientierte Naturphilosophie keineswegs ihre geistige Rechtschaffenheit verlieren muß, wie die moderne Atomphysik zeigt.

Diese Dinge klangen schon auf dem Konzil von Trient an, als der Begriff der „Realpräsenz" so ausführlich behandelt, und die Frage nach dem Wesen der Substanz aufs schärfste radikalisiert wurde: Ob die Substantialität die Folge der Wesensgestalt ist, die aus dem Wort Gottes hervorgegangen ist, oder aber, ob sie, wie die moderne Naturwissenschaft behauptet, nur ein Epiphänomen der materiellen Erscheinung ist, das ist der philosophische Grund dieser dogmatischen Frage. [121]

Der Materialismus, dem die Anhänger der neuen „Wissenschaft" anhingen, zielte, was sich damals noch nicht voll überblicken ließ, darauf ab, das innerste Geheimnis des Wesens aller Dinge zu vernichten: Die Einsicht, daß die Dinge und die Welt als solche die Ausprägung und Verleiblichung jenes Wortes sind, aus dem sie hervorgegangen sind, wird zugunsten einer Welt in der alles in sich wesenlos und bedeutungslos ist, aufgegeben.

Wenn die Dinge und die Lebewesen tatsächlich die Ausgestaltungen jenes Wortes sind, das sie in ihr Dasein rief, dann wird in ihnen das allerheiligste Geheimnis der Wirklichkeit Gottes noch antreffbar sein. Die ganze Welt würde demnach ob des ihr eigenen Seins, das ja der Ausdruck jenes Wortes ist, das die innerlichste Bewegung des Herzens Gottes ausmacht, in einer so unfaßbaren Nähe zur Wirklichkeit des Absoluten stehen, daß es nicht, wie nach dem Einbruch der naturwissenschaftlichen Weltsicht die Frage ist, wie Welt und Gott zusammenzudenken seien, sondern vielmehr, wie es zu vermeiden sei, daß das Sein der Welt mit dem Sein Gottes identifiziert werden könne.

Wenn aber die Dinge und Lebewesen der Welt, ja die Welt als solche nur das Produkt eines mehr oder weniger zufälligen Spieles von Atomen sind, dann ist alles Höhere ohnehin hinfällig,

---

[121] Das Konzil von Trient vom 13. Dez. 1545 - 4. Dez. 1563 hat formuliert (siehe H. Denzinger: Enchiridion symbolorum definitionum et declarationum fidei et morum, Freiburg i. Brsg. 1991 - 37, no. 1642, S. 1551):
„Weil aber Christus, unser Erlöser sagte, das, was er unter der Gestalt der Brotes darbrachte (vgl. Mt 26, 26-29; Mk 14, 22-25; Lk 22, 19f; und 1 Kor 11, 24-26), sei wahrhaft sein Leib, deshalb hat in der Kirche Gottes stets die Überzeugung geherrscht, und dieses heilige Konzil erklärt es jetzt von neuem: durch die Konsekration des Brotes und Weines geschieht eine Verwandlung der ganzen Substanz des Brotes in die Substanz des Leibes Christi, unseres Herrn, und der ganzen Substanz des Weines in die Substanz seines Blutes. Diese Wandlung wurde von der heiligen katholischen Kirche treffend und im eigentlichen Sinne Wesensverwandlung genannt" (Kan. 2).
Dazu auch die Nummern 1651, 1652, 1653, 1658, hier beachte man v.a. die Betonung der „wahrhaften, wirklichen, und substanzhaften" Gegenwart Christi, der also nicht nur „wie im Zeichen, Abbild, oder der Wirkkraft nach ..." im Sakrament gegenwärtig ist.

und es ist sinnlos, sich über solches auch nur einen einzigen Gedanken zu machen.

Jeder Mensch, der einen geistigen Akt setzt, jeder Mensch, der wo und wie auch immer eine Wahrheit gelten läßt, der eine freie Entscheidung trifft, der sich ansprechen läßt von der Sinnhaftigkeit auch einer einzigen Sache nur, jeder Mensch, der sich liebend an etwas oder an jemanden hingibt, wird hier herausgefordert zu einem Kampf auf Leben und Tod, denn er setzt, ob ausdrücklich oder nicht, ob gewollt oder nicht, in all dem das Wort als den Ursprung aller Dinge voraus. Ohne das Wort ist seine Liebe keine Liebe, und seine Freiheit keine Freiheit, und auch die Wahrheit ist ohne das Wort keine Wahrheit.

Tatsächlich hat die materialistische Weltsicht, die hier zum ersten Male ausdrücklich zur Frage stand, sobald sie ganz ausgewachsen war, und sobald sie auf alle falschen Rücksichten verzichten konnte, all das zu leugnen versucht, und sie hat die Wahrheit, die Freiheit und sogar die Liebe als Ausgeburten menschlicher (Selbst-) Täuschung ausgeben; sie hat versucht, sie als Epiphänomene der Materie zu verleumden, um ihnen so ihre Wirklichkeit zu nehmen.

3. Die reale Präsenz des Wortes

Wie gesagt, es ist kein Zufall, daß sich aller Widerspruch und alle Feindschaft der neuen, aus der Tradition des Nominalismus entstehenden Wissenschaft gegen das alte, aristotelische Weltbild nun vor allem an der Frage der Realpräsenz der zweiten Person Gottes in der Heiligen Messe entzündete. Kein Problem hat die Denker am Anfang der Neuzeit so sehr interessiert wie dieses.

Das Geheimnis der alltäglich im Sakrament sich gnadenhaft ereignenden realen Präsenz Gottes ist für den christlichen Glauben das Zentrum aller Frömmigkeit. Der Sohn Gottes, der die Welt aus dem Nichts erschaffen hat, Er, der Mensch geworden ist, hat aus den unergründlichen Tiefen seiner Seinsmacht und Weisheit heraus den Entschluß gefaßt, die Welt mit sich zu versöhnen, um jenes ursprüngliche Verhältnis wiederherzustellen, das der Mensch durch die Sünde von sich aus zerstört hatte. Mit der göttlichen Erlösungstat hat alles Sein einen neuen Charakter bekommen, so daß die Wirklichkeit aller Dinge von Grund auf verändert wurde. Nichts ist jetzt mehr, wie es vorher war. Wegen dieser Tatsache müßten die Grundgesetze aller Wirklichkeit neu formuliert werden, es müßte, wollte man dieses Geschehen denkerisch einholen, eine neue Ontologie formuliert werden, eine Ontologie der geschenkten Unmittelbarkeit.

Für die materialistische Weltsicht ist nichts so undenkbar wie die Transsubstantiation in der Heiligen Messe, ja, sie erscheint sogar als „Hokuspokus", um dieses verruchte Wort auszusprechen. [122] Die Lehre von der Transsubstantiation setzt voraus, daß Christus, also der Sohn Gottes, in dem Gott-Vater sein Wesen ausspricht, wirklich das Urbild aller Dinge ist. Eine rein materialistische Weltsicht wird nie fähig sein, nachzuvollziehen, daß das Wort, das alle Wirklichkeit in seiner Substantialität begründet, jenes Wort, das der Wesensgrund aller Dinge ist, selbst in die Welt eingegangen ist, und Fleisch geworden ist, um gnadenhaft in Gestalt von Brot und Wein gegenwärtig zu sein.

Es geht, um Mißverständnissen vorzubeugen, nicht darum, daß irgendwelche Dinge in ihrer Wesensgestalt beliebig vertauscht werden sollten – dies kann ja nur der meinen, der Christus wiederum nur als einen besonderen Menschen kennt und anerkennt – sondern es geht darum, daß, in der Gestalt von Brot und Wein jenes Wort, das der Herr und das Urbild von allem ist, real, genauer gesagt substantiell präsent ist. Damit ist nichts Fremdes in die Dinge hineingekommen, ganz im Gegenteil: Das Brot und der Wein haben damit jene Gestalt erlangt, von der her und auf die hin ihr ganzes Sein angelegt war und ist. In ihnen ist die Erfüllung dessen, woraufhin alle Dinge ausgerichtet sind,

---

[122] Das Wort „Hokuspokus" ist der Versuch, die heiligen Worte der Wandlung: „Hoc est Corpus" - „dies ist (mein) Leib" - in den Schmutz zu ziehen und sich darüber lustig zu machen, so als seien diese Worte nur eine Art „Zauberformel": „Hocuspokus-Fidibus": „Dies ist mein Leib - für alle die daran glauben". Der Angriff gilt wiederum dem innersten Geheimnis des Christlichen Glaubens, Christus selbst.

jenes, was der ganzen Schöpfung versprochen ist, Gegenwart geworden: Christus selbst, der innerste Kern aller Wirklichkeit, der Grund des Seins.

❖

In dem Geheimnis des Allerheiligsten Sakramentes geht es um Christus selbst. Es ist kein Wunder, daß die Wissenschaft nach Galilei gerade mit ihr so große Probleme hatte und hat, genau so wenig es kein Zufall ist, daß mit dem Ende der metaphysischen Denkordnung gerade die Realpräsenz nicht mehr faßbar war, ja, daß dieses Geheimnis den neuen Philosophen als Torheit schlechthin erscheinen mußte.

Weil es hierbei um eine neue Weltsicht ging, und nicht nur um wissenschaftliche Detailfragen, konnte es Galilei keineswegs genügen, nur als Mathematiker oder als Physiker anerkannt zu sein.

Er wollte ein für allemal mit der aristotelischen Philosophie, und das hieß damals, mit der herrschenden katholischen Theologie und Naturphilosophie aufräumen. Als Galilei im Juli des Jahres 1610 nach Pisa zurückkehrte, dann nicht, um an der Universität nur erster Mathematiker, sondern auch erster Philosoph zu sein, und zwar in der Absicht, die Physik an die Stelle der Philosophie setzen, um das seit Jahrhunderten gültige Weltbild, das die Wirklichkeit als ein Gefüge von Wesensgestalten und Bedeutungen in Gott begründet sah, ein für alle mal auszuheben.

Der Galilei-Verehrer Karl v. Gebler nennt diesen Versuch, auch wenn er es ganz anders verstehen mag, zu Recht „die Quelle all seiner Mißgeschicke". [123] In der Tat mußte von Seiten der Kirche eine Reaktion erfolgen, zumal auch schon die höchsten klerikalen Kreise in Rom offen ihre Sympathie für Galilei und für seine Forschungen bekundet hatten: Bei einer Vorführung seiner Fern-

---

[123] Karl v. Gebler: Galileo Galilei und die Römische Kurie, S. 26, nach der EA von 1875, (Essen).

rohre am 23. März des Jahres 1611 konnte Galilei bei den Päpstlichen Sachverständigen nicht nur großes Aufsehen erregen, sondern sogar durchweg Anerkennung einheimsen. Sogar Papst Paul V. versicherte ihm sein Wohlwollen. [124] Auch Papst Urban VIII., unter dessen Herrschaft die Verurteilung Galileis schließlich durchgesetzt wurde, war selbst ein Anhänger und Förderer der neuen Wissenschaft. Erst als sich Galilei ausdrücklich als ein Anhänger der atomistischen Philosophie erklärt, und nachdem er es gewagt hatte, der aristotelischen Philosophie offen den Krieg zu erklären, mußte die Stimmung gegenüber seiner neuen Wissenschaft ins Gegenteil umschlagen.

Die sogenannten „Aristoteliker" wußten, sie hatten den Inbegriff echter Geistigkeit und religiöser Weltschau zu verteidigen, gegen einen Atomismus primitivster Art, der früher oder später die ganze Welt in das Nichts der Gestaltlosigkeit hineinreißen würde. Obwohl sie längst nicht mehr die inhaltlichen Voraussetzungen, noch das geistige Rüstzeug für eine erfolgreiche Auseinandersetzung hatten, wußten sie, daß die neue, jetzt groß in Mode kommende Wissenschaft um jeden Preis verhindert werden mußte, alleine schon deshalb, weil sie erkannt hatten, daß sie angesichts der sich abzeichnenden Breite der neuen Bewegung dieser zu einem späteren Zeitpunkt nie mehr Herr werden könnten. So hatte die Anklage gegen Galilei zwar seine astronomischen Aussagen zum Anlaß [125], der wahre Grund aber war der von ihm vertretene Atomismus, der in keiner Weise mit den Aus-

---

[124] Vgl. K.v. Gebler, ebd., S. 29

[125] Die wissenschaftsgeschichtliche Heldendichtung des neunzehnten und zwanzigsten Jahrhunderts hat es so hingestellt, als wären die Aussagen Galileis etwas ganz besonderes gewesen. Dabei waren die Einsichten Galileis schon zu seiner Zeit ein alter Hut. Tatsächlich nahmen die Vertreter der Inquisition an den von Galilei vorgetragenen Forschungsergebnissen keinen Anstoß, wußten sie doch, daß schon ein Aristarch von Samos im dritten Jahrhundert vor Christus die Ansicht vertreten hatte, daß sich die Planeten um die Sonne drehten. (Vgl. Cael., B 13, 293 a 20f., in Diels-Kranz: Die Fragmente der Vorsokratiker, Pythagoras, Fragm. 56.) Auch Aristoteles war der Gedanke, die Erde würde sich um die Sonne drehen, und nicht umgekehrt, keineswegs fremd, doch wußte er nur allzu gut, daß kein physikalischer Satz es je vermochte, ein Weltbild zu begründen. Weil nun Galilei seine Forschungsergebnisse als letztgültige Aussage über das Wesen der Welt verstanden haben wollte,

sagen des christlichen Glaubens mehr vereinbar war, der, noch schlimmer, den gesamten Gehalt der christlichen Welt von Grund auf zerstören sollte.

Bereits im ersten wichtigen Werk Galileis, im „Saggiatore", war eine Revolution des Denkens ausgerufen worden, wonach die Substantialität der Dinge in das bloß Quantitative aufgehoben werden sollte. Die von Galilei geforderte „neue Philosophie" trug von Anfang an das Projekt der Zerschlagung der Wahrheit aller Wesenheiten in sich – auszuführen auf dem Schlachtfeld des weltanschaulichen Kampfes gegen das aristotelische Weltgebäude.[126]

War der wahre Grund der Verurteilung der Aussagen Galileis der, daß er in seinen neuen Lehren den Himmel der Bedeutung, so wie er durch die Jahrtausende hindurch einen Bestand hatte, zerstören wollte, so muß man im Nachhinein feststellen, daß ihm dies auch weithin gelungen ist. In der selben Stoßrichtung lag es, wenn er die Gültigkeit der erdhaften Kräfte auch für den Himmel nachweisen wollte. Seine astronomischen Untersuchungen waren von dem für das damalige Verständnis als frivol zu bezeichnenden Verlangen angetrieben, zu zeigen, daß der Himmel von gleicher Art sei wie die Erde, die er überdies durchwegs den Gesetzen der Mechanik unterworfen wissen wollte. Dabei ging es ihm weniger um einzelne wissenschaftliche Beobachtungen, als darum, sich und die neue Wissenschaft darin zu behaupten, den Himmel wie einen irdischen Körper behandeln zu können und zu dürfen.

---

war die Kirche gezwungen, einzuschreiten; dabei waren die „Tatsachen" zu denen Galilei gekommen war, allenfalls schlechte Arbeitshypothesen, denn es ließ sich mit ihnen schlechter rechnen, als mit dem geozentrischen Modell, waren doch seine Berechnungen von der irrigen Voraussetzung ausgegangen, daß die Planeten sich in Kreisen, und nicht in Ellipsen um die Sonne bewegten.

[126] Vgl. dazu: Pietro Redondi: Galilei - der Ketzer, München 1989. Im Besonderen s. 311, wo er D. Rossetti zitiert: „Die Aristoteliker behaupteten, ohne die aristotelische Physik ‚könne keines der Mysterien des Glaubens verteidigt werden', und deshalb müsse der Atomismus, ‚der ganz im Gegensatz zu diesem Prinzip und dieser Metaphysik steht, von allen Gläubigen verachtet und gemieden werden'." (D. Rossetti, Compositioni e passioni de vetri, Livorno 1671, Vorwort.)

4. Der Hervorgang der modernen Physik aus der Alchemie

Die Physik gilt auch heute noch als die „wahre Philosophie". Sie hat das Recht, zu veranschlagen, was als die wahre Welt gelten darf. An ihrem Anfang hat das Wort „*hypotheses non fingo*" gestanden: „Ich mache keine Hypothesen". Das soll heißen: Die Physik kennt die Welt, wie sie wirklich ist, sie macht sich keine Illusionen. Die anderen, die Metaphysiker und die Theologen, und so heißt es heute noch, machen Hypothesen, sie erdenken sich ganze Systeme, ohne auf die wirkliche Grundlage der Welt zu schauen, ohne angeblich auf die Voraussetzungen der Möglichkeit von Erkenntnis zu achten.

„Alles nämlich, was nicht aus den Erscheinungen folgt, ist eine Hypothese, und Hypothesen, seien sie nun metaphysische oder physische, mechanische oder diejenigen der verborgenen Eigenschaften, dürfen nicht in die Experimentalphysik aufgenommen werden." [127]

Was ist mit diesem Satz gesagt? Zunächst nicht viel, wie es scheint. Erst einmal ist gesagt, daß sich die Experimentalphysik nur mit der Erscheinung beschäftigt, und mit dem, was unmittelbar aus der Erscheinung folgt. Alles andere aber, was über den Bereich der Erscheinung, beziehungsweise über das, was aus ihr folgt, hinausgeht, ist nicht Experimentalphysik.
Weiter heißt es:

„In dieser [Experimentalphysik] leitet man die Sätze aus den Erscheinungen ab und verallgemeinert sie durch Induktion." [128]

Das wäre alles schön und gut, wenn man es dabei beließe. Doch genau das, worüber in diesen Sätzen nichts ausgesagt wird, und das, worüber gar nicht erst nachgedacht wird, ist das eigent-

---

[127] Isaac Newton: Mathematische Prinzipien der Naturlehre, Darmstadt, 1963, S. 507 - 512.
[128] Ebd., S. 507 - 512.

liche Problem bei der Sache, die Frage nämlich: Was überhaupt ist Erscheinung? Was darf als Gegenstand der Forschung gelten, und was nicht? Man wird sagen: Erscheinung ist doch das, was gerade vorliegt, das, was unmittelbar vor Augen liegt.

Selbst wenn man sich bescheiden oder naiv mit dieser Antwort zufrieden gibt, drängt sich die Frage auf, ob denn aus der Erscheinung schon folgere, daß nur das, was meß- und zählbar ist, ernst genommen zu werden braucht, so daß alles andere nichts gelten darf. Folgt aus der Erscheinung, was die Welt überhaupt ist, ist aus der Erscheinung zu folgern, was das „Sein" überhaupt ist, was Wahrheit ist, was als wirklich gelten kann? Die Erscheinung alleine kann unmöglich darüber ein Kriterium abgeben, was als wirklich gelten kann; das ist, wenn überhaupt darüber geurteilt werden soll, eine höchst verwickelte Frage, die in den Bereich der Erkenntnistheorie und, dem zuvor, in den Bereich der Metaphysik fällt, nicht aber in den Bereich der Physik! [129]

Wenn sich die Physik seit der Renaissance als die eigentliche Philosophie ausgegeben hat, und wenn sie mit einem einzigen Handstreich die Wahrheit für sich vereinnahmt hat, bleibt für immer die schmerzliche Frage bestehen, was denn, aller Gegenständlichkeit zuvor, das Wesen der Dinge und der Welt sei.

Daß nur das Gegenständliche als Erscheinung gelten darf, ist keinesfalls von der Erscheinungswelt her unmittelbar vorgegeben, sondern eine Hypothese. Die sogenannte exakte, moderne Physik hat somit einen rein hypothetischen Charakter – sie ist auch nicht realistisch, denn sie basiert auf der ungeklärten Frage nach dem Sein, und auf dem Vorurteil, die Physik alleine wisse am besten Bescheid über das, was als „wirklich" zu gelten habe.

Diesem dumpfen Vorurteil und der aus ihm folgenden Inbesitznahme aller Zuständigkeit für die Wahrheit durch die Physik hat es auch Isaac Newton, der Verfasser der obigen Aussagen, zu verdanken, daß er als das große Genie der Neuzeit gilt.

❖

---

[129] Vgl. dazu: Béla Weissmahr: Ontologie, dort speziell: „Das Argument der Retorsion", ebd., S. 31 ff. Stuttgart, 1985.

Kaum ein zweiter wurde in den letzten Jahrhunderten so als Genie verehrt, wie Isaac Newton. An seinem Namen macht sich der große Aufbruch der Wissenschaft in das Zeitalter der Moderne fest. Schon deshalb wurde er in den nachfolgenden Jahrhunderten verehrt wie ein Heiliger.

Der englische Dichter Alexander Pope (1688 -1744) besang ihn wie folgt: [130]

„Die Natur und die Gesetze der Natur lagen verborgen in tiefer Nacht: Gott sprach: Es werde Newton! und es ward Licht."

Newton war ein Suchender auf allen Ebenen der Wissenschaft, er war so gebildet, wie ein Akademiker dieser Zeit gebildet war: Er war Theologe, Philosoph, Mathematiker, Physiker und viels mehr. Da war scheinbar nichts, das ihn nicht interessierte. Er war ein Mann der alten Welt, wo die Wissenschaft noch von der Philosophie getragen war.

Newton verstand sich keineswegs nur als Physiker, er wollte Philosoph sein, ein Weltweiser, zumal für ihn die alte Welt des Bedeutungshaften noch lebendig war. „Wissenschaft" hieß für ihn nicht, nur von einer Sache alles wissen zu wollen, sondern von allem etwas. Jede wissenschaftliche Erkenntnis war ihm zugleich ein Baustein für ein übergeordnetes Konzept, ein Mosaikstein für das große Ganze eines geistigen Kosmos. Die Frage nach dem Wesen des Lichtes zum Beispiel hatte für Newton durchaus etwas mit der Frage nach dem Wesen der Wahrheit zu tun, und die Frage nach der Schwerkraft wurde als eine Frage nach dem Wesen der Welt aufgefaßt. Die Frage nach der Herkunft und dem Werden der Welt war notwendigerweise zugleich eine Frage nach Gott. Wenn er sich in gewissen Forschungsgebieten auf die gegenständliche Welt beschränkte, dann war das für Newton eine Frage methodischer Reinheit und wissenschaftlicher Exaktheit, aber keine inhaltliche Frage. Wurde von Newton das „Übersinnliche", das er kannte und als wirklich anerkannt hat, aus der Ex-

---

[130] Zit. n. Emilio Segrè: Die großen Physiker, S. 77.

perimentalwissenschaft ausgeklammert, dann nur, um es an anderer Stelle zu untersuchen.

Bei Newton ist der Anspruch, mit seiner Physik der Wahrheit selbst zu dienen, in all seinen wissenschaftlichen Bestrebungen noch offensichtlich. Der eigentliche Antrieb seiner Forschungen war es, den Grundgeheimnissen aller Wirklichkeit auf die Spur zu kommen, er wollte die Natur Gottes, und darin Gott selbst erforschen. Newton war nicht nur der erste echte Naturwissenschaftler, er war zugleich letzte Alchemist, wie die Wissenschaftsgeschichte neuerdings urteilt. [131]

Die in England Mitte des sechzehnten Jahrhunderts aufkommende Ansicht, wonach Gott zwar irgendwie der Hersteller der Welt sei, daß er aber mit der Welt darüber hinaus nichts oder nicht viel zu tun habe, war einem Menschen seines Schlages viel zu primitiv, denn das wissenschaftliche Interesse Newtons galt immer zugleich auch der Suche nach Gott. In den sogenannten „deistischen" Ansichten, von denen gerade die Rede war, gilt Gott als die erste Ursache der Dinge in der Welt. Der „erste Beweger", wie er im aristotelischen Thomismus [132] als innerster Grund der Veränderung, sowie als Finalursache gedacht ist, ist in diesem rationalistischen Denken zum U(h)rmacher-Gott verkommen: Gott gilt darin als der *Hersteller* der Welt. Die Erschaffung der Welt wird in diesem Denkansatz nur an deren zeitlichem Anfang gedacht, wobei Gott dann die Welt hingestellt hätte – gerade so wie ein Uhrmacher es mit seiner eben fertiggestellten Uhr macht, die nach festen innerlichen Gesetzen abzulaufen hat.

Die so vorgestellte Welt ist abgetrennt vom Göttlichen, so daß der Himmel in ein Jenseits gebannt ist, das mit der Welt zunächst und ohne weiteres nichts zu tun hat. Lediglich die Ge-

---

[131] Vgl. dazu Betty Jo Teeter Dobbs und Margaret C. Jacob: Newton and the culture of Newtonianism, New Jersey 1995.

[132] Mit dem Wort „aristotelischer Thomismus" wird in der Regel die Philosophie des Thomas von Aquin bezeichnet, der bei der Hereinnahme des aristotelischen Denkens in die vorherrschende Scholastik eine so entscheidende Rolle spielte, daß er zum einflußreichsten, ja entscheidenden Lehrer der katholischen Kirche wurde.

setze, die Gott seiner nun mehr oder weniger gut funktionierenden Welt mitgegeben hat, verweisen auf ihn. In dieser Vorstellung ist die „Schöpfung" der Welt nichts weiter als ein erdgeschichtliches Faktum. [133]

Die Vorstellung von Welt und Gott und die Vorstellung darüber, was als wirklich zu gelten habe, und was nicht, ist in exakt dieser Weise zu dem geworden, was heute als streng logisch oder als naturwissenschaftlich angemessen gekennzeichnet wird. Trotz seiner Bildung und trotz seiner Religiosität verwarf Newton mit allem Nachdruck die „formae substantiales" der mittelalterlichen Philosophie, jene unmittelbar aus dem urbildlichen Wort kommenden Wesensgestalten, welche es erlauben, die Welt in Gott begründet zu sehen. [134] So macht es die Tragik seines Denkens aus, daß er in einer Zeit geboren wurde, als das Urbild als das Prinzip aller Gestalthaftigkeit der Welt längst verloren war. Trotz seiner geistigen Anstrengungen führte für Newton kein Weg mehr dahin zurück.

Nachdem man Jahrhunderte lang in ihm nur den strengen Naturwissenschaftler sah und sehen wollte, bezeichnet man sein Denken heute meist als „arianisch". Dies ist kein physikalischer, sondern ein fachtheologischer Ausdruck, der eine ganz bestimmte Position in der dogmatischen Auseinandersetzung um die Klärung des Wesens Gottes, speziell in der Frage nach der Göttlichkeit Christi bezeichnen soll.

Die dogmatischen Formulierungen der ersten Christlichen Jahrhunderte versuchten in der Frage nach der Natur Jesu Christi zu einem Standpunkt zu finden, der das Wesen der Christlichen

---

[133] Die mittelalterliche Philosophen, an vorderster Stelle sei hier Meister Eckart genannt, faßten die Schöpfung als ontologische Gestalt, als ein Geschehen vor und damit jenseits der Zeit, d.h. als am Anfang eines jeden Augenblickes stehend, womit gezeigt sein soll, daß ein Denken, das die „Schöpfung" als physikalisches Ereignis, etwa als Urknall faßt, der naturwissenschaftlichen Vorstellungswelt verfallen ist - woraus aber keineswegs der Anspruch darauf abzuleiten ist, daß nur so, und schon gar nicht nur so sinnvoll über den Anfang des Seins nachgedacht werden kann.

[134] Vgl. Überweg: S. 124.

Religion ausdrücken und festhalten sollte. Auf die Frage, wer denn nun dieser Jesus Christus wirklich sei, der da in Galiläa geboren und in Jerusalem zum Tode verurteilt, am Kreuz gestorben ist und von den Toten auferstanden ist, gab es viele verschiedene Antworten. Das Naheliegendste schien es zunächst zu sein, zu sagen, er sei ein Mensch gewesen, ein besonderer Mensch, einer, der Gott in ganz besonderer Weise nahe stand, ein Prophet vielleicht, ein Weiser, ein Lehrer der Völker. Wenn dem so war, dann mußte oder konnte man von ihm lernen, ihn verehren und bewundern, mehr aber nicht. Die Sache mit der Auferstehung wäre nur ein Wunschtraum seiner Freunde und Anhänger gewesen.[135]

Und dann – man darf es nicht verschweigen – wäre die Sache so zu beurteilen gewesen, daß er, nach damaligem Rechtsverständnis, nicht zu Unrecht wegen Gotteslästerung zum Tode verurteilt worden wäre, auch wenn uns heute ein solches Urteil als sehr hart erscheint.

Eine andere Möglichkeit, die Frage, wer denn dieser Jesus Christus gewesen sei, zu beantworten, ist diejenige, die zum Christentum hinführte, die Antwort der Christlichen Religion: Dieser Jesus Christus war der Messias, er war Gott selbst, „Gott von Gott", „Licht vom Licht", der „Sohn Gottes", der in die Welt gekommen ist, um die Menschheit zu erlösen. Genau das ist der christliche Glauben: der Glaube an Jesus Christus als den Sohn Gottes.

Die Religionskritiker aller Zeiten tun so, als wäre es entweder ein historischer Zufall gewesen, oder sogar die große Lüge des Abendlandes, daß gerade diese Position als das wahre Christentum gilt. Dem gegenüber muß man sagen, daß es auch andere Positionen gibt, nach wie vor, und es steht jedem offen und frei, etwas anderes zu glauben; nur – dieser Glaube ist dann nicht mehr der Christliche Glaube, es ist dann nicht mehr der Glaube an Christus.

---

[135] Vgl. Erich Fromm: Das Christusdogma, München 1984, S. 9 - 83. Es ist geradezu unglaublich, wie unelegant sich ein Gedankengut, das seinen Ausgang in einer nicht zu überbietenden Ignoranz den dogmatischen Aussagen wie den historischen Tatsachen gegenüber nimmt, in undurchsichtigen Argumenten zu kleiden vermag.

Eine dritte Lösungsmöglichkeit bietet der Arianismus an. Demnach wäre Christus so etwas wie ein Mittelwesen zwischen Gott und Mensch, etwa so, wie der Demiurg verschiedener Gnostischer Systeme: ein Halbgott. Das würde bedeuten, daß er nicht selbst Gott sei, daß er also erschaffen sei wie der Mensch, daß er aber vor aller anderen Kreatur stehe, fast Gott gleich, aber doch nicht Gott.

Newton wollte an Christus als jenes allvernünftige Mittlerwesen glauben, durch das Gott, der Eine und Allmächtige, die Welt erschaffen habe, da dieser nach Meinung Newtons in keiner Weise tätig werden wollte oder konnte. Aber was wollte Newton mit dieser Antwort, und worauf wollte er hinaus? Der Glaube, den Newton sich erwählt hatte, war nicht der Glaube seiner Vorväter. Er mußte sich erst nach langem Suchen dazu durchringen. Die bezeichnete Ansicht war auch innerhalb der Theologie der Zeit Newtons in keiner Weise vorherrschend, weshalb es sinnvoll ist, die Frage dahingehend zu stellen, was denn wohl Newton dazu bewegt haben könnte, auf diese Position, die seit dem vierten Jahrhundert als überwunden schien, zurückzugreifen.

Wenn man sich vor Augen führt, in welcher geistigen Situation Newton stand, und wenn man diese Situation mit den Ansprüchen vergleicht, die Newton an seine Wissenschaft stellte, dann liegt der Schluß nahe, daß man den Glauben an dieses Mittlerwesen als das Ergebnis von Newtons verzweifeltem Versuch ansieht, Gott irgendwie wieder in ein Verhältnis zur Welt zu bringen, nachdem ihn die Deisten aus der Welt hinauskomplimentiert hatten.

❖

Newton war Wissenschaftler, er war ein Alchemist, aber er war kein Metaphysiker. Er hielt zwar an der Einheit der Wahrheit fest, aber dieses Festhalten konnte, weil er die Wahrheit in der Materie suchte, nur dazu führen, daß er die Metaphysik in der Physik aufgehen ließ. Er suchte nach Beweisen für das Wirken Gottes und für die Vorsehung in der natürlichen, wie in der moralischen Welt; aber er probierte es nicht mit dem Denken, sondern nur mit naturwissenschaftlichen Forschungen. Er suchte Gott in den Kräften der materiellen Welt, und so übertrug er die Gesetze der Ordnung der Natur, wie sie zum Beispiel in den Werken des Thomas von Aquin als Seinsgründe dargestellt sind, auf die Bereiche des Gegenständlichen, so daß er zu „Natur-Gesetzen" kam. So machte er sich aus den Bedürfnissen seiner alchemistischen Forschungen seine eigene Religion zurecht: Gott als der eine Absolute, der mit der Welt nichts zu tun hatte, und ihm gegenüber eine autonome, mechanistische Welt, und irgendwie dazwischen stehend Christus als ein Mittlerwesen, gerade gut genug, um in die Lücke zu springen, die sich zwischen Gott und der Welt auftat.

Das Gottes- und speziell das Christusbild, zu dem Newton sich hier durchrang, war nicht die Antwort eines geistigen Ringens, etwa um die Person Christi, es war auch nicht die Frucht dessen, was sich ihm in der Christlichen Tradition zugesprochen und erfahrbar gemacht hatte, sondern es war eine intellektuelle, im Dienste seiner Wissenschaft stehende Konstruktion.

Die Kritik Leibnitzens, Newtons Gott sei ein „schlechter Arbeiter" gewesen, da ja nur eine unvollkommene Maschine eines wiederholten Eingriffes und ständiger Korrekturen bedürfe, scheint auf den ersten Blick ungerecht, denn die Weltsicht Newtons war bei weitem intelligenter und komplexer als die aller Deisten, aber der Blick auf die Grundlagen seines Denkens zeigt, daß die Vorstellung, was denn die Welt überhaupt sei, trotz aller Differenzen im Detail bei Newton im Grunde die gleiche geblieben ist: Die Welt ist eine große Maschine, die nach festen Gesetzen und Ordnungen abläuft, nur daß für Newton ein Gott im Hintergrund steht, der vorsehend und steuernd in deren Abläufe eingreift. Das klingt zwar alles so ähnlich wie der einstige Glaube an die Vorsehung und an das Wirken des Heiligen Geistes, aber das Ganze geht nur umso grundsätzlicher am Wesen des christlichen Schöpfungsbegriffs vorbei: Die Welt ist für Newton eine große, geheimnisvolle Maschine, und Christus ist letztendlich nicht mehr als ihr verehrungswürdiger Chefkonstrukteur, der Garant für die Gültigkeit der Gesetzmäßigkeit der Vorgänge, die

Newton in der Natur gefunden zu haben meinte. Das ist nicht die christliche Glaubensaussage, das ist höchstens deren schlechte Karikatur.

Die historischen Folgen waren weitreichend: Durch die Methoden und Ergebnisse der neuen Wissenschaft aufgeklärt und bestärkt, sollte der „wahre" Gottesglaube von nun an jener sein, der Gott in der Materie suchte und ihn darin verehrte. Unter dem Vorwand und im besten Glauben, dem Christentum damit einen Dienst zu erweisen, wurde die bis dahin gültige Lehre von der Gestalthaftigkeit der Welt zerschlagen und durch den Glauben an einen Herstellergott ersetzt. Weil es Newton nicht geschafft hatte, dem Verhältnis von Gott und Welt wirklich gerecht zu werden, kehrten die alten deistischen Vorstellungen, nun aber versehen mit göttlichem Anspruch und mit göttlicher Autorität, wieder zurück. Dergestalt mußte das Credo Newtons und seiner Anhänger die überaus bedeutende historische Auseinandersetzung mit den vor allem in Frankreich aufkeimenden materialistischen und atheistischen Bewegungen tragen. Weil diese physikalische Weltsicht jedoch insgeheim die selbe geistige Ausgangsposition hatte, nämlich den Verlust des Wortes, war die Physico-Theologie, ob von aufgeklärter Art oder in newtonischer Konfession, dem Materialismus hoffnungslos unterlegen. Weil der Deismus von seinem nominalistischen Erbe her im Grunde schon das materialistische Denken voraussetzte, war der Materialismus als die konsequentere und mutigere Philosophie anzusehen, wohingegen der deistische Glaube als eine denkerische Halbheit dastand.

Ist es nicht seltsam, daß die geistige Entwicklung des wissenschaftlichen Entwurfes von „Welt" in den letzten dreihundert Jahren hier keinen einzigen Schritt vorangekommen ist? Inhaltlich gesehen ist es durchaus einleuchtend, daß ein Denken, das nicht bis auf die eigentliche Frage zurückkommt, sich entweder im Materialismus verliert, oder aber in den bezeichneten unitarischen Glaubensformen verkümmert, wo es scheinbar aus Gründen der Vernunft dem ein-persönlichen Gott anhängt. Dort gilt Christus als bloßer Mensch, der wegen seines vollkommenen Gehorsams in den Himmel erhoben und mit der Weltregierung betraut wurde, und Jesu Lehre und Beispiel ist zwar der Weg zur Erlösung, aber das Sakrament, vor allem die Eucharistie, ist nur ein frommer Brauch, eine leere Zeremonie. [136]

Wiederum – dieses Christentum ohne Christus, das nur den Jesus von Nazareth kennen will, dieses „aufgeklärte" Scheinchristentum ist, wenn man sich umsieht, auch heute noch beinahe der einzige „Glaube" zu dem es das sich als glaubend bezeichnende Bildungsbürgertum in Europa und in Nordamerika noch bringt. Thomas Jefferson, der Verfasser der amerikanischen Unabhängigkeitserklärung, hat übrigens eigens eine Unitarier-Bibel verfaßt, in der all jene Stellen ausgestrichen sind, die Christus als Gott kennzeichnen. [137]

5. Der aufgeklärte Materialismus

Das für die nächsten Jahrhunderte das Abendland bestimmende Weltbild verhärtete in diesem Punkt wegen des Scheiterns Newtons noch mehr; von nun an steht, wissenschaftlich gesichert, für alle Ignoranten fest:

Gott ist der absolute, das heißt, der letztlich von der Welt abgetrennte Erbauer oder Architekt der Welt, und die Welt läuft starr nach den göttlichen Gesetzen ab.

Wenn man die Herkunft des neuzeitlichen Materialismus aus dieser Art von Deismus bedenkt, tritt ein Aspekt zu Tage, der von der gängigen Philosophiegeschichte in der Regel übersehen wird, die Tatsache nämlich, daß der Name „Materialismus", so gebräuchlich er auch sein mag, den wahren Sachverhalt nicht trifft, insofern nämlich der Ausgangspunkt des neuzeitlichen Materialismus nicht wirklich die Materie ist: Der neuzeitliche Materialismus ist nicht aus einer wie auch immer gearteten Na-

---

[136] So der Rakauer Katechismus von 1609, hier gezeichnet nach der Darstellung von Alois Knöpfler, Lehrbuch der Kirchengeschichte, Freiburg i. Brsg. 1920, S. 641 f.
[137] Dazu: Betty Jo Teeter Dobbs a. Margaret C. Jacob: Newton and the culture of Newtonianism; New Jersey 1995, S. 95, ff.

turverehrung oder Naturwissenschaft erwachsen, vielmehr hat diese sich erst aus ihm ergeben.

Man müßte, wollte man historisch und inhaltlich korrekt sein, von einer „physikalistischen (anti-) Theologie" sprechen, da der sogenannte Materialismus des Abendlandes in Wahrheit von einer Theologie ausgeht, die nach und nach Gott aus der Welt hinausdefiniert hat. Ein echter Materialismus könnte der Gottesfrage gegenüber indifferent sein, der Materialismus aber, der als geschichtliche Macht in diesen Jahrhunderten entstanden ist, konnte nur polemisch sein, weil er sich aus verneinten theologischen Positionen heraus entwickelt hat. [138]

Noch einmal: Der Materialismus ist das Produkt einer Transformation von vormaligen Glaubenssätzen; der grundlegendste der auf diesem Wege neu formulierten Glaubenssätze ist die Gestaltlosigkeit des Seins. Deshalb ist Gott nicht mehr wirklich der Schöpfer- und Erlöser-Gott, sondern nur mehr der Hersteller-Gott, der schließlich und in aller Konsequenz aus der nun als Mechanismus vorgestellten Welt herausfallen konnte. Diese Weltanschauung ist kein echter Materialismus, sondern eine „Theologie", wenn auch eine durchaus seltsame: Die „Theologie der gottverlassenen Welt!" Zu welchen fürchterlichen Auswirkungen diese „Theologie der gottverlassenen Welt" noch kommen wird, wird sich zeigen.

Was hier zunächst auf geistigem Gebiet geschieht, ist wesentlich mehr, als es den Anschein hat. Es spielt sich darin der alte Kampf zwischen Erde und Himmel ab: Nachdem die Welt, die erst in Gedanken ganz und gar dem Göttlichen entrissen worden war, zum bloßen Gegenstand geworden ist, konnte sich der

---

[138] Am ehesten könnte bei der Philosophie Epikurs von einem „echten" Materialismus die Rede sein: Für Epikur ist der Materialismus das letzte Wort über die Welt, aber trotzdem stellt er die Existenz der Götter nicht in Frage. Diese haben sich in den Himmel zurückgezogen, um den Menschen die Erde zu überlassen, damit sie dort in der ihnen eigenen Freiheit walten, und den ihnen zustehenden Frieden haben mögen. Der Materialismus Epikurs hat es, ganz anders als der neuzeitliche Materialismus, nicht nötig, in eine Feindschaft gegen alles Göttliche umzuschlagen. Von daher gesehen ist der „wissenschaftliche" Materialismus ein Anti-Mythos: der Mythos vom Kampf der Titanen gegen die Götter. Vgl. dazu: Walter F. Otto: Epikur.

Mensch an die Stelle Gottes setzen, garantiert ihm doch das Mechanische jene Macht und Gewalt, die er braucht, um über die Welt herrschen zu können. Der Preis seiner neuen Herrschaft freilich war groß, wie das bei solchen Geschäften ja immer der Fall ist: Die Welt wurde ganz und gar den unpersönlichen, weil mechanischen Gewalten ausgeliefert.

Die Naturgesetze, in denen Newton noch die göttliche Vorsehung gesucht hatte, ja in denen Newton die Garanten der Vorsehung sah, weshalb er in ihnen die Grundlage allen Weltgeschehens sehen wollte, genau diese Naturgesetze wurden zum Ersatz für die himmlische Vorsehung. In ihnen ist das je augenblicklich freie Walten Gottes verkehrt in ein Netz von Notwendigkeiten kausaler Art. Die darauf folgende Hochstilisierung der Naturgesetze zu Herrschaftsmächten bedeutet einen Rückfall des Denkens in ein vorchristliches Stadium, das die Welt unter die Herrschaft von grausamen und unmenschlichen Wesen gestellt sieht, unter die Herrschaft jener Mächte, die man im alten Griechenland die „Titanen", im christlichen Bereich „Dämonen" nannte.

Einmal davon abgesehen, daß das Christentum die Erlösung verkündet hatte, hätte alleine schon der griechische Mythos vom Sieg der Olympier über die Titanen, wie auch Platons Lehre, wie sie im Timaios (30 b5 - c1) ausgesprochen ist, daß die Welt ein vernünftiges Wesen habe, das Ende dieser Gewaltherrschaft verkündet. Jetzt aber sollte all das wieder verloren gehen, und die Geschichte wie die Natur erneut der Herrschaft durchwegs herz- und geistloser Mächte ausgesetzt werden.

❖

Aber noch nicht genug damit: Mit der Leugnung des Wesens Christi, das heißt seiner göttlichen Natur, verfiel der volle Begriff der Schöpfung, so daß die Welt und die Dinge in ihr den Bezug auf das Urbild, aus dem sie hervorgegangen waren, verlieren mußten. Die Welt wurde leer und wesenlos, sobald Gott nur mehr als der Hersteller der Welt gelten durfte. Die Welt wurde nur mehr als Gegenstand vorgestellt, so daß das Wunder des Seins und die Ungeheuerlichkeit des Werdens zu einem mechanischen Ablauf verkamen.

Wenn man, wie es von nun an geschah, von einem Kalkül der Notwendigkeiten als dem Grundmuster allen Naturgeschehens ausgeht, ist es unmöglich, einen Eingriff Gottes in das Weltgeschehen anzunehmen. Warum denn sollte Gott die Naturgesetze, die er selbst aufgestellt hat, aufheben? Das so definierte „Wunder" ist ein intellektueller Grenzfall, von den Theologen wegen der darin mitausgesagten Hilflosigkeit Gottes nicht haltbar, von den Physikern wegen ihrer naturwissenschaftlichen Paradigmen nicht zu akzeptieren: Daß Gott, den man zuvor aus der Welt ausgeschlossen hatte, nun alle die von ihm aufgestellten Gesetze auf den Kopf stellend, von neuem in die Welt eingreifen sollte, das ist weder ein physikalischer Wunderbegriff, noch ein theologischer. Das heutige Denken ist so sehr in das Netz physikalischer Vorstellungen versponnen, daß sogar manchem Theologen das Wunder wegen der Allherrschaft der Naturgesetze als unmöglich erscheint.

Dabei ist das Wunder alles andere, als nur der Ausnahmefall einer an sich fest determinierten Welt, das Wunder ist die Grundtatsache des Daseins der endlichen Welt überhaupt. Wegen ihrer Herkunft aus der Allmacht, aus der alle Wirklichkeit wissenden Weisheit Gottes, und aus der alle Welt tragenden Liebe Gottes stehen die Dinge der Welt, wie die Welt als Ganze, in einem so unmittelbaren Verhältnis zur Wirklichkeit Gottes, daß das Wunder als der Grund aller Wirklichkeit zu gelten hat. Weil die Freiheit Gottes der Anfang der Dinge ist, bleiben die Dinge von einer geradezu ungeheuerlichen Spontaneität gehalten. Nicht der Mechanismus ist der Regelfall der Wirklichkeit, sondern die Freiheit. Die Notwendigkeit von der Art eines Mechanismus ist nur ein Grenzfall innerhalb des Ganzen der Wirklichkeit. Nur dort, wo die Freiheit verlorengegangen ist, verfallen einzelne Teilmomente der Welt einer scheinbar starren Notwendigkeit; dies gilt für die geistigen und die psychischen Dinge, wie für den atomaren und subatomaren Bereich.

Die Zeit der Renaissance brachte mit dem endgültigen Verfall der Vorherrschaft der geistig-gestalthaften Welt ein neues pseudoreligiöses Ideal in Geltung: Die Naturwissenschaft war von nun an jene Instanz, von der man eine Antwort auf alle Fragen des Daseins erwartete. Das Projekt der universellen Wissenschaft konnte von nun an ungeniert seine Ansprüche auf alle Bereiche der Wirklichkeit geltend machen. Neue, teils geheime, teils ganz offizielle Vereinigungen wurden gegründet, in denen die systematische Unterwerfung der Welt unter die neue Wissenschaft und unter ihre Zwecke in allen Gesellschaften der zivilisierten Welt vorbereitet und propagiert werden konnte.

In ihren alchemistischen Zweigen suchte die neue Wissenschaft eine neue, man nannte sie die „hermetische" Weltsicht, an die Stelle der bisherigen aristotelisch-platonisch-christlichen Philosophie zu setzen. Dabei ging es darum, die göttlichen Geheimnisse zu entdecken, um sie für eine neue, noch zu schaffende Kultur fruchtbar, genauer gesagt ausbeutbar zu machen. Die Studien aller möglichen „okkulten" Dinge sollten den Priestern des neuen Glaubens und den Angehörigen der neuen wissenschaftlichen Kasten dazu verhelfen, angefangen bei der Verwandlung unedler Metalle in Gold, nach und nach die ganze Welt unter ihre Herrschaft zu bringen, um selbst, ganz nach dem Vorbild des Hermes Trismegistos, Gott gleich zu werden.

Das Reich der Gnade schien nun endlich, jedermann verfügbar zu sein, ohne daß es zuvor der Erlösung durch Christus bedurft hätte. Von nun an kam es in Mode, zu meinen, durch Wissen und wissenschaftliche Kunst sich selbst erlösen zu können, beziehungsweise zu müssen.

V. Die verlorene Wahrheit des Wortes

1. Die Macht des Wortes

Wie sehr das Denken dieser Zeit die Welt nur mehr als Mechanismus kennt und kennen will, zeigt sich daran, daß von nun an jene Seite der Erkenntnis immer deutlicher in den Vordergrund tritt, die mit dem Streben nach Macht zu tun hat. Sir Francis Bacon von Verulam (1561-1626) hat die für das technische Zeitalter maßgebende Formel „Wissen ist Macht" geprägt. [139]

Mit seinem Namen sind einige Schritte, die für den Übergang von der scholastischen Gelehrsamkeit hin zur systematischen Forschung nach dem Vorbild moderner Naturwissenschaft entscheidend waren, verbunden.

Man rechnet es Francis Bacon in der Wissenschaftsgeschichte als ein Verdienst an, daß er das Unternehmen der naturwissenschaftlichen Forschung von der Oberhoheit des „kirchlichen Dogmas" und von der Einmischung philosophischer „Spekulation" befreit habe. Um auf die Vorwürfe dieser Art eingehen zu können, sind noch einige ideengeschichtliche Inhalte heranzuziehen:

Es wurde gezeigt, daß der Verlust, beziehungsweise die Leugnung des Urbildes den Kern des Mißverständnisses um die Wirklichkeit der Dinge im einzelnen, wie der Welt als ganzer ausmacht. Der bisherige Nachvollzug der Geistesgeschichte ist bis dorthin gekommen, wo der Ausfall der urbildlichen Dimension des Seins dazu geführt hat, daß die Erkenntnis von Wahrheit als unmöglich angesehen werden mußte, woraus die Leugnung von Wahrheit überhaupt resultierte. Auch konnte die dahinter waltende Verabschiedung der Seinsqualität aller Wirklichkeit, weg vom personal-gestalthaften Zuspruch und hin zum rein quantitativ bestimmbaren und in sich bedeutungslosen Ablauf mechanistischer Kräfte aufgezeigt werden. Damit ist jener Punkt er-

---

[139] In: Essays: 2. Aufl. 1598 2. Abt., XI; nach W. Röd: Der Weg der Philosophie I, S. 451 ff.

reicht, wo danach zu fragen ist, warum denn der Mensch sich überhaupt dazu hinreißen läßt, die Wahrheit, die für sein Dasein ja alles ausmacht, preiszugeben.

❖

Das Wort „Wissen ist Macht" sagt ein Grundverhältnis aus, das sich schon in der sachlichen Zusammengehörigkeit des Wissens mit dem Wort andeutet: Ein Wissen ist nur im Wort gegeben, so daß das Wort der eigentliche Garant für die Macht ist, denn nur der, der die Dinge überblicken kann, kann gezielt auf ihre Entwicklung einwirken. Wer des Wortes mächtig ist, ist zur Herrschaft über die Dinge (und, würde man das Wort „Herrschaft" richtig verstehen: zum Dienst an ihnen) bestellt.

Der Mensch ist jenes Wesen, das etwas wissen will. Sein Wille, zu wissen, geht unendlich weit über das Maß biologischer Notwendigkeit hinaus. Der Mensch ist weder in seinem Vermögen, zu erkennen, noch in dem, was ihn etwas anginge, auf irgend etwas beschränkt. Es ist die Welt als solche und als ganze, die ihn interessiert und die ihn zu interessieren hat, denn jede Einschränkung des Gegenstandes geistiger Erkenntnis würde die Möglichkeit von Erkenntnis als solche zunichte machen, was damit zusammenhängt, daß jenes, was die Erkenntnis einer Sache zuletzt ermöglicht, nicht einfach das Ding, nicht einmal nur die Gestalt eines Dinges ist, sondern das Urbild. Dieses ist dem Sein aller Dinge, und nicht nur dem einzelner Sachen vor- und mitgegeben, es ist ein Seins-Grund, d.h. erkennen heißt, den Seinsgrund überhaupt zu fassen.

Der urbildliche Anspruch der Dinge, der vermittelt durch die Gestalt der Dinge an den Menschen ergeht, wird ihm in der einzelnen Erkenntnis zum Maß der Wahrheit. Mit diesem Anspruch, der die Erkenntnis begründet, ist aber auch schon ein ethischer Anspruch mitgegeben: Das, was der Mensch als richtig und recht erkennt, wird ihm zur Norm seines Tuns. Das Verbindungsstück zwischen dem Gegenstand seiner Erkenntnis und dem Erkennenden selbst ist aber wiederum nicht von der Art eines Mechanismus, sondern es ist die Freiheit seines Willens. Wir kennen es aus eigner Erfahrung: Der Mensch sieht grundsätzlich nur das ein, was er auch einsehen will. Die Erkenntnis trifft ihn an genau jener Stelle, wo er frei ist, so daß einer Wahrheit immer die Entscheidung zur jeweiligen Wahrheit vorausgeht. Der menschliche Geist ist nicht einfach wie ein Behälter, in den eine Wahrheit einfallen würde; nur als freies Subjekt ist der Mensch der Wahrheit anteilig, denn nur für ein Wesen, das in der Gestalt seiner Wesenheit die Freiheit trägt, gibt es Wahrheit, und damit Wissen.

Dabei bedeutet aber längst nicht jedes Wissen oder jede Wahrheit für den, der sie hat, daß er damit auch mächtiger geworden sei. Meistens und fürs erste ist das Gegenteil der Fall, daß nämlich eine Einsicht, sobald sie einen trifft, etwas von ihm fordert. Jede Einsicht ist, sobald sie ins Wesenhafte geht, eine Einsicht in das, was gut oder böse ist, und als solche hat sie den Charakter, daß sie etwas verlangt, nämlich das, zu tun, was als gut erkannt wurde, und das zu lassen, was als böse erkannt wurde.

Wenn jemand zum Beispiel durch die Stadt fährt, und es läuft ihm ein Kind vor das Auto, dann kann er nicht einfach so tun, als sei das in Wirklichkeit gar nicht so gewesen, oder als hätte er das nicht gesehen, selbst wenn er es noch so eilig hat. Er wird auf die Bremse treten, mit einer solchen Gewalt und in einer solchen Schnelligkeit, daß er darüber erschrecken wird, wie viel an Eigenwirklichkeit von Welt aller „Subjektivität" zu trotz ihm selbst in der Bewegung seiner Füße vorgegeben ist.

Tatsächlich ist der Mensch in jedem Augenblick so von der Wahrheit der Wirklichkeit, in der er sich vorfindet, in Anspruch genommen, daß er gar nicht anders kann, als das zu tun, was die Situation ihm vorschreibt; so erleben wir es Tag für Tag, und wir würden uns schwer darüber beklagen, wenn es einmal anders wäre. Die Gegenwart hat die Bestimmung über das Subjekt, und nur ein Dummkopf wird es mit Freiheit verwechseln, gegen das Erfordernis des Augenblickes zu handeln. Es stimmt einfach nicht, wenn gesagt wird, wir würden die Wahrheit besitzen – mindestens genau so gut besitzt die Wahrheit uns.

Es ist also längst nicht jedes Wissen gleichbedeutend mit Macht, und nur eine ganz bestimmte Art von Wissen verleiht mehr Macht, als es Ansprüche stellt: das Wissen um das rein Vorgangshafte einer Sache. Und weil zudem jener Fall, daß der Gegenstand der Erkenntnis so ist, daß er tatsächlich den subjektiven Machtbestrebungen entspreche, insgesamt gesehen doch recht selten ist, kann man sich nur dort, wo es sich um ein Wissen handelt, das dem Anspruch der Gegenwart gegenüber indifferent ist, eine Steigerung seiner „Macht" erwarten. Jene urbildliche Bedeutungshaftigkeit aber, die der Welt und den Dingen in ihr Innerstes gelegt ist, so daß sie das Erkenntnisvermögen über die Gestalt anspricht und ihr so vermittelt ist, ist dem menschlichen Machtbestreben an sich nicht dienlich.

❖

Genau hier ist jener geistesgeschichtlich so wichtige Übergang, für den der Name des Sir Francis von Bacon steht: Die Gestalt, also die „forma", die noch im scholastischen Denken für die Wesensgestalt der Dinge stand, die aus dem Wort, das Gott selbst ist, hervorgegangen ist, wird bei ihm zur bloß äußerlichen Erscheinungsform der Dinge, zur mathematisch beschreibbaren Ausdehnung. Die Gestalt, die im scholastischen Denken noch die Vermittlerin des Seins war, und die den Seinsgrund für die Materialität stellte, wird nun zu einem nichtssagenden Anhängsel der Materie.

Bacon nennt es ein „Trugbild" (ein „Idol"), wenn von der Finalursache die Rede ist. [140] Alles, was bedeutungshaft ist, wird mit diesem Wort als Lug und Trug verleumdet, so daß es scheint, als könne erst der von allen Wesenheiten und Qualitäten gereinigte Verstand zu wahrer Naturerkenntnis gelangen. Um genau

---

[140] Vgl. Überweg: III, S. 51.

dieselben Werte und Bedeutungen geht es auch, wenn Bacon sich jede „Einmischung" der Theologie in die Angelegenheiten der Naturforschung verbietet. Was auf den ersten Blick wie ein Streit um die Kompetenz von theologischer und naturwissenschaftlicher Forschung aussieht, ist näher besehen der Anspruch der neuen Wissenschaft, das Sein der Welt und der Dinge im Vorhinein abseits von jeder Wesenseinsicht festzulegen. [141]

Wenn die Schöpfung mit all ihren Inhalten eine Tatsache ist, die dem Sein der Welt nicht nur äußerlich ist, sondern, wenn sie eine Tatsache ist, die bis ins innerste Detail die Konstitution aller Dinge bestimmt, dann ist eine Naturforschung, die von der Tatsache der Schöpfung absieht, alles andere als ein unvoreingenommenes Unterfangen, ja sie verkennt die Grundtatsache eines jeden möglichen Gegenstandes von vorne herein, indem sie das Wesen der Dinge von ihrem Seinsgrund ablöst.

Weil nun der erste Seinsgrund zugleich und notwendigerweise der erste Erkenntnisgrund der Dinge ist, hat die neue Wissenschaft die Wahrheit der Dinge ausgeschlossen, noch bevor sie auch nur anfängt, eine einzige Sache zu beschreiben. Die Naturwissenschaft, an die Bacon den Anspruch stellte, sie solle ein möglichst „glatter Spiegel" [142] sein, in dem sich die Wahrheit der Dinge selbst zeigen könne, verfälscht die Natur der Dinge aufs gröbste. In ihrer Sichtweise scheinen kaum die rauhesten Umrisse der Dinge auf, und die Wesenheit der Dinge wird verzerrt bis hin zur Chimäre. Eine Theorie, die, wie Bacon es forderte, nur

---

[141] Hierher gehört eine kurze Anmerkung über das Dogma: Eine dogmatische Aussage stellt den Versuch des kirchlichen Lehramtes dar, die Geheimnisse des Glaubens in ihrer Bedeutung zu wahren, insbesondere gegen die Angriffe einer Vernunft, für die nur die logische Richtigkeit der raum-zeitlichen Vorgänge zählt. Die Formulierung des Dogmas ist deshalb zumeist eine negative: Es wird gesagt, wie etwas nicht zu verstehen ist, bzw. welche Aussagen auf Mißverständnissen beruhen, so daß sie mit dem Inhalt der geoffenbarten Glaubenswahrheit nicht vereinbar sind. Nur eine Naturwissenschaft, die ihrerseits das Recht beansprucht, in Konkurrenz zum kirchlichen Dogma Aussagen von dogmatischer Art über Gegenstände zu machen, die nur geglaubt, nicht aber wissenschaftlich bewiesen werden können, kann dahinter eine unzulässige Einmischung der Kirche vermuten.
[142] Vgl. Röd: Der Weg der Philosophie, S. 455.

im Dienst der Praxis steht, ist also eine Theorie, der es nicht wirklich um die Wahrheit der Dinge geht, sondern vielmehr um deren Brauchbarkeit.

Francis Bacon spricht ausdrücklich davon, der „natura vexata", der gequälten Natur, die Geheimnisse in einer „peinlichen Befragung" entlocken zu wollen. [143] Die Anspielung auf die staatlich organisierte Inquisition ist nicht zufällig, denn Francis Bacon war der Generalstaatsanwalt von König James I, [144] in dessen Diensten stehend er gleichzeitig Ketzer und Hexen verfolgte, und die staatliche Forschungspolitik einführte. [145]

Unter dieser Konstellation konnte der Siegeszug der Naturwissenschaft erst richtig losgehen: Die Forschung verbündete sich mit dem Staat, um das Reich der Wahrheit der Zugehörigkeit zum religiösen Bereich zu entreißen, um sie, für herrschaftliche Zwecke mißbrauchend, letztlich systematisch zu zerstören.

Die Wissenschaft führt es uns tagtäglich vor Augen: Ein Denken, das dem urbildlichen Anspruch der Gegenwart auskommen will, stellt Fragen, die im Vordergründigen bleiben, um andere, wesentlichere Fragen nicht stellen zu müssen. Und sobald ein Phänomen in seiner räumlichen Äußerlichkeit erschlossen ist, ist dieses Denken auch schon fertig mit der Sache; es hat ‚keine weiteren Fragen mehr", um im Sprachgebrauch der Juristen zu bleiben. Das heißt nun aber leider nicht, daß damit jenes Schweigen einsetzen würde, das die eigentliche Voraussetzung für das freie Sich-Zeigen der Wahrheit ist, im Gegenteil jetzt setzt der Lärm der technischen Weltbemächtigung ein. [146]

Nur wer weiß, wie etwas funktioniert, und wer die Gründe

---

[143] Vgl. Röd: S. 453, und Pieper: Verteidigungsrede für die Philosophie, S. 103.
[144] Vgl. Capra, Fritjof: Wendezeit S. 54. Bern, München, Wien, 1986.
[145] Vgl. Röd: S. 452.
[146] Josef Pieper nennt gerade das Schweigen die eigentliche Tugend des Philosophen, denn nur in jener absoluten Stille, die nicht einmal durch eine Frage gestört ist, kann das reine Vernehmen von Wirklichkeit sich ereignen. Dies, so Pieper, sei auch der eigentliche und ursprüngliche Gehalt des Wortes „theoria". Vgl. Josef Pieper: Verteidigungsrede für die Philosophie, in: Schriften zum Philosophiebegriff, S. 102 f : „... allein das selber Unsichtbare ist durchsichtig, und nur der

kennt, aus denen heraus etwas entsteht, kann die Zukunft verändern. Dieses Paradigma gilt in der Physik wie in der Psychologie, in der Wirtschaft wie in den Bereichen sozialer Wissenschaft; nur das technische Wissen ist ein Wissen, das zu Macht verhilft. Unser Jahrhundert ist voll von Erfindungen, Projekten und Versuchen, die nicht eigentlich der Wahrheit dienen wollen, die vielmehr kein anderes Ziel haben, als eine Utopie zu verwirklichen.

Vollends kann eine Philosophie, wie sie sich aus diesen Grundpositionen ergibt, zu nichts anderem taugen, als dazu, die totale Atomisierung des Anspruchs der Gegenwart mit geradezu ungeheuerlicher Raffinesse zu betreiben.

2. Die Mechanik als Methode der Vernunft

In ganz besonderem Maße trifft diese Aussage auf die Philosophie Kants zu, denn diese hat das Machtwissen zum einzigen den Kriterien wirklicher Einsicht standhaltenden Denken erhoben. Die Philosophie Kants rationalisiert alle Gestalthaftigkeit aus dem Denken heraus, was durchaus verständlich ist, wenn man nur einsieht, daß die Gestalthaftigkeit des Seins der eigentliche Widersacher des menschlichen Machtstrebens ist, welches bei Kant auch noch als „praktische Vernunft" idealisiert wird.

Die Weltsicht Newtons ist in der Philosophie des „deutschen Idealismus" zum gültigen Weltbild der folgenden Jahrhunderte erhoben worden.

Das folgende Wort Kants spricht es in aller Deutlichkeit aus:

„*Natur überhaupt ist Gesetzmäßigkeit der Erscheinung in Raum und Zeit.*" [147]

Schweigende hört. Und zwar muß, je radikaler der Wille zu hören aufs Ganze geht, desto tiefer und vollkommener das Schweigen sein."
[147] Immanuel Kant: Kritik der reinen Vernunft, B, (1781) S. 165.

Die Natur ist nicht mehr, wie man es erwarten würde, der seinsmäßig der Naturwissenschaft vorgegebene Gegenstand, sondern die Natur wird selbst als eine Anschauungsform ausgegeben, wodurch es in einem zweiten Schritt möglich ist, alles, was ist, als den möglichen Gegenstand der Naturwissenschaft zu bestimmen. Aber nicht genug damit, auch die erkenntnistheoretische Vorbedingung einer jeden Naturwissenschaft, die durchgängige Geltung des Kausalzusammenhanges, welche eine Sinnhaftigkeit von Naturwissenschaft erst garantieren soll, wird in das Wesen der Natur hineingelegt.

So scheint das Gelingen der Wissenschaft für immer und ewig verbürgt und abgesichert zu sein. Einzig eine Analyse der erkenntnistheoretischen Zusammenhänge, wozu Kant weder die Fähigkeit, noch die Neigung hatte, könnte noch aufdecken, daß diese Sicherheit von der Art einer Ideologie ist: Das eine bestätigt das andere, und dieses ist wiederum eine Vorbedingung für die Gültigkeit des ersteren. Das Denken kreist durch die Jahrhunderte hindurch unbeirrbar nur mehr um sich selbst.

In den Werken Immanuel Kants ist diese Philosophie gegen das Wort mit einer geradezu unverschämten Konsequenz bis ins Detail hinein ausgeführt, so daß selbst die Wahrheit, die ungeschützte Tochter der urbildlichen Ideen, nur mehr als ein Entwurf des menschlichen Geistes gilt. Dieses versponnene Konstrukt nennt Kant wie zum Hohn dann auch noch einen „Idealismus". Das Grundgerüst dieses Entwurfes zeigt sich, wenn auch zunächst verborgen unter einer dicken Decke von Unrat von Fremdwörtern und fehlerhafter Grammatik, als recht primitiv: Kant verband das Ideal der methodischen Exaktheit, wie er es im Rationalismus eines René Descartes kennengelernt hatte, mit dem ihr entsprechenden mechanistischen Grundansatz Newtons. Dabei hat die Übereinstimmung von Rationalismus und Mechanik ihren Grund einzig darin, daß zum einen das Denken als die rechnerische Verarbeitung von Sinnesreizen, also von mechanischen Einwirkungen gilt, die eben jenes Denken als den Grund der Natur ausmachen will. Umgekehrt stellt man sich die Natur als streng eben jenen mechanischen Gesetzen unterworfen vor, die die Stringenz eines Denkens, das nur der Logik der mathematischen Formen verpflichtet ist, ausmacht. Wo die eine Verkürzung der anderen entspricht, kommt am Ende alles auf das Gleiche hinaus. Die Welt scheint in Ordnung zu sein, das Karussell kann sich weiter drehen.

Das vordergründige Grundanliegen der philosophischen Anstrengungen Kants besteht darin, der sogenannten „Bedingung der Möglichkeit von Erkenntnis überhaupt" nachzugehen. Wenn die „Kritik der reinen Vernunft" fragt: „Wie ist Metaphysik als Wissenschaft möglich?"[148], dann soll die darin so großartig klingende „transzendentale Frage" auf die Bedingung der Möglichkeit von Erkenntnis zurückgehen, womit dann aber doch nichts weiter gemeint ist, als die Frage nach dem, was denn im Erkennenden vorausgesetzt sein müsse, damit Erkenntnis als wahre Erkenntnis gewährleistet sei.

Kant verkürzt die Frage nach der Wahrheit bis hin zu deren Entstellung, wenn er sich nur darum bemüht, das Erscheinen der Dinge für den Menschen zu klären. Indem er das Wesen der Dinge als bloße „Vorgegebenheit für die Sinnlichkeit" nimmt, das heißt, indem er die Dinge als bloß vorhanden ansieht, fällt jede Rückfrage nach dem, was sich hinter der Erscheinung verbirgt, beziehungsweise die Frage danach, was sich in ihr überhaupt zeigen will, weg. So bedeutet für Kant das Wort „Erscheinung" die bloße Vorgegebenheit von Material für die Sinnlichkeit, aus deren Daten nun die Erkenntniskraft in einer „synthetischen Leistung" mithilfe der „Kategorien des Verstandes" eine Einsicht hervorzaubern soll.

Daß das im Grunde Unfug ist, wird Kant, selbst wenn er es selbst bemerkt haben sollte, nur wenig gestört haben, denn er baut aus den schändlichen Überresten der einst so großartigen menschlichen Wahrheitsfähigkeit ein ganzes Reich der „praktischen Vernunft" auf, in welchem ein realitätsloser Entwurf von Vorstellungen eine ganze Welt der Sittlichkeit begründen soll.

---

[148] Kant: Kritik der reinen Vernunft, B 41.

Darin bleibt freilich die dem Sein der Welt zugrundeliegende Wahrheit ein für alle mal verloren, nennt doch in der Schreibweise Kants das Wort „Ding" nur mehr das der menschlichen Erkenntniskraft vorgegebene Bündel an Eigenschaften, welche diese über die sinnliche Affektion berühren sollen. Daß sich dahinter nichts weiteres mehr verbirgt, fällt Kant und seinen Anhängern nicht auf, weil darüber, was ein „Ding" ist, im voraus schon andernorts entschieden ist.

Zwar gibt es in der philosophischen Tradition noch Hinweise darauf, daß die Wahrheit der Dinge aus Gott hervorgegangen sei, doch fällt es Kant nicht ein, diese Tatsache auch nur irgendwie mit der menschlichen Erkenntnis in Verbindung zu bringen. In der Frage nach dem „Ding-an-sich" berührt Kant alle wesentlichen Motive, die er bräuchte, um dem Wesen der Wahrheit gerecht zu werden, doch er findet keine Möglichkeit, sie zu ihrer ursprünglichen Einheit zusammenzubringen.

Kant argumentiert so: Gott weiß als der Erschaffer der Dinge entsprechend seines Entwurfes von Welt genauestens um die Dinge; weil die Dinge aus seiner Vernunft hervorgegangen sind, ist ihm das An-sich der Dinge gegeben, wohingegen der bloß rezipierenden Vernunft des Menschen, die auf das sinnliche Gegebensein der Dinge angewiesen ist, da sie ja nicht am Anfang der Dinge stand, das An-sich der Dinge verborgen bleiben muß, so daß sich dem endlichen Wesen die Dinge nur wie im Anschein, also im „Für-ihn" zeigen.

Die menschliche Erkenntnis ist bei Kant in keiner Weise mehr vom Urbild gehalten, das ja in den Dingen gegeben wäre, wenn man nur deren Gestalthaftigkeit ernst nehmen würde. Doch weil er die Wahrheit Gottes gegen die dem Menschen mögliche Wahrheit ausspielt, muß ihm genau das fremd bleiben. Damit rutscht die Welt ganz und gar in die Vorstellungshaftigkeit ab. Eine eventuelle Erkenntnis von der Wirklichkeit kann selbst dort, wo sie noch angezielt ist, nie und nimmer bis auf die Gestalt der Dinge, und schon gar nicht bis auf das Urbild durchdringen, so daß die menschlich Vernunft vom „An-sich", in dem sich das Urbild verbergen könnte, abgeschnitten ist, entsprechend dem, wie zuvor schon die Dinge vom Gestalthaften abgeschnitten worden sind.

Die menschliche Erkenntnis hat es somit nur mit dem Schein der Dinge zu tun, was alle Wahrheit relativiert. So rührt kein Geist mehr an das Wesen der Dinge, geschweige denn, daß er hinreichte bis an den Ort ihrer Herkunft, an die schöpferische Vernunft Gottes. Konsequenterweise bleibt im Entwurf Kants die Vernunft des Menschen absolut auf den Bereich der Vorstellung der Dinge oder der Vorstellung von „Welt" beschränkt. Wo das Denken die Wirklichkeit so grundlegend ausschließt, bleibt dem Menschen nichts anderes mehr übrig, als sich, um sich selbst kreisend, vom Realen und dessen Funktionsmechanismen her zu bestimmen, um so zum Teil einer zudem mechanistisch mißverstandenen „Natur" zu werden. Der Verlust von Wahrheit nimmt es hier für sich in Anspruch, das, was Wirklichkeit sein und bedeuten kann „a-priori" festzustellen. Die Hülle der Verneinung der Wahrheit ist geschlossen.

„Gott", bisher der Inbegriff der Herkunft alles Seins und alles Wirklichen, wird zum bloßen „Postulat" der praktischen Vernunft degradiert, die Moral wird zur „Essenz der Welt"; der „bösartigste Irrtum", wie uns Nietzsche gewarnt hat. Wenn der Mensch nur mehr aus den Umständen lebt, wird die Freiheit zur Beliebigkeit des Bestimmtseins von nunmehr „frei" wählbaren Determinationen. Kants „Selbstgesetzgebung" bleibt in der Konsequenz dieser, jegliche Freiheit von vorne herein ausschließenden Ausgangsposition, mag sie sich noch so freiheitlich gebärden.

Mit einer Endgültigkeit und Entschlossenheit, die es bei keinem Denker vor ihm gegeben hat, nimmt Kant der Welt als solcher den Charakter der Wirklichkeit. Es ist kein Wunder, daß seither das Denken überhaupt im Verruf steht, nur mehr ein Verrechnen von Eindrücken zu sein, nichts anderes als die Einteilung von „Apperzeptionen" in „Kategorien", die bei Kant als Denk-Schematas definiert werden, die eine an sich inhaltslose Welt in ein Raster von Aussagemöglichkeiten einordnen sollen. Alle Einsicht bewegt sich demnach nur im Scheinbaren, (im Fürmich zeigt sich kein An-sich), nichts kann mehr eine Forderung an den Menschen stellen, nichts mehr spricht ihn an, zu nichts mehr ist er verpflichtet, außer zur Pflicht selbst, denn nichts mehr ist wirklich.

Ein scheinbar unendliches Reich der Freiheit tut sich für den Menschen auf, der nicht mehr in einer Welt lebt, die ihn auch nur irgendwie ansprechen könnte. Der Mensch ist nicht mehr der Hörende des göttlichen Zuspruchs von Wahrheit, sondern ein Autist! Die Vernunft gilt nur mehr als Intelligenz, das Empfinden als leere Eindrucksverarbeitung, das Leben nur mehr als wesenlose Produktivität.

Kant war der erste Erdkundelehrer, der von einem Zeitgeist, der von der Wahrheit der Welt nichts mehr wissen wollte, zum Philosophen erhoben wurde: Der König der Philosophen von Gnaden der Zerstörung der Wahrheit und ihres absoluten Anspruchs.

Auf dem von Kant vorbereiteten Boden, hervorgehend aus der Verwechslung der Wahrheit mit der richtigen Vorstellung, wird in der folgenden Zeit die Naturwissenschaft in Gestalt der Physik und der Biologie vollends den Ausverkauf des Menschen und der Welt an das Wesenlose organisieren.

VI. Der Verlust der Welt

1. Das unverfügbare Geheimnis

Das Sein hat eine Tiefe, die letztlich aller menschlichen Verfügung entzogen bleibt. Jeder ernsthafte Wissenschaftler, jeder redliche Denker stößt mehr oder weniger jeden Augenblick an die Grenzen dessen, was ihm erkennbar ist. Ein „absolutes" Wissen haben zu wollen, ist wissenschaftlicher Selbstbetrug, denn die Geheimnishaftigkeit ist eine innere Bestimmung des Seins selbst. Alles, was ist, ist geheimnisvoll.

Diese Tatsache ist bei jeder Einzelerkenntnis hintergründig miterfahrbar. Das Geheimnis des Seins kommt nicht von da her, daß unsere Erkenntniskraft einfach zu schwach wäre, um hinter alle Dinge blicken zu können, dies würden wir erstens als eine Unwissenheit erleben, keinesfalls aber als Geheimnishaftigkeit, und zweitens können wir ja tatsächlich unterscheiden, daß und wenn die Dinge deutlich erkennbar, und wenn sie geheimnisvoll sind. Es ist die Wahrheit selbst, die es liebt, sich zu verbergen. Das Sich-Zeigen der Dinge ist in der Freiheit der Dinge begründet, letztendlich in der Freiheit jenes Willens, der an ihrem Anfang stand.

Die Wahrheit ist die freiwillige Selbstkundgabe des Wesens der Dinge – diese Aussage ist keinesfalls ein Widerspruch zur Wahrhaftigkeit der Welt, wenn man sie nur vom Personalen her versteht: Die Wahrheit, die als Wort des Vertrauens gesprochen ist, ist viel wichtiger, wertvoller und würdiger, als jede statistische Einschätzung und jedes Wissen um notwendige Zusammenhänge. Das, was uns die Dinge zusprechen, und was sie uns von ihrem Ursprung erzählen, geht uns viel mehr an, als all ihre äußerlichen Eigenschaften: Das Wort ist die Quintessenz der Dinge. Das Wort trägt die Wirkung, denn das Wort ist der Ursprung der Gestalt. Das Wort aber ist frei, und mit ihm die aus ihm hervorgegangene Wirklichkeit.

Die wissenschaftlich organisierte „Wahrheit" dagegen ist schwach und bedeutungslos; [149] die Naturwissenschaft hat nur ein Wissen der Knechtschaft. Sie steht mitten im Teufelskreis des Nichthinsehen-Könnens und des um so radikaleren Bezwingen-Wollens, denn selbst die einzelnen Dinge sind so, daß sie ihr Wesen keineswegs ganz offenbaren. Immer bleibt ein letzter Rest an Verborgenheit, nie zeigt sich die Wahrheit ganz und nackt. Die Dinge, und vielmehr noch die Lebewesen, haben die Neigung, sich der Wissenschaft zu widersetzen. Erst in dem Maße, als das Sein den Charakter seiner Geheimnishaftigkeit verliert, wird es verfügbar.

Auch ist das Reich der Wahrheit dem Menschen nicht frei zugänglich, so daß der Mensch in dem Maße, als es ihm um das Gestalthafte geht, das heißt, insofern, als er eine „Wissenschaft" betreibt, die nicht nur den Bereich des Herrschaftswissens ausweiten will, gehalten ist, das Sich-Zeigen der Dinge abzuwarten. Im einzelnen erfährt sich der Wissende als ohnmächtig, denn gegenüber der Wahrheit ist er fürs erste der Angesprochene, der, der von der Wahrheit in das Vertrauen gezogen wird und der ihr gegenüber in die Verantwortung gestellt ist.

❖

Das erlebt der heutige Mensch als einen höchst unbefriedigenden Zustand; er will „maître et possesseur de la nature" sein, „Herr und Besitzer der Natur". [150]

---

[149] Hierfür ist die Wandlung sehr bezeichnend, die das Wort „Qualität" im Laufe der Jahrhunderte durchgemacht hat: In der Scholastik kennzeichnete es die Verschiedenheit der Wesenheit der einzelnen Gestalten der Welt. So wurde es als eine „Qualität" des Baumes angesehen, daß er in sich die Festigkeit und Standhaftigkeit versammelte, im Unterschied etwa zur Blume, die durch die Qualitäten der Zartheit und Schönheit zu kennzeichnen wäre. Nachdem aber nun solcherlei Bestimmungen als rein äußerlich betrachtet wurden (man nennt diese Denkweise in der Philosophie eine konzeptualistische oder eine nominalistische), so, als hätten sie mit dem Wesen der Dinge und der Wirklichkeit selbst nichts gemein, ver-

Wenn René Descartes sagt:

„Es ist ratsam, nur im Umkreis jener Gegenstände zu verweilen, zu deren sicherer und unbezweifelbarer Erkenntnis unsere natürliche Begabung auszureichen scheint", [151]

dann ist damit ein Wahrheitsbegriff gefordert, in dem sich der Erkennende eben nicht darum kümmert, ob und wie er dem zu untersuchenden Gegenstand gerecht werden könne.

Die daraus sich ergebende Konsequenz ist die, daß er fatalerweise einfach bei gewissen Phänomenen stehenbleibt, und daß er andere, darüber hinausgehende Erscheinungen auf das, was mit wissenschaftlicher Methode eindeutig feststellbar ist, reduziert.

Die neue Bestimmung des Wesens der Wahrheit, die Descartes im „Discours de la méthode" vorgibt, macht die Methode der Erkenntnis von Wahrheit zum Maß von Wahrheit.

Das „fundamentum inconcussum", wie es Descartes nennt, das unerschütterliche Fundament aller Wahrheit, das vormals die schöpferische Weisheit Gottes war, wird so dem Menschen aufgebürdet. Wenn die Wahrheit als Richtigkeit verstanden wird, welche noch dazu am Idealfall der Identität gemessen wird, der sich in den Worten: „cogito ergo sum", „Ich denke also bin ich" ausspricht, wird das Wesen der Wahrheit entstellt, so daß in der Selbstidentität des erkennenden Geistes nunmehr der einzige Punkt gegeben zu sein scheint, wo überhaupt eine Identität festgehalten werden kann. Aber genau besehen ist nicht einmal das der Fall, denn ohne Wort ist keine echte Identität, sondern nur eine bewußtlose Indifferenz, in der alles das Gleiche gilt – nämlich nichts.

---

flachte das Qualitative zusehends, bis auf den Stand von heute, wo es im Grunde nur mehr eine besondere Quantität aussagt.

[150] So René Descartes im Discours de la Méthode 6.
[151] René Descartes: Regulae ad directionem ingenii (Regeln zur Ausrichtung der Erkenntniskraft), Regel 2. („Circa illa tantum objecta oportet versari, ad quorum certam et indubitatam cognitionem nostra ingenia videtur sufficere.")

Die wahre Identität dagegen ist die des Wortes: Das Wort ist in sich eines, und es ist der Grund der Einheit des Subjektes mit sich wie der Grund der Einheit der Welt.

Aber das Wort eröffnet auch das andere, es erlaubt den Zuspruch: Das Ur-Wort sagt „Du". So ist das Wort der Grund der Identität wie der Differenz.

Nicht die menschliche Subjektivität ist die Instanz für Wahrheit und das Maß der Wahrheit, sondern das Wort, an dem sie teilhat.

Anstatt dessen baut sich die Selbstgewißheit des Subjektes mithilfe der Mathematik ein System absoluter Eindeutigkeit auf, in der die Wahrheit als Objektivität durch (mehr oder weniger) unmißverständliche Formulierbarkeit sichergestellt scheint. Die Wahrheit wird zu einem mathematischen Kalkül, verifiziert durch das genau geplante, im Sinne des jeweiligen Entwurfes gezielte Experiment.

Die Ansetzung der „extensio", der räumlichen Ausdehnung als Grundwirklichkeit der Dinge dient, in der gleichen Absicht stehend, der Sicherung der Berechenbarkeit und Gewißheit der Dinge, worin die Sache selbst aber nie zu Gesicht kommt. Die Materie und der Geist etwa, von denen Descartes spricht, sind nicht die Materie und der Geist, mit dem wir es in unserem Leben zu tun haben, sondern Abstracta. Der Mensch und seine Wirklichkeit bleiben für Descartes völlig unfaßbar, weil er keine Gestalt, weil er keine Wesenheit mehr denken kann, so daß es ihm auch versagt bleibt, zu begreifen, was Substantialität in Wirklichkeit ist.

In der Philosophie Descartes zeigt sich exemplarisch, wie sich ein von aller Norm entfesseltes Denken auf die Irrfahrt der Suche nach äußerlicher Gewißheit und absolutem Wissen macht. Wo die Haltung der Welt gegenüber die der Macht ist, ist entsprechend die Haltung der Wahrheit gegenüber die des Verlangens nach „objektiven" und eindeutigen Aussagen.

❖

Die neuzeitliche Wissenschaft will sich nicht damit zufriedengeben, auf die Huld der Wahrheit zu warten, sie will nicht Dienerin der Wahrheit sein. Sie nimmt in ihrem Vorgehen nicht Maß am jeweiligen Gegenstand; sie gerät deshalb zur Herrschaft der Methode über den Gegenstand. Die Methode wird zur Herrin des Seins: Was ist und was nicht ist, was sein kann und was nicht, wird einzig in ihrer Zuständigkeit entschieden. Das ursprüngliche Verhältnis von Wahrheit und Erkenntnis hat sich damit umgedreht. Diese Umkehrung wird unversehens zum Verhältnis der Welt überhaupt gegenüber, die, zu einer Grundhaltung geworden, das Zeitalter der modernen Wissenschaft begründet. Das Betreiben der Wissenschaften wird in der Folge dieser Entwicklungen konsequent dahin gehen, der Wirklichkeit im Ganzen den Charakter der Geheimnishaftigkeit abzusprechen, um sie der eigenen Vorstellung entsprechend für die jeweiligen Zwecke verfügbar zu machen.

Selbst für den Fall, daß sie dem einzelnen Gegenstand gegenüber letztlich ohne wirkliche Macht bleibt, entsteht aus dem allgemeinen Anspruch der Wissenschaft eine neue Art von „Wahrheit": ein Wissen, dem die wesenhafte Wahrheit der Dinge immer fremd bleiben wird, denn in Wahrheit können die Wissenschaftler den Dingen so gut wie keine Geheimnisse entlocken, wie sie so oft behaupten. Sie können sie einzig in ein Raster kausaler Determinationen stecken, und sie nehmen der Wirklichkeit im Ganzen die Wahrheit, wo sie diese nur als kausalen Nexus sehen.

Die moderne Wissenschaft bringt also nicht eine neue Sichtweise auf einzelne Gegenstände, vielmehr begründet sie ein bestimmtes Verhältnis zum Seienden im Ganzen, so daß alles zum Gegenstand der Wissenschaft wird. Die Wissenschaft hat den Anspruch, über die Welt als ganze und über das Sein als solches Macht zu bekommen, weshalb sie sich seit der Zeit Galileis als die eigentliche, die bessere Philosophie ausgibt.

Jeder einzelne Erkenntnisfortschritt wird als Beweis für die Wahrheit dieser Art von Wissenschaft überhaupt genommen. Bei jeder neuen Erfindung, mit der je neuesten Formel sagt der

Wissenschaftler beruhigt zu sich und schadenfroh zur Wirklichkeit: „Du bist nicht Geheimnis, du bist berechenbar". Daraus ergibt sich ein Weiteres: Wenn der Grundcharakter des Seins seine Berechenbarkeit ist, dann verlangt das Sein förmlich nach Manipulation. Der Angriff der wissenschaftlichen Denkhaltung gilt dem Sein als solchem: Es wird als Ganzes in die Vorstellbarkeit gestellt, als ganzes und als solches. Das heißt, es soll durch und durch kausal bedingt sein, ja mehr noch, es soll eigen-gesetzlich sein, so als würde es auf die Verfügung durch die menschlichen Machtansprüche geradezu warten.

Das aber, was nicht der Anforderung der totalen Verfügbarkeit entspricht, wird ignoriert; ihm wird einfach das Prädikat der Wirklichkeit, beziehungsweise das der Realität entzogen. Als „wirklich" darf nur mehr das gelten, was kausal bestimmbar und somit wissenschaftlich erklärbar ist. Die so „erklärte" Natur hat ihre Natürlichkeit verloren, sie ist eingegangen in den Bereich menschlicher Konstruktion. Die Natur verliert ihre Tiefe und ihren Gehalt, auf daß sie als „Un-Natur" vollends in Besitz genommen werden kann. Sie verliert dabei an Wirklichkeit, sie wird wesenlos.

2. Die Welt als Maschine: Der Begriff der „Kausalität"

Wenn René Descartes meinte, sogar die Wahrhaftigkeit Gottes als den Garanten für die Richtigkeit der Vorstellungen, die der Mensch sich von der Welt macht, bemühen zu dürfen, dann deshalb, um durch seine Hilfe den doppelten Kurzschluß der von ihm geforderten naturwissenschaftlichen Gewißheit herstellen zu können.

Zum einen bestimmt er das Denken als rein logisches Verrechnen von Sinneseindrücken, und zum anderen stellt er sich die Welt so vor, als sei sie einer festen Struktur von Naturgesetzen, die mit geradezu mechanischer Notwendigkeit alles Werden bestimmen sollten, unterworfen. Um nun, was in diesem System die Voraussetzung von „wahrer" Erkenntnis wäre, von der einen Seinsebene auf die andere übergehen zu können, müßten beide

Seinsebenen einander entsprechen, und dafür soll im System Descartes Gott geradestehen. Selbst wenn es im Grunde richtig ist, daß im Absoluten die Übereinstimmung von Sein und Denken gegeben ist, so ist doch damit noch lange nicht für die Richtigkeit jedes einzelnen Erkenntnisaktes garantiert, denn man muß zwischen dem ontologischen Grundverhältnis von Wahrheit und Vernunft und dem jeweiligen Vollzug einer Einsicht unterscheiden.

Das Argument von der Vernünftigkeit der Welt, genauer gesagt das vom logischen Aufbau der Welt, ist also nur ein scheintheologisches Argument, das in Wahrheit einzig dazu dient, den Grund des Seins und die aus ihm hervorgehende Bedeutungshaftigkeit der Wirklichkeit auszuschalten, um die gerade entstandene Kluft zwischen Welt und Wahrheit noch zu vertiefen. Zudem wird der eigentliche Gehalt des Geschehens von Wahrheit damit gerade übersprungen. Anstelle der wesenhaften Wahrheit der Welt tritt eine logische Notwendigkeit, erst in der Erkenntnis, dann aber auch veranschlagt für die einzelnen Abläufe der Welt, die nun als das Maß einer jeden Wahrheit gelten sollte. Wenn dieses Konzept von bedeutungsfreier Erkenntnis nun schon nicht dazu taugte, die Wahrhaftigkeit der Welt und die Wahrheitsfähigkeit des Menschen zu begründen, so sollte es doch die Menschen zumindest zu „Herren und Besitzern der Natur" machen.

Der Astronom Pierre Simon Laplace hat aus diesem Ansatz heraus einen mechanistischen Determinismus formuliert:

„Wenn wir den Zustand des Universums zu einem Zeitpunkt t sowie alle Gesetze der Natur kennen, so können wir daraus den Zustand des Universums zu jedem früheren oder späterem Zeitpunkt als t ableiten." [152]

---

[152] Zit. n. G. Haeffner: Anthropologie, Stuttgart 1982, S.141.

Auch wenn es heute nur mehr wenige Wissenschaftler wagen würden, einen so strengen Determinismus ausdrücklich zu vertreten, so bleibt er dennoch vom Prinzip her die Voraussetzung der naturwissenschaftlichen Methode: Die rationalistische Identifizierung von logischer Denknotwendigkeit und folgerichtigem Ablauf der Wirklichkeit, der vom Naturgesetz festgeschrieben wird, muß in der Tat grundsätzlich als die notwendige Vorgabe für sinnvolle Forschung bestehen bleiben. Würde man nicht der ganzen „Wirklichkeit" unterstellen, daß sie im Grunde eben doch nach dem „Gesetz der Natur" wie nach einer ehernen Regel abliefe, dann wäre ein naturwissenschaftliches Forschen, wie es heute praktiziert wird, von Grund auf sinnlos.

Die „Naturgesetze", und an vorderster Stelle der Satz von der Kausalität, müssen als die umfassende und grundlegende Bestimmung über jedes Geschehen auf der Welt gelten, ansonsten wäre die naturwissenschaftlich begründete Aussage, noch mehr aber der auf eine solche Aussage folgende Eingriff von einer nicht auszuhaltenden und nicht zu verantwortenden Willkürlichkeit.

Um als System jene absolute Geltung, die ihrem Selbstverständnis entspricht, beanspruchen zu können, muß die Naturwissenschaft zwar nicht für alles, was ist, eine lückenlose Erklärung geben, doch darf dies zumindest nicht von vornherein ausgeschlossen sein, denn die Wissenschaft muß glauben können, daß sie auf dem besten Wege dorthin sei.

Freilich kann es der Wissenschaftler im Einzelfall hinnehmen, daß die Theorien und Sätze, mit denen er arbeitet, nur eine vorläufige Geltung haben, daß jede Aussage, die er macht, nur solange eine Gültigkeit hat, bis sie falsifiziert, das heißt als falsch erwiesen oder durch eine treffendere Aussage ersetzt ist, doch es muß dem zuvor als Voraussetzung bestehen bleiben, daß die Natur als solche festen Regeln unterworfen sei.

Wenn die Naturwissenschaftler meinen, es brauche sie nicht zu stören, daß dieses Verständnis von Natur an dem eigentlichen

Wesen der Natur vorbeigeht, dann muß man zumindest so ehrlich sein, auch einzusehen, daß die Naturwissenschaft mit dem Wesen der Natur ohnehin nichts zu tun hat. Wenn aber die Naturwissenschaft meint, sie brauche kein Interesse am Wesen der Natur zu haben, denn sie müsse sich nur um ganz bestimmte Erscheinungen in der Natur, und das auch nur unter einer ganz bestimmten Hinsicht kümmern, dann bewegt sich die Naturwissenschaft eben nur innerhalb der engen Grenzen der eigenen Ideologie.

Weil es sich die Naturwissenschaftler nun einmal angewöhnt haben, philosophische, speziell erkenntnistheoretische Erwägungen als überflüssig zu betrachten, bleibt es ihnen aus sachlichen wie aus historischen Gründen verwehrt, das Wesen der Natur zu erkennen, so daß ihnen die Naturwissenschaft unversehens zur Ideologie wird. Speziell die allem Sein wesentliche Freiheit muß ihr für immer verloren gehen. Das ständige Gerede von kausalen Zusammenhängen, wobei grundsätzlich vergessen wird, daß die Materialursache nur die geringste und unbedeutendste aller Ursachen ist, gibt ein eindeutiges Zeugnis.

❖

In der Formulierung,

„ ‚Kausalität' bedeutet die eindeutige naturgesetzliche Festlegung des Künftigen durch das Gegenwärtige", [153]

ist geradezu von einem Zwang die Rede, mit dem das eine aus dem anderen hervorgehen soll, und von einer Notwendigkeit, kraft derer die „Naturgesetze" über die ihnen unterworfene Natur zu herrschen scheinen. Dieser Satz hat genau betrachtet nur dann wirklich einen Sinn, wenn der Wirklichkeit unterstellt wird, daß die „Naturgesetze" alles, was ist, derart bestimmen

---

[153] Vgl. W. Westphal: Physikalisches Wörterbuch, Berlin 1952, S. 649.

würden, daß, wie bei einem Mechanismus, der eine Zustand der Wirklichkeit mit Sicherheit aus einem vorhergehenden Zustand sich ergeben würde. Aber das ist Unfug. Wir haben in unserer Welterfahrung keinen Ansatzpunkt für eine solche Aussage; sie nennt nur das Ideal einer Welt, wie der Naturwissenschaftler sie sich erträumt. Wenn das „Naturgesetz" die selbe absolute Gültigkeit wie ein logisches Gesetz beansprucht, dann steht dahinter nur das Ideal einer Logik, die überdies mit echtem Denken weitaus weniger zu tun hat, als der philosophische Laie meint, annehmen zu dürfen.

Die Forderung einer universellen Bestimmtheit des Geschehens in der Welt durch strenge Gesetze ist genau genommen bloß das Produkt der Übertragung gewisser logischer Strukturen einer ganz bestimmten Art von „Denken" auf die Welt der Erscheinungen.

Wenn tatsächlich alles, was ist, wesentlich frei ist, dann kann von einer „Kausalität", die so absolut gültig sein soll, wie von der Ideologie der Naturwissenschaft postuliert, nur dort die Rede sein, wo die Ursprünglichkeit eines jeden Augenblickes ausgeschlossen ist. Soll also eine Wissenschaft möglich sein, die „Naturgesetze" erkennen will, dann muß die Wirklichkeit erstens so betrachtet werden, als ob sie ein Mechanismus wäre, und zweitens so manipuliert werden, daß sie tatsächlich dazu wird.

Das naturwissenschaftliche Tun ist darauf angewiesen, daß sein „Gegenstand", die Natur, so gefaßt wird, als liefe sie per se nach kausalen Gesetzen ab, oder eben, daß sie dazu gebracht wird, dieser Forderung zu entsprechen. Die Natur ist für sie nur insofern und soweit faßbar, als sie ihrem methodischen Paradigma entspricht. Die Naturwissenschaft muß ihren Gegenstand, auf daß er ihr nicht aus den Händen gleite, ständig ihrem Konzept anpassen. Dies ist zunächst eine theoretische Sache, die aber in sich die Notwendigkeit hat, daß die „Natur" auch praktisch verändert werde. Mit jedem Eingriff – je erfolgreicher er ist, desto mehr – wird die „Natur" ihres ursprungshaften Charakters beraubt, sie wird mehr und mehr dem wissenschaftlichen Vorhaben entsprechend zurechtgestutzt, bis sie zuletzt, wo sie ganz zum Mechanismus verkommen ist, dem menschlichen Gemächte verfügbar ist. Erst dann, wenn die Natur nicht mehr Natur ist, ist sie den Methoden der Naturwissenschaft ganz zugänglich. Je näher die Natur und das Leben ihrer Zerstörung kommen, desto größer ist die Aussicht der naturwissenschaftlichen Eingriffe auf Erfolg.

Der Satz von der Kausalität hat, wo er so ausschließlich gebraucht wird, nur den einen Zweck, die Natur als solche und als ganze als beherrschbar erscheinen zu lassen, auf die Gefahr hin, daß die Wirklichkeit der Natur, davon unberührt, eine ganz andere ist.

Während es der philosophischen Reflexion genügen kann, gewisse Dinge als letztlich nicht begreifbar zu begreifen, muß die Naturwissenschaft prinzipiell auf jedes Phänomen einen Zugriff beanspruchen, ob sie ihrem Gegenstand gerecht wird oder nicht. Der Gegenstand hat sich der Methode zu fügen. Das zeigt sich besonders dann, wenn etwas, wie es der Mensch ist, zum Gegenstand der Forschung wird: Ob der ihm wesenseigenen Freiheit ist er mit einem naturwissenschaftlichen Instrumentarium in keiner Weise faßbar, weshalb seine Freiheit zerstört wird, sobald er zum Gegenstand der Forschung werden soll.

Zeigt sich dieses auf der Ebene des Lebendigen in aller Deutlichkeit, so trifft es doch auch dort schon zu, wo die Wissenschaft von der Materie spricht. Wie schon gezeigt wurde, würde der Begriff der Materie, wie er heute in der Naturwissenschaft verwendet wird, in den Augen der alten Philosophie als reiner Unfug gelten. In ihm drückt sich der Versuch aus, eine Bestimmtheit ohne Bestimmung zu statuieren, ein zeitliches und örtliches Konkretum, das für sich steht, ohne die Folge und der Ausdruck einer Gestalt zu sein. Diese „Materie" soll alle Wirklichkeit begründen und tragen, und selbst doch ohne jede Gestalthaftigkeit sein: eine Ur-Substanz, in sich ganz ohne Wesenheit, und dennoch der Quell aller Wirklichkeit, die aus ihr hervorgegangen sein soll. Um all das leisten zu können, mußte die Materie von der „neuen" Philosophie auch tatsächlich mit allen Qualitäten des Göttlichen ausgestattet, und unausgesprochen als eine Gottheit vorgestellt werden, als eine Pseudo-Gottheit, die, selbst wesenlos und unpersonal, für eine Welt gegen das Wort steht. [154]

Der Materialismus der Wissenschaften ist eine Ideologie, der alles Höhere und Geistige fremd ist, mögen ihr im einzelnen noch so viel Moral und humanistische Ideale aufgepfropft sein.

3. Die Naturwissenschaft – die Wissenschaft der fehlenden Wirklichkeit

Der Wissenschaftler kann nur mehr jenen kläglichen Rest an Wirklichkeit feststellen, der nicht durch das Sieb seiner eigenen Systematik gefallen ist; das Spontane, das Unvorhersehbare, das Unberechenbare und das Einzigartige der Erscheinungswelt muß ihm verschlossen bleiben. Die Naturwissenschaft ist weniger eine Wissenschaft von der Natur, als vielmehr die Wissenschaft von den Dingen, die sich der Verfügung durch den Forscher nicht mehr entziehen konnten.

All das, was nur ein bißchen in die Tiefe einer Bedeutung ginge, alles das, was den Menschen als vernünftiges und freies Wesen wirklich anginge, bleibt aus den Entwürfen der Naturwissenschaften ausgespart. So ist die Forderung nach „wertfreier" Wissenschaft ebenso konsequent wie unsinnig, denn das Denken ist das dem Menschen gegebene Vermögen, die in der Wirklichkeit vorgegebenen Bestimmtheiten und Wesenheiten festzustellen. Wo er zu keinem Werturteil kommt, weil er sich von keinem Wert mehr ansprechen läßt, gibt der Mensch das Denken auf.

Sobald der Mensch aber einmal aufgehört hat, zu denken, stellt sich ihm das Problem, wie er denn zu einer Wahrheit über-

---

[154] Vgl. dazu: Josef de Vries: Materie und Geist; München 1970.

haupt kommen solle, von einer ganz anderen Seite her, nämlich als die Suche und als das Verlangen nach „wissenschaftlicher Objektivität". Nachdem der einzig direkte Weg zur Wahrheit verlassen ist, und damit das einzige Kriterium von Objektivität, das es je gegeben hat, verloren ist, das wesenhafte Wort nämlich, veranschlagt das Denken nun in seiner Verzweiflung eine allgemeingültige und von allen zu jeder Zeit methodisch nachvollziehbare Richtigkeit von Schlußfolgerungen und Ergebnissen als das Maß aller Wahrheit. Diese Art von „Objektivität" ist nur ein dünner Ersatz für das gestalthafte Gegebensein des Wesens der Dinge, der es nie wird leisten können, das Sein in seiner Wahrheit zu präsentieren, wo er doch darin stecken bleibt, ein bloßer Entwurf von Vorstellungen zu sein. [155]

Diesen ebenso verbissenen wie aussichtslosen Kampf um das Maß der Wahrheit führt die Wissenschaft nun schon seit Jahrhunderten. Jedes Phänomen, und sei es noch so offensichtlich eine Tatsache, wird an einem Ideal einer „Objektivität" gemessen, die von vorne herein nur einen kleinen Ausschnitt der Wirklichkeit als „wirklich" anerkennen will. Das Verhältnis der von den „Realisten" als die Basis aller Wirklichkeit angesehenen Materie zu der sie erschaffenden Energie ist – mathematisch ausgedrückt – etwa das von 1: 1 Milliarde. Das Verhältnis des Geistigen zur Energie wird sich in Zahlen gar nicht mehr ausdrücken lassen. Eben diese weltferne Objektivität soll es leisten, mit Methode sicherzustellen, ob es etwas geben darf oder nicht. Kann der Abstand zur Wahrheit größer sein?

Ein echter Begriff von „Objektivität" müßte da ganz andere Ansprüche erfüllen: Er müßte aus einem Denken hervorgegangen sein, das sich von der Wesensgestalt der Dinge derart anmuten ließ, daß es darin zur Wahrheit finden konnte. Ein solches

---

[155] Bezeichnend hierfür ist der Wandel, den das Wort für „Erkenntnis" durchmacht: In der Scholastik ist die Rede vom „Conceptus" und von der „Conceptio", was wörtlich die „Empfängnis" des geistigen Vermögens für die Wahrheit in ihren Gestalten bezeichnet. In der Neuzeit wird diese Anschauung aufgegeben zugunsten des „Begreifens", was das Wort „Conceptio" nicht nur schlecht wiedergibt, sondern genaugenommen sogar das Gegenteil besagt.

Denken würde die Dinge in ihrem Eigensein stehen und gelten lassen. Weil aber die Wissenschaft, über das bereits Angedeutete hinaus, ein Wissen sucht, das im Dienste der Herrschaft steht, kann sie das, worum es letztlich in aller Wahrheit ginge, jenes nämlich, was in der Gestalt der Dinge vermittelt ist, nicht gelten lassen: die Wirkkraft und die Wahrheitskraft des Seins selbst.

In jedweder Wahrheit ereignet sich das Drama des Zuspruchs des Wortes, das aus Gott hervorgegangen ist. Sobald das Erkennen die Gestalt der Dinge erfaßt hat, beginnen diese zu sprechen. Das Wort, das aus ihnen spricht, fordert den freien Willen ein, dem darin ergangenen Anspruch zu entsprechen. Die Naturwissenschaft aber will anderes: sie will ein Herrschaftswissen. Ein Wissen, das nicht aus dem Wort geboren ist, sondern aus dem Willen zur Macht. Vor diesem unbedingten Willen zur Macht kann die Welt nicht anders, als verstummen. Alle Gegenwart versinkt im Wortlosen, wenn das Wort, aus dem die Dinge erschaffen sind, nicht die Gelegenheit bekommt, sich in der Wesensgestalt der Dinge auszusprechen. Im selben Maße, als die Gunst des urbildlichen Zuspruchs verloren geht, verlieren die Dinge die Würde echter Gegenwart. In dieser toten Welt vermag nichts mehr, die Liebe zu wecken, so daß der Wille zur Macht nur mehr um sich selbst kreist, sich selbst will, und sich selbst als das Maß aller Dinge feiert.

Die Frage nach der Herrschaft bricht nun erneut und mit aller Heftigkeit und in aller Konsequenz auf. Um nun noch herrschen zu können, muß der Mensch allen Zuspruch verneinen. Schließlich muß das ursprünglich freie und vernehmende Vermögen der Seele dort, wo es sich nicht zur rechten Hingabe übersteigen kann, ob seiner Unfreiheit und Verschlossenheit sein Gegenüber zerstören.

Das in jedem Subjekt gegebene, freie und vernünftige Verhältnis zur Welt, das, um in dieser Hingabe zu seiner Vollkommenheit zu kommen, in der Liebe zum „Du" zu finden hätte, kann den Zuspruch nicht mehr ertragen. Es entsteht eine ganz eigentümliche Psychologie der Lüge: In der Begegnung mit dem

„Du" findet der Mensch nach all dem nicht mehr die Gelegenheit, über sich hinaus zu kommen, vielmehr hört er aus allem Zuspruch nur mehr die Frage „Ich oder Du" heraus. Das „Du" erlebt er nur mehr als totale Infragestellung des Ich. Diese Frage, ob „Ich" oder „Du", ist die Grundfrage der Neuzeit, die, weil sie unausgesprochen blieb, sich nur in ihrem Unwesen auswirken konnte. Solchermaßen bestimmt sie die Haltung einer ganzen Epoche, und sie spitzte sich auf die Frage nach Leben oder Tod zu.

In dieser Not ihren Anfang nehmend, ist die Naturwissenschaft heute längst zu einem Instrument geworden, das sich für die Verneinung des Zuspruchs, und damit für die Liquidation des „Du" bereithält.

Die Herrschaft der neuzeitlichen, naturwissenschaftlichen Ideologie ist so sehr eine Herrschaft des Todes, daß das Lebendige verenden muß, wo es sich nicht der Wissenschaft entziehen kann.

4. Der verschlossene Himmel – Wissenschaft als Magie

Bevor auf die Biologie, auf die „Wissenschaft vom Lebendigen" im Detail eigegangen werden kann, ist noch einiges über das Grundverhältnis von Wissen und Macht zu sagen – ein Thema, das von der Philosophie bisher noch weitgehend unbeachtet ist:

Der Ausschluß der Wirklichkeit des Seins führt unmittelbar in das Wesenlose und von dort aus in den Bereich des Okkult-Unterweltlichen, in den Bereich der Magie.

Das Wort „Magie" kommt aus dem Griechischen, vom Wort „mageia", was mit „Zauberei" zu übersetzen wäre. Damit ist die „geheime Kunst" gemeint, jene Kunst nämlich, die Dinge zu vollbringen vermag, wozu das dem Menschen von Natur aus gegebene Vermögen nicht ausreicht. Alleine damit wäre schon der Verdacht gegeben, der Magier arbeite mit geheimen Mächten zusammen.

Das Wort „Magie" hat aber auch mit einem Wort zu tun, das man zunächst, obwohl es ganz nahe ist, damit nicht in Verbindung bringen würde: Das Wort „machen", wie auch das Wort „Macht" gehört zur „machina", das von „machomai" kommt, was ursprünglich so viel heißt wie „streiten", „kämpfen", „Krieg führen". Man denke an die „Machete", an das Kampfmesser. Das „Machen", von dem hier die Rede ist, ist von kriegerischer Art, es ist ein gewaltsames Tun, ein Tun, das über die Ordnung der Dinge hinausgeht und sich gegen diese Ordnung wendet. Aber längst nicht jedes Tun ist „Magie". Ein Tun, das die Ordnung der Natur vorgibt oder erlaubt, hat nichts mit „Magie" zu tun. Erst dort, wo das gegebene Maß verlassen wird, wo also etwas gemacht wird, das gegen die Neigung und die Natur der Dinge steht, kann man von Magie sprechen.

Historisch gesehen ist von Magie dort die Rede, wo im Umfeld heidnischer Religionen der Versuch gemacht wird, eine Wirkung in der Natur zu erzielen, die nicht vom Willen Gottes bzw. der Götter ausgegangen ist. Darin findet sich die Vorstellung wieder, wonach in allem menschlichen Tun irgendwie die „Götter" mitwirken – man erinnere sich auch an die ontologische Einsicht, daß alles Tun des Menschen in der Welt vom göttlichen Schöpfungswillen getragen und gedeckt sein muß. Nur in dem Maße und in der Gestalt, als Gott den Dingen ein Sein schenkt, können diese sowohl wirken wie auch Wirkungen erfahren. Das heißt zum Beispiel, daß ein Vogel fliegen kann und daß er im Flug abstürzen kann, während ein Baum wohl wachsen und auch gefällt werden kann, daß er aber nie (selbst) fliegen und deshalb auch nicht abstürzen kann. Nur in der Gestalt, die den Dingen gegeben ist, vermögen sie zu sein, zu wirken und Wirkungen zu erfahren.

Nun ist der Mensch ein sehr findiges Wesen, so daß er die Dinge in Zusammenhänge stellen kann, in die sie von sich aus nie hätten kommen können. Er kann sich und die Dinge zu etwas zwingen, das in der Gestalt ihres Wesens gar nicht vorgesehen ist. Wenn nun Gott derjenige ist, auf den sowohl das Sein der ganzen Welt, wie auch die Wesenheit der einzelnen Dinge zurückgeht, dann ist doch jenes Tun, das der Wesensgestalt der

Dinge entspricht, ein Tun, das mit dem heute antiquiert klingenden Wort „gottgefällig" zu kennzeichnen wäre, während ein Tun, das ihr entgegengesetzt ist, ein Tun ist, das auch dem Willen Gottes zuwider ist, also etwas, das man früher als „Götzendienst" bezeichnet hätte. Wenn also von „Magie" die Rede ist, dann geht es darum, daß der Mensch in seinem Herrschaftswillen das bloß Irdische absolut setzt und daß er des Himmels darüber vergißt, so daß er, die Eigenwirklichkeit der Dinge mißachtend, etwas ins Werk setzt, das weder durch den Willen Gottes legitimiert, noch von der Ordnung der Natur her gedeckt wäre.

Aber um von einem magischen Tun reden zu können, muß auch noch ein zweiter, wohl der wesentlichere Vorwurf hinzukommen: daß der Mensch „den Götzen dient", wie man sich früher ausdrückte. Was kann damit gemeint sein?

Es ist die Gestalt, die den Dingen eine Wirkmacht verleiht. Die Entfremdung der Dinge von ihren Gestalten aber führt dazu, daß die Wirkmacht des Seins für diesen Bereich in der Welt keinen Anhalt mehr finden kann. Wie dort, wo das Sonnenlicht verdeckt wird, der Schatten ist, so ist auch dort, wo die Dinge ihrer Gestalt entrissen sind, ein Seinsmangel; ein Seinsmangel jedoch, der sich gemäß des Prinzips der eigentlich angelegten Gestalt ausübt, ist doch die Gestalt, weil sie ein Prinzip des Seins ist, unzerstörbar.

So kommt es, daß die in ihrer Anwesenheit verneinte und verhinderte Gestalt mit der ihr eigenen Macht und Kraft weiterhin zur Verfügung steht, jetzt aber für die Gewaltherrschaft der Vernichtung.

In diesem Sinne ist es durchaus sinnvoll, von der Existenz des Bösen und von der Herrschaft des Dämonischen zu reden, und man kann sagen, gewisse Dinge oder Bereiche stünden unter der Herrschaft der Dämonen.

Das Böse und das Dämonische wäre dann jenes, das nur noch kraft dessen existiert, was gerade verneint, verhindert oder vernichtet wurde, und das solange noch existiert, als es von dem zehren kann, das es gerade dabei ist, zu verneinen und zu vernichten. Obwohl es sich von den Quellen des Seins losgelöst hat, hat es noch in einem gewissen Sinne eine Existenz, wenn auch nur so lange, als es von fremden Quellen zehren kann.

Daß es Seinsmächte gibt, die in ihrer Kraft und Eigenart weit über das hinausgehen, was das der Physik des siebzehnten Jahrhunderts verpflichtete Weltbild wahrhaben will, dürfte nach den bisherigen Darlegungen zumindest als nicht unmöglich erscheinen.

Daß die frühere Zeit, ja daß speziell auch die biblische Offenbarung die Existenz von Engeln und Dämonen als schlechthin gegeben ansieht, kann nicht bestritten werden. Zur Frage aber steht, welchen Ort innerhalb des Ganzen bzw. innerhalb der Hirachie des Seins diese einnehmen. Daß sie als Götter verehrt oder gefürchtet werden, ist jedenfalls mit dem Glauben an den einen und allmächigen Gott nicht vereinbar. Die Engel und Dämonen sind endliche Wirk- und Gestaltmächte von personaler Eigenwirklichkeit, nachfolgende Urschachen im Weltgeschehen, aber keinesfalls Götter in dem Sinne, wie im Monotheismus vom Göttlichen die Rede sein kann.

Der Vorwurf der Magie meint also, daß ein Mensch, der sich in seinem Willen vom Zuspruch des Himmels abgekehrt hat, versucht, in und durch die Verneinung Herr zu werden über die Welt, obwohl seine Herrschaft nun auf nichts anderes mehr hinauslaufen kann, als auf die Vernichtung dieser Welt. Der Mensch, der sich gegen den Willen Gottes gerichtet hat, kann nur solange noch herrschen, als ihm jenes, das er gerade vernichtet hat, durch seine schon im Verfall stehende Wirklichkeit dies noch ermöglicht. Wenn nun aber die Macht des Dämonischen erst dadurch entsteht, daß sich der freie Wille von dem, was ist, abwendet und sich gegen das, was zu sein hätte, stellt, dann ist es nicht so, daß der Mensch etwa die Dinge mithilfe der Dämonen unter seine Gewalt brächte, sondern es ist so, daß der Mensch, indem er die Dinge mißbraucht, sie ihrer Herkunft aus der Güte des Seins entreißt, und sie so dem Dämonischen unterstellt, das er in dieser Tat im gewissen Sinne erst hervorruft. Genau in jenem magischen Akt, von dem es heißt, er sei die gemeinsame Sache des Menschen und der Dämonen, werden die Dinge der Herrschaft Gottes entrissen, nämlich dadurch, daß sie entgegen der Gestalt ihrer Wesenheit ge- oder besser gesagt mißbraucht werden. So sind sie nicht mehr ein Ort der Güte, die ja einzig mit dem Sein der Gestalt gegeben ist, sondern sie werden selbst böse, das heißt, sie kommen im Mißbrauch unter eine wesenswidrige Herrschaft. So dient der Dämon dem Menschen, beide aber, der Mensch und das Dämonische, werden zum Diener der Sünde. Die dem magischen Tun eigene Zusammenarbeit mit den Dämonen kennzeichnet also letztlich jede Handlung, die dem göttlichen Willen zuwider ist. [156]

Schon so ist die Nähe der Naturwissenschaft zur Magie unübersehbar, doch einiges wird noch deutlicher, wenn man auch auf die Zusammenhänge zwischen Sprache und Magie blickt.

5. Die geheime Zauberformel zur Beherrschung der Natur

Jede Magie hat ihre eigene Geheimsprache. Eine Sprache, die nicht das Wesen der Dinge zum Wort bringt, denn dieses Wort würde die Dinge in das Eigenste ihrer Herkunft befreien. Die Sprache der Magie gibt den Dingen einen neuen Namen, einen Namen, der mit ihrem Wesen nichts zu tun hat, einen Namen, der auf ihnen sitzt, ihnen fremd, aber doch über ihnen stehend, einen Namen, der sie beherrschen soll, einen, der sie einem ihnen fremden Konzept unterwerfen soll. Die Sprache der Magie setzt den Dingen ein neues Wort. Dieses ist eine Setzung zur Entfremdung der Dinge von ihrem Innerlichsten, von jenem Wort,

---

[156] Romano Guardini sagt: „Was will der Feind? Er hat sich gegen seinen Schöpfer empört und will auch dessen andere Geschöpfe in die Empörung hineinreißen. Er will das Reich Gottes, das eine Ordnung der Gnade und der Freiheit, der Wahrheit und Liebe ist, zerstören. Er will Gott seine Ehre nehmen, ihn aus der Schöpfung hinausdrängen." (Glaubenserkenntnis, S. 234, Basel 1944.)
[157] Platon: Timaios, 36. Stück, worin freilich die alte pythagoräische Zahlenmystik im Spiel ist.

aus dem sie erschaffen sind. Die Sprache der Magie ist eine Sprache, die möglichst viel verschweigt von der Wahrheit der Dinge, eine Sprache ohne Wort, eine Sprache ohne Wahrheit, ohne Weisheit, ohne Reichtum, ohne Bedeutung, und ohne Bezug auf die Herkunft der Dinge aus Gott. Eine Sprache, die den Dingen äußerlich bleibt, die sie reduziert auf Zahl und Bewegung, eine Sprache, die nicht die Gestalt der Dinge ausdrückt, sondern ihre reinste Äußerlichkeit, die geometrische Form. Die Geheimsprache der neuen Magie – der Naturwissenschaft – ist die Mathematik.

Im Rückgriff auf falsch verstandene platonische Anspielungen, wonach die Wesensgestalten, die ja die Wirkprinzipien in der Welt sind (die Platon übrigens „Daimones" nennt), mittels der Zahl vom Urbild abgeleitet seien[157], meinte die schwarze Kunst der hermetischen Wissenschaft, in der Mathematik jene Zauberworte zu finden, die wie eine Ur-Formel das Wesen der Dinge erschließen, um ihr alle Macht auf Erden zu schenken.

Wie oben ausführlich entfaltet, ist das Wirkende (in) einer Sache die ihm mittels seiner Wesensgestalt gegebene Seinsmacht. Diese aber ist aus dem Wort hervorgegangen.

Wer also das Wort ausspricht, das in der Gestalt der Dinge liegt, steht im Dienste jenes Wortes, das die ganze Welt in das Sein gerufen hat. Wer nun aber über die Dinge herrschen will, so daß sein eigener Wille unabhängig vom Willen des Schöpfers geschehe, der muß zwischen dem Ding, über das er Herr sein will, und dem urbildlichen Wort, aus dem es hervorgegangen ist, eine Entfremdung herbeiführen, denn mit dem Wort eines Dinges oder eines Wesens ist auch die ihm eigene Wirkmacht „verfügbar". Wer das Wort einer Sache kennt, kann Herr werden über sie – im Sinne des Schöpferwillens, wenn er das Wort des Urbildes ruft – ihm entgegen, wenn er dieses verleugnet. Diese Verleugnung, diese Lüge ist die Ur-Lüge. Die Ur-Lüge gehört mit zu den schlimmsten Verfehlungen, derer der Mensch fähig ist, weil sie ein Mißverhältnis zu jenem Wort setzt, aus dem alles seinen Anfang genommen hat, so daß mit ihr der Mißbrauch aller Wirklichkeit beginnt. Das Mißverhältnis zum Wort, in dem alles erschaffen ist, reißt jenen Abgrund auf, an dem die Dinge unter eine wesenswidrige Herrschaft fallen können.

Die Mathematik ist die Sprache der bloßen Verhältnisse des Gegenständlichen. Sie bezeichnet das räumliche und das quantitative Zueinander der Dinge in ihrer bloßen Vorhandenheit. Die Mathematik ist die Sprache der Brauchbarkeit der Dinge, sie stellt alles, was sie anspricht, in toto dem Gebrauch zur Verfügung. In der Mathematik ist das Zauberwort der Fremdherrschaft zu finden, das Wort gegen das Wort, in dem alles erschaffen ist.

Dabei hatte schon der christliche Schöpfungsbegriff, speziell die Gründung der Dinge im Logos, im Wort, die Welt in eine Unmittelbarkeit zu Gott gestellt, die keinen Raum mehr ließe für die Herrschaft irgendwelcher Wesenheiten, die sich zwischen die Welt und Gott hätten stellen können. Das einzige, was einen gewissen Abstand zwischen Gott und der Welt noch herstellen könnte, ist die erneute Sünde. Wenn nun die Welt dem Menschen unterstellt ist, dann muß und kann der Mensch nicht mit irgendwelchen dämonischen Mächten ringen, die die Welt beherrschen würden, es sei denn, er hätte diese selbst in und durch die Sünde dazu ermächtigt. Die Grundaussage der christlichen Schöpfungslehre ist die, daß die Welt aus Gott-Vater, Gott-Sohn und Gott-Heiligem Geist erschaffen worden ist, daß sie von ihm in ihrem Dasein erhalten und daß sie durch die Geschichte hindurch zu ihm heimgeführt ist – das heißt, daß die Welt gut ist, von ihrem Anfang an und bis sie an ihr Ziel gekommen ist.

Das nun aufbrechende neue Zeitalter der zunächst noch geheimen Wissenschaften aber entreißt die Welt ihrer Unmittelbarkeit zu Gott und es unterstellt sie hypostasierten „Naturgesetzen", die nun wie Zwischenwesen zwischen den Willen Gottes und die Welt gestellt sind, um erneut für die Herrschaft des Dämonischen einen Raum aufzuspannen. Damit fällt die Welt in ein Stadium zurück, das nun der Herrschaft des Dämonischen, die ja mit dem christlichen Schöpfungsbegriff längst überwunden war, erneut die Gelegenheit gibt, die Welt in Besitz zu nehmen. Das Dämonische, das in dieser geistigen Lage entsteht, ist vom Menschen bewirkt, und es wirkt sich aus bis hin zur totalen Zerstörung der Welt, wenn nicht zuvor erneut die Unmittelbarkeit von Gott und Welt zum Ereignis wird.

Die moderne, auf den Anschauungsformen der Mathematik aufbauende Naturwissenschaft ist Magie. Sie weiß es nicht, denn sie bedenkt nicht die Herkunft ihres Wesens. Sie bedenkt auch nicht das Fehlen Gottes, aber sie beansprucht die Sicht auf das Ganze: Sie ist eine Philosophie ohne das Göttliche, eine „theologia anti divinum". Die Naturwissenschaft ist die Theologie des Gottlosen. Die Physiker sind die Priester einer Welt, die sich von Gott losgerissen hat.

Das Herrschaftswissen wartet nicht auf den Spruch, der von der Gestalt her an es ergeht, es ist ein Wissen des Widerspruchs. Giovanni della Porta, Verfasser der „Natürlichen Magie" (1658), sagt:

„Magie ist nichts anderes als die Kenntnis des natürlichen Gangs der Dinge." [158]

Der Verfasser meint hier mit dem „natürlichen Gang" der Dinge nicht jenes Wachstum, das aus der Gestalt ihrer Wesenheit hervorgeht, sondern das, was auch der Gegenstand der heutigen Naturwissenschaft ist, nämlich die bloß äußerliche Erscheinung in Raum und Zeit, die beliebiger Manipulation mehr oder weniger frei zugänglich ist: Ihr gilt die „wahre Kunst".

Diese Magie besteht in dem Versuch, die Dinge abstrakt in ihrer Materialität, also losgelöst von der Gestalt, zu nehmen. Die Magie sucht jenes Wort, jene Zauberformel, die ihr die Herrschaft über die Dinge und über ihre Wesenheit gewährt. Die Naturwissenschaft, und sie ist damit die magische Disziplin schlechthin, kennt die Dinge nur mehr in ihrer räumlichen Erscheinung, losgelöst von der Dimension ihrer Bedeutung, also

---

[158] Vgl., E.P. Fischer: Über das Unternehmen Wissenschaft, S. 162, Anm. 9.

losgelöst von ihrem Wesen, vom Urbild, und von der Finalursache, welche jene Bestimmungen sind, durch die die Dinge in ihrem Verhältnis zu Gott gehütet sind, und die dem Endlichen seinen Anteil an der Seinsfülle Gottes gewähren. [159]

In der Renaissance noch galten die Vorhaben und Ansichten zum Beispiel eines Leonardo da Vinci, wonach der Mensch eine Maschine sei, als geradezu dämonische Gedanken.

Wenn auch im Laufe der nachfolgenden Jahrhunderte die Ideen der hermetischen Magier, das heißt derer, die sich als in der Tradition des Hermes Trismegistos, des Urvaters der Alchemie stehend bezeichneten, ihren phantastischen Charakter zu verlieren anfingen, und die Forschungen sich mehr und mehr dem konkret Machbaren zuwandten, so blieb doch ihr Bestreben das selbe: die totale Herrschaft über eine dem Himmel entrissene Welt, und auf gesellschaftlicher Ebene die Ablösung der christlichen Religion durch die neu entstehenden Schulen der hermetischen Magie.

---

[159] Vgl. Thomas von Aquin: S.Th., q.45, a.7, resp.

VII. Geschichtliche Entwicklungen III: Von der Alchemie zur Atomphysik

1. Die alltägliche Praxis der Magie

Diese „Weisen" wider jede Wahrheit, diese Physiker, die sich als Philosophen ausgeben, meinen, sie wüßten etwas über das Sein und über die Wirklichkeit der Welt, bloß weil sie Apparate bauen, welche die ganze Welt innerhalb von Sekunden zerstören könnten. Sie sind die Hohepriester der magischen Zirkel, und bei ihnen sucht das Volk nach Belehrung über das wahre Wesen der Dinge und der Welt. Ihr Weltbild herrscht heute in jedem Land der Erde, und schon die Kinder werden in der Schule mit ihren neuesten Thesen und Theorien indoktriniert.

Um sich selbst gegen jede Infragestellung durch religiöse Inhalte abzusichern, wird es so hingestellt, als liege es in der Natur der Dinge, daß die Wahrheit einzig in der heutigen Gestalt von Wissenschaft gegeben sein könne.[160]

---

[160] Allzu oft wird der angebliche Wille Gottes dazu mißbraucht, den Grund der Wissenschaft abgeben zu sollen, den Grund dieser Wissenschaft. Dabei ist längst nicht alles, was der Mensch tun und forschen kann, von Gott autorisiert. Wer das, was in der Geschichte geworden ist, einfachhin mit dem Willen Gottes gleichsetzt, verkennt, wie es um den Menschen wirklich steht: Der Mensch ist frei, er kann das Unwahre suchen, das Üble wollen und das Böse tun. Diese Freiheit ist von Gott gegeben, der auch gewollt hat, daß der Mensch aus Freiheit handle. Aber das heißt noch lange nicht, daß Gott auch will, daß sich der Mensch für das Böse entscheide. Jene Freiheit, die notwendig auch die Möglichkeit, sich gegen Gott zu entscheiden, in sich trägt, begründet das personale Sein. Die Möglichkeit, in der Perversion der Freiheit auch das Böse wollen zu können, ist gewissermaßen der Preis und das Risiko des Personalen. Gott will die Freiheit, auch auf die Gefahr hin, daß sie mißbraucht werde, aber das Böse kann er nicht wollen.
Deshalb ist die These von der Notwendigkeit der Sünde zur Bewußtwerdung des Menschen, ihr vermeintlicher Sinn auf dem Wege zur Individuation und zur Selbstbefreiung, zur Selbstwerdung, oder was auch immer, von Grund auf verkehrt. Oft wird sogar mit theologischem oder philosophischem Anspruch in dieser Richtung argumentiert; die Bibel aber sagt eindeutig, daß der Mensch - Adam - längst vor dem Sündenfall vernünftiger Rede fähig war; er redete mit Gott und mit seiner Frau, er war erkennend und sehend, er war ganz bei sich. Er hätte der Sünde nicht bedurft. Im Gegenteil: Die Sünde ist sinnlos, und das Böse hat kein-

Unterdessen hat die Zeit alle gelehrte Fachdiskussion schon weit überholt. Die Frage nach dem Sein, die Frage nach Gut und Böse, wie die Frage nach der Wahrheit ist längst nicht mehr die einer theoretischen Diskussion, ein sich Verständigen über die Grundlagen unseres Daseins. Schon seit Jahrhunderten wird die Frage nach Sein und Nichtsein nicht mehr in den Hörsälen oder in den Kaffeehäusern gestellt; sie wird Tag für Tag umkämpft im Alltag des Berufes. Was wahr ist, wird längst nicht mehr gefragt, es wird gesetzt und getan. Noch lange bevor irgend jemand wußte oder wissen konnte, was Materie wirklich ist, gab es die Atombombe. Die Frage, was oder wer der Mensch ist, wird zwar in der philosophischen Anthropologie gefragt, aber wirklich verhandelt wurde diese Frage im 20. Jahrhundert auf den Operationstischen und unter dem Seziermesser in den pathologischen Abteilungen, in den Versuchsabteilungen, in den Laboratorien der verschiedensten Institute.

Die Wahrheit wird nicht gesucht, sie wird ausprobiert. Als man die erste Atombombe ausprobierte, war man sich nicht klar über ihre Auswirkungen. Es gab Physiker, die davor warnten, die ganze Atmosphäre der Erde könnte in einem einzigen Augenblick verbrennen. Die Befürchtungen konnten widerlegt werden – nicht auf dem Schreibtisch oder im Hörsaal, sondern im Experiment – man probierte es einfach aus.

---

erlei Vernunft. Die Sünde zerstört nur, sie vernichtet alles, was ehedem echt, vernünftig und frei war. Sie hindert den Menschen an seinem Glück, sie entreißt ihn seiner Gestalt, seines vollen Selbstbesitzes und seiner Freiheit. Sie verkehrt seine Sinne und nimmt ihm die Wahrheit, auf die er ein Anrecht hätte. Die Frucht der Sünde ist schließlich nicht die Freiheit, sondern die Knechtschaft unter das Böse. Das Böse hat den Menschen immer betrogen. Am Ende ist er immer ärmer und dümmer und hilfloser als vorher.
All die schlauen Reden über den vermeintlichen Sinn der Sünde - von welcher Seite auch immer - am gebräuchlichsten sind die Argumente der Religionskritik des 19. Jahrhunderts, das marxistische Denken, die Psychoanalyse, die frei-geistigen und die geistfreien Bewegungen der letzten Jahrhunderte, die Ideologien der Aufklärung usw., sie alle stehen letztlich im Dienste der Verneinung der Freiheit und der Güte des Menschen.

Gerade auch das Geistige, das Hohe, das Wertvolle, ja die Wahrheit selbst ist heute der blinden Tatkraft der beständig Werkenden ausgeliefert. All die physikalischen und biologischen, die kybernetischen und die psychologischen Theorien sind, wenn man sie vor dem Hintergrund dessen betrachtet, woraus sie gewachsen sind, hohle Konstrukte. Vom Wesenhaften her betrachtet sind sie nichts als Absurditäten, die nur dazu erdacht sind, das zu verdecken, was wirklich ist. Das seit Jahrhunderten maßgebende, weil vorherrschende Weltverständnis der Wissenschaft hat es vermocht, den Menschen einzuimpfen, daß alles, was wirklich und bedeutend ist, nichts sei, als ein Überbau über die eigentlich gültige, die gegenständliche, die mit den Mitteln der Physik und der Mathematik beschreibbare Welt. Man hält inzwischen die Phantome der Naturwissenschaften für die nackte Wahrheit.

2. Die nichtige Welt der Physik

Die Physik ist eine Wissenschaft, die mit der Welt so umgeht, als trüge diese keine Bedeutung in sich. Sie nimmt die Welt so, als sei diese selbst alles, was in ihr zur Erscheinung kommt. Wo die Erscheinung für sich genommen wird, verschließt diese, die „materielle" Welt, den Zugang zur Bedeutung, denn abgetrennt vom Erscheinenden ist die Erscheinung nichtig.

Nimmt man den Dingen ihre Herkunft aus Gott, liefert man sie erneut jener Nichtigkeit aus, die in der Schöpfung (die ja eine Schöpfung aus dem Nichts ist) gerade überwunden war, so daß die Dinge ins Sein kamen. Das in der Neuzeit zum Maß gewordene Herrschaftswissen hintergeht also gewissermaßen das Sein der Dinge, das aus Gott kommt, und es tut so, als hätten die Dinge ein Sein für sich, ein Sein, das sie nicht der Schöpfung, das heißt, dem kontinuierlichen Einwirken des absoluten Seinsgrundes zu verdanken hätten.

Wenn also so etwas wie eine Naturwissenschaft je einen Sinn haben sollte, dann nur dort, wo sie aus dem Rückgriff auf das

Wirken Gottes, also unter Einbeziehung der Finalursache ins Werk gesetzt wird, worin zwei Dinge zusammenkommen müßten: Zum einen das Wissen, daß die Dinge deshalb bedeutsam und des Blickes würdig sind, weil sich in ihrem Sein die Wahrheit und die Vernunft Gottes ausspricht, und zum anderen die Einsicht, daß die Wahrheit des Seins sogar in den Dingen gefunden werden kann, weil das Sein, das ihnen gegeben ist, echtes Sein ist, ein Sein vom Sein Gottes.

Die heutige Physik (und mit ihr die auf ihr aufbauenden Wissenschaften) jedoch will die Dinge nur abgetrennt von ihrer Seins- und Wahrheitswurzel. Sie will die Dinge für sich haben, so als neidete sie es Gott, daß alles Sein aus ihm kommt, was notwendigerweise zur Folge hat, daß das „nichtige Nichts", mit dem es der Physiker zu tun hat, zum „nichtenden Nichts" wird.[161] Aus der geistigen Schwäche, das Sein der Dinge nicht auf ihre echten Quellgründe beziehen zu können oder zu wollen, entsteht ein

---

[161] Dieser Gedanke ist in dem Werk „Esse est Deus" von Reiner Manstetten angedeutet. (München 1993, S. 345 ff.:) „Die Stellung des Menschen im Ganzen der Welt und gegenüber Gott kann nach jüdisch-christlicher Lehre nie losgelöst von dem Problem des Bösen und seines Grundes, der Sünde, betrachtet werden. ... Diese Absonderung vom Sein, die Sünde des Menschen, ist für [Meister] Eckhart die Verwirklichung des nichtenden Nichts: ... ‚Die Sünde ist Nichts und entfernt von Gott'.- Pr. 57; DW II 597,6. Nur dem Menschen ist es möglich, das Böse zu tun und damit das nihil zu verwirklichen."
Und: „Der Mensch vollbringt das Nichts mit seinen vernichtenden Folgen nur, solange er es nicht als Nichts sieht; wenn aber die Nichtigkeit der Tat des Menschen in der Reue offenbar wird, erscheint sie im Horizont göttlichen Willens und damit des Seins. ... Die Wahrnehmung der Sünde ist aber nichts anderes als die Erfahrung des nichtenden Nichts als der Nichtigkeit all dessen, was wir seiend zu nennen gewohnt sind." (Ebd. S.424 u. S. 426)
Der Physiker, der seinen Blick auf die bloße Gegenständlichkeit richtet, macht die Verneinung der Gestalt zum Prinzip seines Tuns, da die Gegenständlichkeit aus sich, das heißt ohne Gestalt, kein Sein hat. Der Physiker befaßt sich mit den Dingen, wie sie wären, wenn es keine Gestalt gäbe, er entleert die Wirklichkeit des Seins, weil sein ganzes Tun einzig darin besteht, die Dinge in ihren Äußerlichkeiten zu betrachten. Die Materie als solche ist das dem Nichts aller Nächste. Der Physiker erschafft die Zerstörung, weil er das Sein der Welt nicht von Gott her bedenkt, sondern den Dingen, die ja ohne Gott nichtig sind, eine Wirklichkeit aus sich selbst zuschreibt; er macht mit der Absolutsetzung der Äußerlichkeit der Dinge deren Nichtigkeit zum „nichtenden Nichts", er produziert mit System die Zerstörung der Welt.

Tun, das die Dinge von ihrer Herkunft in Gott abreißt. Die Physik ist somit die Theologie der theoretischen wie der praktischen Gottlosigkeit.

3. Auf der alchemistischen Suche nach der „materia prima": Die Erfindung des Plutoniums

Wenn die Welt eine Welt von Qualitäten und Bestimmtheiten ist, dann gibt es keine arglose Bastelei an den Dingen. Alleine die Ernsthaftigkeit des Lebens, die Tatsache, daß jede Entscheidung, die man einmal getroffen hat, für das eigene und für das Leben der anderen Menschen nie mehr wieder zurücknehmbare Konsequenzen hat, alleine dieses könnte einen schon des Besseren belehren. Die Welt ist kein Chemiebaukasten. Alles, was ist, hat eine Bedeutung in sich, und alles, was passiert, führt zu einer Konsequenz, die mit der ihr eigenen Notwendigkeit hervorgeht.

Die Wissenschaftler aber tun so, als gäbe es eine Welt, die ganz ohne Wert ist, ja sie haben sogar die Frechheit, eine „wertfreie Wissenschaft" zu fordern, denn sie wollen es nicht wahrhaben, daß alles, was nur irgendwie ist, eine Bedeutung in sich trägt. Wer noch einen letzten Rest an Redlichkeit in sich verspürt, wird, selbst wenn er die Bedeutung der Dinge im einzelnen noch nicht erkannt hat, und selbst wenn er einsieht, daß er sie wahrscheinlich auch nie ganz ermessen wird, doch allem, was ist, zumindest einen Vorschuß an Bedeutungshaftigkeit geben. Und wer zudem auch noch ein bißchen nachgedacht hat, wird die Dinge mehr achten, als ohnehin schon, denn sie sind in Wirklichkeit viel mehr, als sie uns zeigen: Nichts, was ist, ist beliebig oder gleichgültig, und alles hat teil an der alle Wirklichkeit durchwaltenden Schicksalsordnung, gemäß dem ehrwürdigen Worte Heraklits:

„Die verborgene Ordnung ist noch gewaltiger als die offensichtliche".[162]

---

[162] Heraklit, Fragment 48 Reclam (Fragm. 22 B54 n. Diels-Kranz).

Die Materie ist eine Folge der Wesensgestalt. Sie kann nur das in die Erscheinung bringen, was die Gestalt ihr vorgegeben hat. Die Gestalt bringt das Sein, und zwar so, wie es aus der Vernunft und aus dem Willen Gottes bestimmt ist. Die Gestalt der Dinge ist nicht beliebig. Sie ist auch nicht veränderbar – wenn etwas veränderbar ist, dann ist es die Materie, denn sie ist das Prinzip der Hinnahmefähigkeit der Dinge. An der Materie ist das sichtbar, was gerade Gestalt geworden ist, sie ist gewissermaßen das Gerinnungsprodukt der Gestalt, über deren Sein aber die Gestalt die Herrin ist und bleibt.

Die oft durchaus subtilen Einsichten der Metaphysik des Seins laden geradezu dazu ein, sie als wortwörtliche Aussagen über die konkrete Erscheinung der Dinge zu nehmen; vollends wächst mit dem Verfall der geistigen Kultur (wie er schon mit dem Ende der Scholastik einsetzte, wo selbst in den Schichten der Elite die Unfähigkeit bestand, mit ontologischen Tatsachen umgehen zu können) die Gefahr, daß einer hergeht, und die Aussagen der Philosophie nur auf der ontischen Ebene nimmt, so daß er wie selbstverständlich mit Dingen umgeht, von deren Wesen er in Wahrheit nicht die geringste Ahnung hat. Wenn beispielsweise Thomas von Aquin von der „materia prima" redet, dann meint er damit die nur ontologisch zu erfassende Endlichkeit der weltlichen Dinge, die wie eine Art von „erster Materie", ihnen die Potenz zur Aufnahme der Wesenheit bedeutet. Die Anhänger der hermetischen Philosophie und die Alchemisten am Anfang der modernen Naturwissenschaft aber meinten, in der „materia prima" jenen Urstoff suchen zu müssen oder gefunden zu haben, aus dem alle Dinge geworden sein sollten. [163]

Dieser Urstoff sollte es ob seiner Potenz zu allen Gestalten erlauben, aus Blei, oder aus was auch immer, Gold zu machen. Der Anfang des „großen Werkes" sollte demnach mit der Rückführung eines beliebigen Stoffes auf den Urstoff gegeben sein,

---

[163] Die „materia prima" in einem konkret vorliegenden Stoff zu suchen, ist genau so sinnlos, als würde man den „Sport" in Fußballschuhen zu finden hoffen. Zum Begriff der „materia prima" näheres in: Thomas von Aquin: De principiis naturae, c.2.

von dem ausgehend dann alle Stoffe der Welt, vor allem natürlich das Gold, durch neue Formgebung zu gewinnen waren. Sich auf Heraklit von Ephesus berufend, stellten die Alchemisten die theologische Aussage von der Herkunft aller Dinge aus Gott auf den Kopf, indem sie die Aussage, „Aus allem eines und aus einem alles" auf die „materia prima" bezogen. [164]

Durch diesen ontologischen Kurzschluß wurde die Materie in den Bestrebungen der Goldmacher zur Pseudo-Gottheit gemacht. Die Rückführung der Stoffe der Natur auf die „materia prima" sollte nun konkret darin bestehen, daß man in langwierigen chemischen Experimenten versuchte, diese von ihrer Gestalt loszureißen. Als Ausgangsstoff für die Produktion von Gold konnte dabei alles genommen werden, was es gibt, denn alles sollte ja auf der an sich wesenlosen(!) ersten Materie aufgebaut sein, aus deren Omnipotenz alle Gestalten der Welt hervorgegangen seien und immer neue hervorgehen sollten. Das Unterste wird so an die Stelle des Obersten gesetzt, so daß der Hermetiker zum Herrn über die Gestalten wird.

Freilich hat es bei einer solchen Täuschung über die wahre Natur der Dinge auch durch die Jahrhunderte hindurch kein Alchemist geschafft, aus Blei Gold zu machen. Die Materie ist keineswegs jene allmächtige Göttin, die eigenmächtig alle beliebigen Gestalten aus sich entlassen könnte, wie die Chemiker glaubten, denn sie ist durch und durch von der Gestalt abhängig, die sie aktualisiert.

❖

Die Schwarzmagier aller Zeiten haben sich getäuscht, wenn sie meinten, daß mit dem Entreißen eines Stoffes von seiner Gestalt einfach eine Urmaterie überbliebe, der dann eine neue Gestalt übergestülpt werden könnte. Vielmehr wird mit dem Abreißen eines Stoffes von seiner Gestalt der ganze Stoff der

---

[164] Zit. n. Gebelein: Alchymie, S.66.

Vernichtung preisgegeben. Es ist, als würden die Tore der Unterwelt sich auftun, wenn ein Ding der Gestalt, die ihm das Sein schenkt, entrissen wird. Die Schöpfung, die ihm das Sein geschenkt hat, wird umgekehrt, so daß die Dinge in das Nichts, aus dem sie genommen sind, zurückgestoßen werden.

Die Rücknahme des Schöpfungsaktes, bei dem all die Kräfte, die zur Konstitution der Welt von Nöten waren, mit einem mal frei werden, kann nur mit aller Gewalt erzwungen werden, denn sie kehrt in gewisser Weise das urzeitliche Entstehen der Dinge um: Die Materie, die ohne Gestalt keinen Seinsgrund mehr hat, bricht in sich zusammen.

Darin wird der Akt der Schöpfung wie mit einem Mal aufgehoben, und das, was aus ihm hervorgegangen ist, wird wieder in das Nichts hineingestoßen, aus dem es gemacht war. Hier meint und trifft die Verneinung der urbildlichen Wirklichkeit den ersten Anfang der Dinge. Es ist geradezu so, als würde der Mensch die Dinge der Welt, die er von Gott jeden Augenblick geschenkt bekommt, ihm zurückwerfen und ins Gesicht schleudern: Mit der Vernichtung der Gestalt ist eigentlich das Urbild gemeint, aus dem sie hervorgegangen ist.

Dieses äußerlich so arglos scheinende alchemistische Experiment, das hier von der ontologischen Seite her beschrieben wurde, ist nach Jahrhunderten langer Anstrengung und Forschung tatsächlich zum ersten mal wirklich gelungen. Man hat es im Jahre 1943 tatsächlich geschafft, eine Substanz von ihrer Gestalt loszureißen. Doch das Ergebnis dieses Experimentes war nicht etwa die gesuchte „materia prima" der Alchemisten, die Chemiker hatten es „lediglich" geschafft, ein Inferno fürchterlichen Ausmaßes zu entzünden, ein Inferno, in dem die Urgewalten des Seins, nun von keiner Gestalt mehr gebunden, frei wurden, um alles zu vernichten, dessen sie habhaft wurden. Das Produkt dieses Versuches ist unter dem Namen „Plutonium" so bekannt wie gefürchtet.[165]

---

[165] Da haben diese „Wissenschaftler" noch nicht einmal begriffen, welches Unheil sie mit der Atomspaltung in die Welt gesetzt haben, da begehen sie auch schon, mit der Gentechnik, noch schlimmere Verbrechen mit dem Lebendigen.

Plutonium ist ein Zerfallsprodukt aus Neptunium, das seinerseits aus dem Zerfall von Uran entsteht. Es wurde von Glenn T. Seaborg durch gezielten Neutronenbeschuß aus Neptunium hergestellt. Auch wenn man Jahre später herausfand, daß auch beim natürlichen Zerfall von Uran winzige Spuren von Neptunium und Plutonium entstehen, so kann man doch mit Fug und Recht behaupten, Glenn T. Seaborg und seine Kollegen seien die Erfinder des Plutoniums. Plutonium ist heute der meistverwendete Sprengsatz für Atombomben, und schon einzelne Atome von Plutonium sind so energiereich, daß sie, wenn sie inkorporiert werden, zu tödlichen Strahlenschäden führen.

Der Beschuß von Neptunium mit Neutronen führt zu einer Substanz ohne Gestalt, zu „reiner Materie", was es ja an sich nicht gibt. Für jene kurze Zeit aber, bis der Stoff ganz zerfallen ist, tut sich ein wahres Höllenfeuer der Vernichtung auf, das alles mit sich reißt, was in seiner Nähe ist: Wo keine Gestalt ist, ist kein Sein. Wo die Gestalt abgelöst ist, da ist nicht einfach eine Materie mit anderen Bestimmungen da, oder eine Materie ohne Bestimmungen, ohne Wesenheit, nein, dort ist nur mehr Zerfall.

Plutonium ist eine Materie ohne „Substanz" denn es schließt in ganz ausgezeichneter Weise das Gestalthafte, und mit ihm das uranfängliche Wort aus, so daß ungeheuer viel Energie entsteht, was ja gerade seinen zivilen wie militärischen Nutzwert auszumachen scheint. Das Plutonium ist im wahrsten Sinne des Wortes ein Unding. Von einer Substantialität kann man beim Plutonium nur in einem ganz eingeschränkten Sinne reden, sie ist im Plutonium nur als äußerster Grenzwert gegeben. In Wirklichkeit ist das Plutonium so wenig Substanz, daß es praktisch keinen Augenblick in sich selbst versammelt bestehen bleibt – es zerfällt.

Die Radioaktivität, beziehungsweise der radioaktive Zerfall ist die auf den Ausfall des Gestaltprinzips notwendig folgende Aufhebung der Erscheinung, von der man fälschlicherweise meinte, sie hätte ihren Grund in der Materie. Wie nun auch sozusagen experimentell demonstriert ist, verfällt die Materie in dem Augenblick, in dem sie ohne Gestalt ist, dem Nichts.

Am 16. Juli 1945 wurde in Alamogorodo, einem kleinen Forschungscamp des US-Amerikanischen Militärs, gelegen in der Wüste Neu-Mexicos, die erste Atombombe gezündet. Innerhalb eines Bruchteils einer Sekunde entfalteten sich die ungeheuerlichsten Kräfte; Kräfte, wie sie noch kein Mensch zuvor gesehen hatte: Temperaturen von über zehn Millionen Grad entstanden, und für einen kleinen Augenblick wurde ein Zustand herbeigeführt, der jenem gleicht, in dem das Universum entstanden war. [166]

Der Name dieser Vorläuferin, deren Nachkommen einige Wochen später die Städte Hiroshima und Nagasaki, und mit ihnen das Leben Hunderttausender Menschen auslöschen sollten, war „Trinity", zu deutsch: „Dreifaltigkeit".

Es ist kein größerer Frevel denkbar, denn im Namen des allmächtigen Schöpfergottes die Welt der totalen Vernichtung preiszugeben. [167]

Die erste Atombombe, jenes Gerät also, das nur dazu da ist, die Schöpfung auf so ungeheuer brutale und schauerliche Weise rückgängig zu machen, die größte Massenvernichtungswaffe, die die Welt je gesehen hat, „Trinity" zu nennen, das ist, ob gewollt oder ungewollt, nicht weniger, als Gott, den Dreifaltigen, der allem, was ist, das Sein geschenkt hat, ihn, der selbst Mensch geworden ist, um für die Sünden der Menschen einzustehen, als Mörder zu verleumden. Diese Verleumdung zielt darauf ab, Gott selbst ins Herz zu treffen, um das innerste Geheimnis der Liebe zwischen Gott und dem Geschöpf zu verraten. Dies ist die ausdrückliche Sünde wider den Geist, genau das, was die Tradition des christlichen Glaubens mit dem Wort „Todsünde" eigentlich und ursprünglich gemeint hat.[168]

---

[166] Vgl. dazu: Richard Rhodes: Die Atombombe, Berlin 1990, S. 625, ff.
[167] Die Namengebung der ersten Atombombe geht zurück auf Robert Oppenheimer. Aus einem Brief aus dem Jahre 1962 geht hervor, daß er selbst nicht wußte, wie er auf diesen Namen kam. (Vgl. Richard Rhodes: Die Atombombe, Berlin 1990, S. 580, f.
[168] Vgl. dazu: Mt. 12, 30 - 32; Romano Guardini: Der Herr, S. 132 ff; des weiteren: Thomas von Aquin: S. Th., I, II, q. 88, a. 2.

Warum, so muß man sich doch fragen, mußte die erste Atombombe ausgerechnet „Trinity" heißen, warum nicht „Fritz", oder „Robert", wie sein Vater, oder, wenn man schon vorwitzige Anspielungen machen muß, warum dann nicht nach Hitler „Adolf" oder nach Stalin „Josef"? Warum muß ausgerechnet jenes Wort, mit dem die Theologen das Wesen Gottes zu umschreiben suchen, für die erste Atombombe herhalten?

VIII. Die naturwissenschaftliche Ideologie – oder: Was vom Leben bleibt

1. Das Leben in den Augen der Naturwissenschaft

Die Naturwissenschaft ist eine ganz bestimmte Art des Menschen, sich seiner Welt gegenüber zu verhalten. Der Naturwissenschaft geht es um die Erkenntnis der Natur, aber sie ist keineswegs die einzige Möglichkeit, sich erkennend auf die Natur zu beziehen. Die Naturwissenschaft versucht, auf Beobachtung und Experiment sich stützend, die Erscheinungen im Bereich der Natur zu erfassen und zu erklären. Die Naturwissenschaft will, so weit dies möglich ist, eine exakte Wissenschaft sein, das heißt, sie will sich nicht mit vermeintlichen „Spekulationen" um das Wesen einer Naturerscheinung begnügen, sondern zu Ergebnissen kommen, die möglichst eindeutig beschreibbar und für jeden Betrachter, soweit er die nötige Sachkenntnis hat, nachvollziehbar und wiederholbar sein sollen. Sowohl die Einsicht in den Gegenstand, genauer gesagt, die Einsicht in die Ergebnisse der Forschung, die einen bestimmten Gegenstand betreffen, wie auch die daraus sich ergebenden technischen Möglichkeiten und Fähigkeiten sollen dabei systematisch reproduzierbar sein.

Wie ohne weiteres zu erkennen ist, kann diesem Ideal der Naturwissenschaft zunächst nur ein bestimmter, relativ enger Bereich der Gesamtwirklichkeit entsprechen, offensichtlich der der sogenannten „Natur", womit jener Bereich der Gesamtwirklichkeit gemeint ist, der vor drei bis vier Jahrhunderten schon, zu jener Zeit nämlich, als die heutige Naturwissenschaft entstand, als „Natur" bezeichnet wurde: der Bereich der gegenständlich oder gegenstandsähnlich vorliegenden Erscheinungswelt. Eine genaue Grenze dieses Bereichs anzugeben, scheint so gut wie unmöglich zu sein, denn die Umrisse dieses Bereichs hängen tatsächlich nicht, wie die Naturwissenschaft meint, etwa davon ab, wie diese „Natur" nun einmal sei oder wie sie sich zeigt, sondern sie hängen einzig davon ab, was die Naturwissenschaft beziehungsweise der Naturwissenschaftler sich unter diesem Bereich vorstellen, und wie dieser dementsprechend definiert wird. Im Laufe der Jahrhunderte allerdings ist man dazu übergegangen, ungesagt mehr oder weniger alles, was ist, also gewissermaßen das ganze Sein der Welt als „Natur" oder als die Folge naturgegebener Wirklichkeit zu bezeichnen. So meint der Begriff der „Natur", wie ihn der Naturwissenschaftler gebraucht, nicht mehr einen inhaltlich umgrenzbaren Bereich der Gesamtwirklichkeit, sondern alles das, was überhaupt zum Gegenstand des naturwissenschaftlichen Interesses, beziehungsweise der naturwissenschaftlichen Forschung wird.

Der Begriff von „Natur", von dem die Naturwissenschaft ungesagt ausgeht, ist nicht, wie er es ursprünglich einmal gewesen sein mag, eine inhaltliche Bestimmung, sondern er ist zu einer rein methodischen Vorgabe geworden, was ungeheuerliche Konsequenzen hat:

Der neue Begriff von „Natur" kennzeichnet nunmehr die Art und Weise, wie „Sein" sich einzig zeigen darf, um von der Naturwissenschaft als möglicher Gegenstand gesehen und anerkannt zu werden. So gibt die Methode der Betrachtung die Grenze der Erkenntnis vor. Weil, beziehungsweise solange die Naturwissenschaft sich selbst und ihre Methoden als das einzig gültige Kriterium zur Festsetzung dessen erachtet, was als wirklich „wirklich" gelten darf, wird sie nicht anders können, als zu meinen, dem Sein selbst vorschreiben zu müssen, was sein kann und was nicht – an genau diesem Punkt wird die Wissenschaft zum totalitären System. Das Urteil über die Wirklichkeit oder über das Sein einer Sache wird nicht vom Phänomen ausgehend gefällt, sondern die phänomenale Wirklichkeit wird von vorne herein einem ihm fremden Maß unterstellt.

Während man, als diese neue Weltsicht in ihren Anfängen steckte, noch die Tatsächlichkeit von Phänomenen, die außerhalb des Gesichtskreises der Naturwissenschaft lagen, bestritt, so entzieht man sich heutzutage dadurch jeder Argumentation, daß man einfach die Grundlage aller Wirklichkeit so ansetzt, wie sie von der Naturwissenschaft bestimmt wird, wohingegen die anderen Dinge als Epiphänomene bestimmt werden.

So gilt zum Beispiel der Geist als Widerschein oder als die Folge neuronaler Prozesse des Gehirns. Man darf sich nicht täuschen lassen: Die Aussage, der „Geist" sei (nur) eine Folge der Anordnung von Materie oder gar diejenige, Gott sei (nur) ein notwendiges Produkt unserer moralischen oder religiösen Bedürfnisse kommt de facto deren absoluter Leugnung gleich. Wo sich die Naturwissenschaft darauf einläßt, Dinge zu erklären, die von ihrer Seinsweise her keiner naturwissenschaftlichen Methode zugänglich sind, kann sie nicht anders, als diese zu leugnen oder zu zerstören.

Max Thürkauf, einer der wenigen Naturwissenschaftler, die fähig sind, sachgemäß über ihr Wissenschaftsgebiet zu reflektieren, sagt deshalb:

„Eines der subjektivsten Weltbilder ist die objektive Welt der Physiker." [169]

Die Streitigkeiten um die Zuständigkeit naturwissenschaftlicher Erklärungen, bzw. die Tatsache, daß der Geltungsbereich der Naturwissenschaft auf alle Seinsebenen übergreifen konnte, hat ihren Grund darin, daß die Naturwissenschaftler meist nicht bereit oder fähig sind, über den Bedeutungsrahmen ihrer Erkenntnisse und ihres Handelns die nötige Rechenschaft abzugeben. Der eben genannte Max Thürkauf hat in prägnanter Weise die Umrisse des Ideals der Naturwissenschaften beschrieben:

„Das eigentliche Ziel der exakt-naturwissenschaftlichen Forschung besteht darin, für die chemisch-physikalischen Zustände und Abläufe Differentialgleichungen zu finden, deren Integrale die Raum-Zeit-Ausdehnung des Geschehens zu beschreiben vermögen." [170]

---

[169] Max Thürkauf: Distanz und Beziehung, in: Der Mensch - Gegenstand der Naturwissenschaft, Hg. von Gion Condrau und Alois Hicklin, Bern 1978, S. 73.
[170] Max Thürkauf: Gedanken zum Erkenntnisbereich modernen Naturwissenschaft, ebd., S. 14.

Das naturwissenschaftliche Vorhaben, die Welt der Erscheinungen in ihren Abläufen zu erfassen, um diese Abläufe möglichst eindeutig mathematisch zu beschreiben, ist im Bereich der gegenständlichen Welt, also dort, wo die Abläufe der Dinge sich zu einem großen Teil wie ein Mechanismus verhalten, durchaus erfolgreich. Schon die einfachsten Konstruktionen in der Architektur, ein Uhrwerk, aber auch die neuesten Projekte der Raumfahrt führen dies deutlich vor Augen. Aber: Das, was die Wissenschaft beschreiben und berechnen kann, ist nicht das Wesen einer Sache, sondern eben nur die damit verbundenen Abläufe in Raum und Zeit.

Das wirkliche Verstehen einer Sache kann sich keineswegs damit begnügen, nur die bewirkende und die materielle Ursache eines Phänomens zu betrachten und zu beschreiben. Man kann zwar bei fast allen Dingen, die es gibt, von ihrem Wesen und ihrer Gestalt abstrahieren, um nur das, was in das Prozeßhafte der raumzeitlichen Abläufe eingeht, zu beschreiben, aber man darf dabei in keinem Fall davon ausgehen, daß man damit einem Phänomen oder einer Wirklichkeit tatsächlich gerecht werde. Im Gegenteil, ein wirkliches Verstehen müßte die Finalursache eines jeden Phänomens in all ihrer Tiefe (mit-) bedenken, so wie es ein Denken, das noch nicht in wissenschaftlichen Formeln erstickt ist, auch tagtäglich tut: Das Sein, aus dem und durch das etwas ist, das Urbild, aus dem es hervorgegangen ist, und das Ziel, auf das hin es ins Sein gestellt ist.
Noch schlimmer aber steht es um jene Wirklichkeitsbereiche, wo es um eine wirkliche Bedeutung geht, denn hier ist die wissenschaftliche Exaktheit ein Phantom. So zeigt sich die Unfähigkeit der Naturwissenschaft, zu echtem Verstehen zu kommen, bei denjenigen Dingen am deutlichsten, deren Wesen darin besteht, daß die raumzeitlichen Abläufe, die an ihnen sichtbar werden, zwar in gewisser Weise als das Medium ihres Selbst-ausdrucks und ihrer materiellen Vermittlung gelten können, deren Wesenhaftigkeit aber keinesfalls darin aufgeht, ein raum-zeitlicher Ablauf zu sein. Damit ist beispielsweise das Lebendige gemeint. All jene Dinge, die zum Wesen des Lebens gehören, sind

als solche mit den Mitteln der Naturwissenschaft nicht beschreibbar, weder von der Physik, noch von der Chemie oder der Biologie. Zwar kann die Biologie in gewisser Weise die Umstände und die eventuellen Hergänge der Hypothese „Evolution" umreißen, aber den Grund einer Höherentwicklung wird sie nie verstehen, solange sie in gut naturwissenschaftlicher Manier die Finalursache als keine gültige Kategorie anerkennt.

Wenn also die Biologie, wie es zuweilen der Fall ist, behauptet, daß sie so weit über die Physik und die Chemie hinausgewachsen sei, daß sie Anschauungsformen, die ihrem Gegenstand angemessen sind, entwickelt habe, dann wäre sicherlich diese Biologie nicht mehr eine exakte Naturwissenschaft, sondern eine Naturphilosophie.

2. Das Leben als Seinsvollkommenheit

Die naturwissenschaftliche Weltauffassung hat ein Weltbild der Armut hervorgebracht, in der Theorie wie in der Praxis. In der Theorie verdeckt die wissenschaftliche Vorstellung von Welt den Reichtum und die Güte des Seins, und in der Praxis zerstört sie die Dinge und die Lebewesen, und in eins damit alles, was diese je hätten hervorbringen können.

Die naturwissenschaftliche Biologie basiert, historisch betrachtet, auf der Physik, bessergesagt auf den physikalischen Vorstellungen des siebzehnten Jahrhunderts, inhaltlich gesehen darauf, dem Lebendigen die Seinsweise der Gegenständlichkeit oder der bloßen Vorhandenheit zu unterschieben. Diese Wissenschaft heißt zwar „Bio-logie", also etwa „Lehre vom Lebendigen", aber sie schließt alles Leben a priori und mit aller Konsequenz aus ihrem Tun und Denken aus, denn das, was die Qualität des Lebendigen ausmachen würde, nämlich die besondere Offenheit des Lebendigen für die Quellen des Seins, kennt sie nicht.

Vor der Zeit der Vorherrschaft der naturwissenschaftlichen Ideologie – und sie ist eine Ideologie, sofern sie es beansprucht, auch über Themen und Grundsätze zu urteilen, die ihr als Wissenschaft vorausliegen – vor dieser Zeit also galt das Leben als eine Seinsvollkommenheit, die zuerst und vor allem das Wesen Gottes kennzeichnete.

Was könnte mit dieser Aussage gemeint sein? Wie kommt man dazu, das Leben in die nächste Nähe zum Göttlichen zu bringen? Man würde es heute gerade noch akzeptieren, die Nähe des Lebens zum Göttlichen als einen moralischen Anspruch zu verstehen: Das Leben ist irgendwie das Kostbarste, was es auf Erden gibt; es ist in gewisser Weise Voraussetzung für alle anderen Werte. Das Leben, vor allem das menschliche Leben, so würde man sagen, habe einen unbedingten Wert.

Aber hier geht es in Wirklichkeit um viel mehr, als nur um eine moralische Forderung. Es ist hier eine Aussage über das Sein und Wesen des Lebens getroffen. Das Leben, so wird festgestellt, kommt in seiner Seinsweise der Seinsweise des Göttlichen so nahe, daß gesagt werden kann, das Göttliche selbst sei durch und durch lebendig – wenn auch sicher ist, daß das Wort „Leben" in und für Gott etwas ganz anderes besagt, als was es für uns besagt.

Immerhin, wir können es an uns selbst erfahren, daß das „Leben" ein Sein beinhaltet, das wesentlich mehr ist, als ein bloßes Vorhandensein. Das Leben ist immer ein Akt, und zwar ein solcher, in dem das Lebendige mehr oder weniger Herr seiner selbst ist, während das bloß Vorhandene einer rein physikalischen Einwirkung unterliegt, und als solches ganz in den Bereich räumlicher Bewegung eingebunden bleibt.

Vom Sein Gottes aber sagt man, daß es ein durch und durch lebendiges ist, ja, Gott ist sogar über-lebendig, wenn man so sagen kann, denn in ihm ist die Fülle allen Lebens. Wenn man das Leben also, wie es der Theologe macht, von seiner höchsten Seinsweise her betrachtet, dann meint das Leben eine Art von Seinsvollkommenheit, die zunächst und eigentlich in Gott gegeben ist. Gott aber ist so frei, diese Seinsvollkommenheit auch einigen seiner Geschöpfe mitzuteilen, so daß diese, eben weil ihnen das Sein auf eine besonders vollkommene Art und Weise geschenkt ist, als „lebendig" zu bezeichnen sind.

Die alten Theologen und Philosophen sagen, Gott sei der Lebendige, so wie sie sagen, er ist der Vernünftige: Gott ist der Inbegriff der Lebendigkeit, so wie er der Inbegriff der Weisheit ist, er ist der Quell allen Lebens und aller Wahrheit. An dieser Wahrheit und an diesem Sein hat alles Lebendige teil, so daß es selbst lebendig, und auf eine gewisse Art und Weise in den Anspruch dieser Wahrheit gestellt ist. Damit ist folgendes gemeint: Das Lebendige ist seines Daseins in der Art mächtig, daß ihm dieses nicht äußerlich ist. Das Sein ist ihm so zu eigen geworden, daß es eigenmächtig darüber verfügen kann, und zwar so, daß es eben als selbständiges Wesen sein und wirken kann.

Demgegenüber ist das Gegenständliche als eine Art von Seiendem zu bestimmen, dem genau diese Seinsvollkommenheit als Wirkvermögen fehlt. Es ist einfach, es ist wirklich, aber es kann nicht aus sich heraus aktiv sein. Es ist der Welt und den anderen Dingen und Kräften einfach ausgeliefert. Das Gegenständliche ist zwar räumlich fest umgrenzbar, aber es hat keine echte Innerlichkeit. Es ist wesentlich auf sich selbst beschränkt – streng genommen ist es nicht einmal beschränkt, denn dazu müßte es bereits über sich hinaus sein, was aber nur dem geistigen Wesen zukommt. Freilich steht auch der Gegenstand in einem Verhältnis zu Gott – auch das Gegenständliche hat sein Sein vom Absoluten selbst her, wenn dem nicht so wäre, dann gäbe es das Gegenständliche nicht – aber es hat sein Sein doch in einer ganz anderen Qualität als das Lebendige.

Das Leben ist demzufolge keine Erscheinungsform, die nur auf bloßer Gegenständlichkeit beruhen würde. „Leben" besagt wesentlich mehr, als uns die Biologen weis machen wollen, wenn sie sagen, daß das Leben durch ein Sich-bewegen-Können oder durch einen eigenen Stoffwechsel oder ähnliches zu definieren sei.

Etwas Entscheidendes fehlt hier noch, und zwar etwas, das uns aus dem alltäglichen Umgang mit anderen Menschen bekannt ist: Je geistiger einer ist, desto lebendiger ist er. Je mehr ein Mensch durch sein Denken und Erfahren einen Anteil an der Wirklichkeit des Seins bekommt, desto kräftiger und lebensfreudiger, desto offener und lebendiger ist und wird er. Seine Lebendigkeit ist ein Ausdruck an Seinsfülle, die ihm gegeben ist – letztlich also ein Ausdruck einer Teilhabe an Wirklichkeit und Sein, das ihn in die Vollkommenheit Gottes verweist. Das eigentlich Lebendige ist demnach der Geist. Je geistiger ein Wesen ist, desto mehr Seinsmöglichkeiten hat es.

So wie jedes Werden ein „mehr" an Sein, bzw. an Seinsmöglichkeiten voraussetzt, als das, was im Werdenden schon je aktuell verwirklicht ist, und so, wie in jedem Werden eine Bewegung auf dieses „mehr" hin sich entfaltet, so besagt auch das Leben als solches eine gewisse Art von „Mehrwerden". Es besagt so etwas wie einen Übergang, eine Transzendenz: daß da etwas eigentlich mehr ist, als das, als was es sich bis jetzt gezeigt oder entwickelt hat. Alles Lebendige ist, wie es der Begriff des Werdens ja als solcher schon aussagt, was aber beim Lebendigen besonders deutlich wird, in ein Sein gestellt, das wesentlich ihm selbst schon voraus ist. Das Sein des Lebendigen ist nun speziell dadurch gekennzeichnet, daß dieses „mehr" nicht in einem ihm bloß äußerlichen Werden zu erfahren ist, sondern daß es in einer eigenen Bewegung einzuholen ist, daß es mit eigener Dynamik erfüllt und erwirkt werden kann.

Das Lebewesen hat somit einen Wesensgrund zur Voraussetzung, der in ihm wie als Urbild dessen, was werden soll, in aller Vollkommenheit innerlich voraus-existiert – ein Urbild also, an dem das Lebendige sich im Gegensatz zum gegenständlich Seienden irgendwie willentlich oder zumindest in einem dem Willentlichen analogen Verhältnis orientiert. An diesem Urbild hat das Lebendige näherhin dadurch Anteil, daß es auf es hin in seinem Sein und Werden finalursächlich ausgerichtet ist, denn als solches bestimmt das Urbild die Gestalt der Existenz und des Werdens alles Endlichen.

In der Spannung zwischen diesem Urbild, das jedes Wesen in sich als Auftrag und Anspruch findet, und der jeweiligen konkreten Gestalt, in der es sich gegenwärtig vorfindet, steht jedes Lebewesen. Zur höchsten Aufgipfelung dieser Spannung kommt das Leben freilich in seinen geistigen oder geisttragenden Ausformungen: Dem geistigen Lebewesen ist in seinem Sein ein derartiger Anspruch aufgegeben, daß die Spannung zwischen dem Urbild seines Wesens und dem, was davon zur Verwirklichung gebracht werden kann, und was nicht, ihm zur Frage nach Heil oder Unheil wird, zur Frage nach Verderbnis oder Erlösung.

Das Sein der Dinge und der Lebewesen hat seinen Ursprung in der Vernunft Gottes. Daß die Integrität eines jeden Wesens gewahrt werde, beziehungsweise die Tatsache, daß ein jedes Lebewesen in der Not ist, seine Integrität zu wahren, ist letztlich nur daraus zu begründen, daß alles, was ist, im unversehrbaren Sein Gottes seinen Anfang wie sein Ziel hat. Diese urbildliche Integrität eines jeden Wesens begründet im vernünftigen Subjekt das Gewissen. Dieses hat seine Wurzel, wie sein Maß im Urbild, welches unmittelbar aus der Vernunft Gottes kommt. [171]

3. Die Seele – das Prinzip des Lebens

Genau dieses, daß im Lebendigen in ganz besonderer Weise noch einmal das Absolute selbst am Werk ist, ist der Grund dafür, daß man das lebendige Wesen ein „beseeltes" Wesen nennt. Die Seele vermittelt dem einzelnen Lebewesen die Vollkommenheiten und Vermögen des Lebens, wie sie im Geiste Gottes urbildlich und im voraus existieren. Weil nun in der urbildlichen Vernunft Gottes das geistige Lebewesen um seiner selbst willen gemeint und gewollt ist, ist die Seele das individuelle Gestaltprinzip, das jeder personalen wie biologischen Lebensäußerung begründend vorausgeht.

---

[171] Wenn das Urbild allen Seins nun selbst in die Welt kommt, entscheidet sich die Frage nach dem Sein der Welt ein für alle mal; zuerst wird das seelische Leben von der Nähe, ja Gegenwart des göttlichen Urbildes durchwirkt und überstrahlt, so daß diese die Welt vom Urbild her neu gestaltet.

Die Seele ist vermöge ihrer wesenhaften Beziehung zum Urbild das einheitgebende Prinzip des Werdens eines Lebewesens in all seinen jeweiligen Zeitgestalten, so daß sie in sich die einzelnen Gestalten der Entwicklung des Lebewesens trägt. Dabei steht die seelisch-gestalthafte Wirklichkeit noch vor der realen Erscheinung des Lebewesens, so daß das Leben die Entäußerung und der Ausdruck des Urbildes ist, welches die Seele in sich sammelt, um es als Leben zu vermitteln.

Das Leben ist gewissermaßen die Wirklichkeit, beziehungsweise die Verwirklichung des Seelischen. [172]

❖

Quell und Ziel des seelischen Lebens ist die urbildliche Wirklichkeit – das Wort. In ihm erfährt das Lebewesen den Grund seines Seins und in eins damit die höchstmögliche Erfüllung seiner Natur.

Das Verlangen nach der urbildlichen Vollkommenheit in den verschiedensten Gestalten des Lebens erfüllt das Lebendige als die unbändige Macht der Liebe. Alles, was lebt, fühlt in sich die Urgewalt der Liebe, und je mehr es vermag, dem Urbild seiner Gestalt Gegenwart zu verleihen, desto mehr reift es in seiner Liebe, desto mehr wirkt sich das Urbild in ihm aus, desto mehr wirkt das Urbild in ihm. [173]

So ist einzig das Lebendige auch in jener Weise auf sein Ziel hingeordnet, daß es dieses aus eigenem Vermögen und Willen anzustreben vermag. Anfangshaft strebt alles Lebendige auf das

---

[172] Ausdrücklich: Die Seele, und nicht die Gene ist das Prinzip des Werdens eines Lebewesens. Die Gene sind nur ein bestimmter materieller Niederschlag der seelischen Wirklichkeit, beziehungsweise von dem, was aus ihr hervorgegangen ist. Jede neue Wendung im Leben, jede Entscheidung, ja jedes Wort ändert die Gene. Deshalb sind die Vorhaben der Gentechnik nicht nur gefährlich, sondern auch idiotisch.

[173] Thomas von Aquin hat diesen Sachverhalt auf die einzigartige Formel gebracht: „... die eigene Vollkommenheit erstrebend, strebt alles hin zu Gott". S. Th. I q.6 a.1 ad 2.

Gute hin, es wird getrieben von Dingen, die ihm nützlich und von Vorteil sind, die sein Wachstum befördern, und die ihm auf alle nur erdenkliche Art helfen und nützen.

Im geistbegabten Wesen aber kommt dieses Ausgerichtetsein auf das Gute hin zu seiner eigentlichen und letzten Erfüllung: Für das zu voller Innerlichkeit erwachte Lebewesen ist die Finalursache als die Urgewalt der Liebe spürbar anwesend und wirkend, so daß es seine Werke letztendlich aus Liebe tut. Analog dazu ist von den Lebewesen, die kein Bewußtsein haben, zu sagen, daß auch sie in dem Maße einen Anteil an der Liebe haben, als sie in der Gegenwart des Urbildes stehen, und daraus wirken, obwohl sie keinen Begriff von der Liebe haben, und diese deshalb als solche nicht zum Gegenstand ihres Begehrens machen können, weshalb sie nur ansatzweise aus der Liebe selbst und um ihretwillen handeln können.

In der Seele findet der Himmel jenen Ort, wo er als Finalursache einfallen kann, um in Liebe geborgen zu werden, und um sich als Liebe auszuwirken. Entsprechend findet er im Geist jenen Ort, wo nach ihm verlangt wird, denn es ist die Art des Geistes, sich wissend und strebend auf den Himmel hin zu entfalten.

Die eigentliche Quelle der Liebe ist damit das Urbild; aus seiner Gegenwärtigkeit heraus hat alles Werden und Wachsen seinen Grund, und aus dem je anzustrebenden Vollgehalt seines urbildlichen Wesens hat alles Wirken sein Ziel. So ist das Urbild auch der Grund aller Innerlichkeit. Denn die Lebewesen, vor allem die geistbegabten unter ihnen, finden ihr Urbild nicht wie einen Gegenstand in der äußeren Welt, vielmehr liegt es verborgen im Inneren ihres Wesens.

Weil letztendlich alles Leben aus dem Absoluten kommt, strebt es auch zurück zu ihm. Je mehr Kraft dieses Streben bekommt, desto innerlicher kommt das Leben zu sich, bis es schließlich in der Person voll und ganz um sich weiß, und mit dem vollen Anteil am Geist auch den vollen Anteil an der Liebe bekommt.

Im geistigen Bereich nun kann das Urbild als der Grund der Eigenheit bewußt gelebt und angenommen werden. Die freie Entscheidung ist die Frucht der Gegenwärtigkeit des Urbildes, das je im Akt der freien Entscheidung zum Selbstbesitz und von da aus zum freien Selbstvollzug hinführt.

Auf der anderen Seite fällt alles, was in seiner Gestalt nicht dem Urbild entspricht, heraus aus der Ordnung der Wirklichkeit, was zur Folge hat, daß damit nichts Gutes mehr erwirkt werden kann, wodurch die Welt ebenso lieblos wie steril wird. Die Verhinderung des Zuspruchs des Urbildes, der ja die primäre Vollkommenheit der Lebewesen erst konstituiert, ist eine der schlimmsten Verfehlungen an der Wesensordnung der Wirklichkeit, die es überhaupt geben kann:

Die endlichen Wesen werden jeden Augenblick ihres Daseins genährt und im Dasein erhalten, sofern sie mittels ihrer Gestalt einen Anteil an der Quelle des Seins haben, von wo ihre Gutheit und ihre Wirkkraft ausfließt. Wenn sie also in ihrer Gestalt vom Urbild abgerissen werden, verlieren sie den Bezug zu den Quellen des Seins. Damit verlieren sie das dem Sein selbst eigentümliche Übermaß an Seinsfülle, wodurch sie in der Folge immer ärmer, immer bedürftiger und schließlich parasitär werden, weshalb ihnen am Ende nichts anderes mehr übrig bleibt, als selbst böse zu werden. Das auf den Mechanismus reduzierte Leben ist entseelt, es ist ohne Licht und ohne Liebe, ja es ist dem Himmel ein Feind, wie alles Mechanische.

Wer begriffen hat, daß das Leben eine Vollkommenheit des Seins ist, die letztlich nur aus Gott kommen kann, der wird erkennen, welch schreckliche Entstellung die Biologie als Naturwissenschaft bedeutet und auf den Weg bringt: Die gegenwärtige Biologie beruht auf der Verwechslung des Bestialischen mit dem Lebendigen.

IX. Die biologistische Verneinung und Schändung des Lebens

1. Die Gestalt des Lebens

Das bisher gesagte kurz zusammenfassend ist zu sagen, daß die Dinge aufgrund ihrer Gestalt und im Maße ihrer Gestalt einen Anteil am Sein haben, und daß, wenn vom „Sein" die Rede ist, eine Wirklichkeit gemeint ist, eine „Aktualität", ein Wirkend-Sein: Alles, was ist, hat eine Wirkung, denn es trägt vermöge seiner Gestalt im ihm anvertrauten Sein das Sein-überhaupt weiter: Mit dem Sein gibt also Gott den Dingen auch die Würde, daß sie selbst zu Trägern von Wirkungen werden. Das, was den Dingen ihre Wirkmacht verleiht, ist ihre Gestalt, denn durch sie haben sie Anteil am Sein, das zuinnerst das Vermögen zu Wirken besagt. Weil nun jegliche Kreatur an der göttlichen Seinsvollkommenheit einen anderen Anteil hat, geht aus jeder Kreatur auf je andere Weise eine andere Wirkung hervor. Das Sein ist nicht wie ein Klotz, es ist lebendig, es wirkt sich ob seiner Gestalthaftigkeit in der Welt aus. Weil jegliches Ding gestalthaft ist, und weil alles, was ist, ein Ort von Sein ist, ist alles ein Ausgangspunkt von Wirkungen. Die Gestalthaftigkeit des endlichen Seins konstituiert mit die Wirklichkeit der Welt, so daß die Welt in gewisser Weise an der Gegebenheit der Gestalten in den endlichen Seienden hängt. Diese aber sind in den Tiefen des Seins, in dem sie gründen, mit ihrem ewigen Grund vermittelt. Dieser ewige Grund ist der Anfang und das Ziel allen Werdens.

Alles Werden kommt also letztlich von der Finalursache, von der her es seine Dynamik, sein Maß und seine Richtung hat. Mit anderen Worten: Die Welt ist in dem Maße gestalthaft und wirklich, als sie auf Gott hin finalursächlich ausgerichtet ist.

Darüber hinaus ist zu sagen, daß die Dinge, weil sie aus dem Seins selbst kommen, gut sind – das Sein, das dem Geschöpf gegeben ist, ist gut, da ja das Sein selbst den Charakter der Güte hat. So verweisen alle Dinge in ihrem Sein auf Gott, ja sie führen aufgrund ihrer Gestalthaftigkeit auf Gott hin, und sie vermitteln in ihrer Gestalthaftigkeit das Endliche mit Gott. Andererseits sind die einzelnen Dinge in ihrer Endlichkeit auf die Gabe des Seins angewiesen, aber nicht nur auf die Gabe des Seins ihrer selbst in der Schöpfung durch Gott, sondern darüber hinaus auch auf die Wirkungen, die ihnen aus der Gestalthaftigkeit der anderen endlichen Dinge zukommen.

Der Seinszufluß erreicht die Dinge zweifach, also nicht nur über die eigene Gestalt, sondern auch über die Gestalten der anderen Wesenheiten, wie auch immer diese mit ihnen zusammenkommen mögen. Kein Wesen hat ein Werden aus sich heraus, so daß es auf Welt und auf ein Schicksal verzichten könnte. Kein Mensch hat die Wahrheit aus sich heraus, so daß er auf Erfahrung und Belehrung verzichten könnte. Alles, was ist, gehört im Sein zusammen. Das Einzelne ist in seinem Sein, wie in seinem Werden und Wirken eingefügt in ein großes Ganzes, das ihm eine Welt ist, und ihm zum Schicksal wird.

Die Ordnung des Seins ist nun keineswegs nur nach der Vorgabe einer räumlichen Anordnung der Dinge vorzustellen. Sie ist eine Ordnung der Sinngefüge, aus dem die Gestalten in Raum und Zeit hervorgehen, sie ist die Ordnung des Wirkens in der Zeit, eine echte Maßgabe der Wirklichkeit also. Das scholastische Wort vom „Seinsordo" nennt das aus der Finalursache resultierende, dem Seienden innerliche Ordnungsgefüge einer Schicksalshaftigkeit, das seinen Grund in der Tiefe des Seins hat, dort also, wo aus der Vernunft und aus dem Willen Gottes alles Sein einen Anfang genommen hat. Weil die Herkunft dem Sein im Ganzen wie den einzelnen Seienden so sehr innerlich ist, daß sie ihr Wesen ausmacht, resultiert daraus in allem, was ist, ob vereinzelt oder im Ganzen, ob individuell oder gemeinschaftlich, ob Geistwesen, ob Pflanze oder Tier oder Gegenstand, der Drang, beziehungsweise der Wille und die Liebe zur absoluten Seinsfülle, die letztlich nur in Gott selbst ist. Weil nun aber kein Seiendes, so sehr es auch daraufhin ausgerichtet ist, ganz die Fülle des Seins in sich oder in seinem Wesen ausdrücken kann, sind die endlichen Dinge allesamt angewiesen auf die anderen Gestalten, die ihnen begegnen, um ihnen zum Schicksal zu werden. Jedes Ding ist, weil es aufgrund seiner Gestalthaftigkeit Sein vermittelt, schicksalhaft. Jede Gestalt bringt Schicksal, jede Gestalt steht im Anspruch und im Dienst des in ihm waltenden Seins, und in der Kraft der in ihr sich auswirkenden Güte Gottes, der als Finalursache alles auf sich hin zieht, was immer angefangen hat zu sein.

Die Dinge sind allesamt gestalthaft und personal, weil das Sein selbst, an dem sie teilhaben, gestalthaft, ja personal ist. Daraus erwächst den Dingen eine Tiefe, die sie aus Eigenem nicht hätten. Alles Sein und Werden und Wirken ist also getragen vom Sein selbst, das sich in ihm ausdrückt. Es ist das in den einzelnen Seienden waltende Sein, das ihnen ihre Wirklichkeit und ihren Sinn verleiht. Alle Dinge haben zwar eine Eigendynamik, aber gerade darin, daß diese die eigene, das heißt die der Wesensgestalt eigentümliche Dynamik ist, ist sie die Dynamik des Seins selbst, das in allem als die göttliche Seinstiefe wirkt. So ist das urbildliche Sein selbst der in aller Geschichte waltende Kern, von dem alle Zeit als jene Bewegung ausgeht, in der die endlichen, am Sein teilhabenden Wesenheiten vermittels ihrer Gestalthaftigkeit hinstreben und in der sie einander auf das ihnen vorgegebene Ziel hintreiben, um darin die für sie vorgesehene Vollendung zu erfahren. [174]

Das Sein ist personal-gestalthaft: in Gott als der ewige Vollzug der Fülle seiner Herrlichkeit, im Endlichen als das zeitliche Werden.
In der Tiefe des Seins, von der sie ausgegangen ist, kommt die zeitliche Bewegung des Seins auch wieder zusammen mit der ewigen Bewegung des Seins. Dort erwartet es das vollkommene,

---

[174] Wenn der Blick über die bloß gegenständliche Ebene nicht hinauskommt, und die Gestalt des Werdens im Verborgenen bleibt, dann zeigt sich freilich das gegenteilige Bild: In ihrer bloßen Materialität genommen sind die Dinge einem scheinbar alles umgreifenden Verfallsprozeß ausgeliefert. Das Gesetz der „Entropie" ist die physikalistische Gegenthese zur Allgewalt der Liebe Gottes, die als Finalursache die ganze Welt an sich hält.

personale Liebes-Leben Gottes. Der Nachvollzug aber dieser beiden Bewegungen, der ewigen wie der zeitlichen, die untergründig im Sein übereinkommen, ist dem Menschen möglich. [175]

Er, als endliche, aber dennoch geistige Kreatur ist es, der in seinen Lebensgestalten das Sein und dessen Tiefen partizipierend nachvollziehen kann, so daß er mehr und mehr heranreicht bis an die höchste Höhe des geschaffenen Seins. So findet er im absoluten „Du", das sich ihm gnädig zuspricht, also wiederum im personalen Dialog, hin zum göttlich Erhabenen, um anbetend und liebend sich ganz zu übersteigen, wodurch er als geistig-personales Wesen ganz zu sich kommt. Dieser Weg, der die Herkunft allen Seins und aller Lebewesen aus Gott, und ihre Heimkunft zu ihm bezeichnete, ist nichts anderes als das Schicksal der Welt, hindurch durch Krankheit und Leid, durch Entfremdung und Mißbrauch, durch Not und Schmerz, hinein in die Fülle des Seins, von der her es immer getragen und gehalten war, und auf die hin es in all seinen Gestalten ausgerichtet war.

2. Die Biologie – eine Wissenschaft vom Lebendigen?

Wer es, aus welchen Gründen auch immer, nicht schafft, die Welt und das Leben solcherart von ihrer Herkunft aus den Tiefen des Seins her zu bedenken, hat keinerlei Recht, auch nur irgendwo in das Leben einzugreifen. Wer bis dahin nicht vordringt, weiß nicht, wovon er redet, aber schlimmer noch:

Wie die Physik eine Anti-Schöpfungslehre ist, so ist auch die Biologie eine Anti-Theologie, eine Ersatzreligion, die das Leben unter jener Hinsicht betrachtet, wie es wäre, wenn es nicht von Gott käme. Die heutige Biologie ist schon in ihrem Ansatz ein Unrecht gegenüber dem Lebendigen.

---

[175] „Der Mensch ist gewissermaßen an der Grenze zwischen Zeit und Ewigkeit", vgl: Thomas von Aquin: ScG, II, c.81. Auch: Johannes B. Lotz: Martin Heidegger und Thomas von Aquin, S. 125 ff.

Die Theorien Darwins beispielsweise haben nur sehr wenig wissenschaftlichen Wert, sie bringen auch tatsächlich nichts neues. Schon Aristoteles machte sich über die Ansicht lustig, die einzelnen Gestalten der Lebewesen seien aus reinem Zufall entstanden, und sie würden, wo sie sich im Alltag als einigermaßen sinnvoll erwiesen, erhalten bleiben. Der heute an allen Schulen gelehrte Darwinismus war zweitausend Jahre vor Darwin schon überholt. [176]

Darwins Aussagen sind nur deshalb in der Geistesgeschichte so wichtig und entscheidend geworden, weil sie einen philosophischen Anspruch haben, nämlich denjenigen, das Ende der Herrschaft des Göttlichen über das Leben zu verkünden. Der Charles Darwin, der Geschichte gemacht hat, ist keineswegs der ernstzunehmende Naturwissenschaftler, der den Kindern im Biologieunterricht präsentiert wird. Warum mußte er mit einer solchen Impertinenz betonen, daß der Mensch und der Affe gemeinsame Vorfahren hatten? Der Gedanke als solcher war weder neu, noch originell. Auch die Kakerlake und der Esel haben so gesehen gemeinsame Vorfahren. Diese Art von Sätzen, die vom herrschenden Zeitgeist auch noch wie Ikonen des Geisteslebens hochgehalten werden, sind, wenn man sie daran mißt, inwiefern sie streng wissenschaftliche Aussagen sind, so überflüssig wie unsinnig, denn sie sagen entweder nichts anderes aus, als nicht beweisbare Folgerungen von nicht beweisbaren Voraussetzungen, oder aber es handelt sich bei ihnen um Plattheiten.

Es ging Darwin und seinen Jüngern in Wirklichkeit darum, den Menschen von seiner Zugehörigkeit zu Gott loszureißen, die von Alters her darin ihren Ausdruck fand, daß man sagte, der Mensch sei das Abbild Gottes. Wenn nun der Mensch als nackter Affe dargestellt wird, dann ist das keine Kränkung des menschlichen Selbstverständnisses, sondern erst einmal ein Frevel gegen Gott. Es ist beileibe kein Zufall oder einfach nur ein Zeugnis von Ignoranz, daß in der Folge, beispielsweise bei Ernst Haeckel, immer wieder ganz direkt davon die Rede ist, daß der Mensch

---

[176] Aristoteles: Physik, Buch II, No. 198 b.

vom Affen abstamme, denn es geht ja, wie gesagt nur darum, der Gestalt des Menschen die Unmittelbarkeit zu Gott zu nehmen. [177]

Ein Lieblingsthema in der wissenschaftlichen Literatur des neunzehnten und zwanzigsten Jahrhunderts ist die Sexualität. Auch heute noch gibt es kaum eine Wissenschaftssendung im Fernsehen, die einen nicht darüber belehren wollte, daß und wie die menschliche Liebe aus dem Verhalten oder aus den Instinkten der Tiere abzuleiten wäre. Weit ab davon, dem Wesen der Sexualität oder gar dem der Liebe auch nur im Ansatz gerecht werden zu wollen, ist es wie ein fixer Gedanke, die Liebe immer wieder auf die vermeintlich tierische Triebhaftigkeit reduzieren zu müssen – womit zudem auch den Tieren die Fähigkeit zur Liebe abgesprochen wird, wozu auch sie zweifellos fähig sind. Schließlich soll es die Weitergabe von Genen sein, um dessentwillen der ganze Zauber dessen, was zwischen Mann und Frau ist, seine unbändige Macht entfaltet. Selbst hier vermuten die Aufklärer den Kampf um das Überleben als wahres Motiv.

---

[177] Am deutlichsten ist all das bei Ernst Haeckel (1834-1919), dem „Erfinder" des „biogenetischen Grundgesetzes", zu finden. Er ist der Prototyp des Wissenschaftlers der Wilhelminischen Zeit. Scheinbar gebildet, doch voller Ignoranz und Halbwissen. In seinem Weltbild wurde die Biologie zum Herrschaftswissen ausgebaut, um damit Krieg zu führen gegen alles, was bis dahin als Bildung und Kultur galt. Man lese seine „Welträtsel". Er hatte das Wissen und die Haltung eines Hauptschullehrers des letzten Jahrhunderts. Alle Sätze, die man vom Physik- oder dem Erdkunde- und Biologielehrer der Schulzeit als die heiligsten Dogmen verkündet bekam, findet man darin. Ernst Haeckel baute die neuesten Erkenntnisse der Naturwissenschaften seiner Zeit zusammen zu einem ganzen System von Glaubenssätzen, und so hat er auch das Glaubensbekenntnis des beginnenden 20. Jahrhunderts formuliert:
„Da überragt denn alle anderen Fortschritte und Entdeckungen unseres ‚großen Jahrhunderts' das gewaltige, allumfassende Substanz-Gesetz, das ‚Grundgesetz von der Erhaltung der Kraft und des Stoffes'. Die Tatsache, daß die Substanz überall einer ewigen Bewegung und Umbildung unterworfen ist, stempelt dasselbe zugleich zum universalen Entwickelungsgesetz. Indem dieses höchste Naturgesetz festgestellt und alle anderen ihm untergeordnet wurden, gelangten wir zur Überzeugung der universalen Einheit der Natur und der ewigen Geltung der Naturgesetze. Aus dem dunklen Substanz-Problem entwickelte sich das klare Substanz-Gesetz. Der ‚Monismus des Kosmos', den wir darauf begründen, lehrt uns die ausnahmslose Geltung der ‚ewigen, ehernen, großen Gesetze' im ganzen Universum.

Dabei dient diese Art von Gerede über den Sexualtrieb nur dazu, das Wesen der Liebe zu schänden. Die Liebe ist das innerste Wesen Gottes, das selbstverständlich auch in seiner Schöpfung einen zentralen Platz hat. Den Kampf ums Überleben – es gibt ihn, freilich, aber er ist kein metaphysischer Sachverhalt, der das Wesen der Existenz überhaupt beschreiben könnte. Der allgemeine Kampf ums Überleben soll innerhalb der Ideologie der Bestialität als quasiontologische Grundgestalt jenen Platz einnehmen, den vormals der Wille Gottes innehatte. In gleicher Absicht haben die Physiker den „Zufall" zu einer ontologischen Kategorie gemacht, um die Vorsehung Gottes aus der Welterklärung zu verbannen. Neuerdings werden die Gene, manchmal zusammen mit der umweltlichen Prägung und der Erziehung, als die einzigen schicksalsbildenden Mächte angesetzt. Der freie Wille des Menschen soll ein bloßer Reflex sein, eine Illusion, der sich die höheren Lebewesen zum Zwecke eines besseren Fortkommens hingeben.

Wer nicht ganz naiv, oder besser gesagt, wer noch nicht ganz ideologisiert ist, sieht, daß dies alles nicht die Ergebnisse einer unvoreingenommenen Forschung sind, sondern wohl gezielte Antithesen zu den zentralen Aussagen vormaliger philosophischer Weltdeutung, gesetzt in der Absicht, ein neues Zeitalter heraufzuführen. Und das ist ihnen auch gelungen.

Damit zertrümmert dieselbe aber zugleich die drei großen Zentral-Dogmen der bisherigen dualistischen Philosophie, den persönlichen Gott, die Unsterblichkeit der Seele und die Freiheit des Willens. Viele von uns sehen gewiß mit lebhaftem Bedauern oder selbst mit tiefstem Schmerze dem Untergange der Götter zu, welche unsern teuern Eltern und Voreltern als höchste geistige Güter galten. Wir trösten uns aber mit dem Worte des Dichters:
‚Das Alte stürzt, es ändert sich die Zeit,
Und neues Leben blüht aus den Ruinen!'"
Ernst Haeckel: Welträtsel, Bonn 1901, 7. Aufl. S. 438.
Der alte Mythos vom Sturz der Götter lebt, gerade in der so aufgeklärten Naturwissenschaft.

3. Der theoretische Biologismus und die Praxis der Bestialität

Zu Hunderttausenden wurden Menschen ermordet, und das nicht nur in deutschen Konzentrationslagern und nicht nur in den dreißiger und vierziger Jahren des zwanzigsten Jahrhunderts, sondern schon im neunzehnten Jahrhundert in Amerika wie in Afrika, in Indonesien wie in Australien. Den geistigen Hintergrund der weltweiten Völkermorde des neunzehnten und zwanzigsten Jahrhunderts bilden jene rassistischen Anschauungen, die auf den bereits beschriebenen wissenschaftlichen Vorstellungen basieren.

Indem die Wissenschaft das Menschliche auf das Konkrete, auf das bloß Biologische, auf Rasse, Blut, Geschlecht, genetische Prägung, auf psychologische Determinanten, und so weiter reduziert, wird die Vernichtung des Menschlichen schon längst vor der konkreten Tat zur Wirklichkeit. In all den besagten Kategorien wird dem Wesen des Menschen Unrecht getan, schlimmer noch, jene Kategorien reißen das Wesen des Menschen aus seiner wahren Herkunft und aus seiner wirklichen Gestalt heraus. Sobald das dem Überweltlichen Zugehörige aus der Wesensbeschreibung des Menschen gestrichen ist, wird er zum Teil der übrigen Welt, was zur Folge hat, daß man mit ihm wie mit einem Tier umgehen kann, schlimmer noch: Wer einmal das Metaphysische aus der Welt des Menschen getilgt hat, kommt in den dumpfen Zwang, den Menschen auch konkret an seinem Leben und an seinem Leibe schänden und vernichten zu müssen.

Das Dämonische dieser Tat hat seine Wurzeln noch weit vor dem einzelnen Akt; dieser ist nur die letzte Frucht des Frevels, der zuerst ein geistiges Geschehen ist, nämlich das Sichlosreißen einer ganzen Epoche von der Zugehörigkeit zu einer metaphysischen Weltordnung, deren Wesen in der Gültigkeit einer Wahrheit bestand, die das ganze Sein in sich faßte. Die Leugnung des Geistes, ebenso die Leugnung der religiösen Bestimmtheit des Lebens führt unweigerlich und auf direktestem Wege hin zur

Massenvernichtung des Menschen. Das Leben besagt eine Seinsvollkommenheit, die in das Innerste des dreifaltigen Geheimnisses verweist. Erst ohne diese Dimension, nämlich als Totes, wird das Lebendige wissenschaftlich erfaßbar und erfaßt. Und umgekehrt: Das, was wissenschaftlich erfaßt wird, ist damit bereits seiner Vernichtung ausgeliefert.

Josef Mengele, ein junger Wissenschaftler in Diensten des angesehenen Kaiser-Wilhelm-Institutes, welches nach der Befreiung des „Forschungsparadieses Auschwitz" (so der akademische Ziehvater Mengeles, von Verschuer) unter dem Namen „Max-Planck-Institut" zu neuen Ehren kam, war kein überzeugter Nazi im politischen Sinne. Seine Greueltaten waren vielmehr die Taten eines überzeugten Naturwissenschaftlers, der mit aller Akribie dem Lebendigen nachstellte, um es zu foltern und zu vernichten, *„...seine ‚wissenschaftlichen Experimente' an Menschen führte er eigenverantwortlich in seiner ‚Freizeit' durch."* [178]

Mengele war kein überzeugter Nazi, er war ein Überzeugungstäter der Wissenschaft, wie es ihn heute überall in der Welt gibt, einer, der genau wußte, daß und wie er sich die politischen Verhältnisse seiner Zeit dienstbar machen konnte, weil diese der selben Ideologie wie er selbst unterworfen war.

Der Massenmord und der Völkermord ist der biologischen Theorie immanent, denn diese hat keine Kategorien, in denen sich das genuin Menschliche ausdrücken ließe. Überall wird es reduziert auf das Tierische: Der Mensch wird in der geistigen Tat zur Bestie gemacht.

---

[178] Zit. n.: Weingart, Kroll, Bayertz: Rasse, Blut und Gene. Frankfurt/Main 1988. S. 422.

4. Das Weltbild der Genetiker

Man möchte nur zu gerne glauben, die hier angeführten Positionen seien Ausnahmefälle, Randerscheinungen, geschichtlich überholte Spinnereien, die längst durch seriösere Ziele und Vorstellungen abgelöst sind. Weit gefehlt.

Francis Crick, jedem Schulkind bekannt als der Erforscher der DNA, Begründer des Modells von der Doppelhelix, Nobelpreisträger (für Entdeckungen, deren Ideen er Erwin Chargaff gestohlen hatte), stellte im Jahre 1962 einem Kreis von erlesenen Wissenschaftlern die Frage, ob es denn überhaupt das generelle Recht gebe, Kinder zu bekommen, und er brachte den Vorschlag, den Nahrungsmitteln der verschiedenen Völker chemische Substanzen unterzumischen, um die Fruchtbarkeit aufzuheben, so daß nur noch gezielt und vom Staat geregelt Kinder gezeugt werden könnten. [179]

Ch. B. Davenport spricht offen davon, die *„gräßliche Schlange hoffnungslos verdorbenen Protoplasmas zu vernichten"*. [180] Er meint damit den Menschen und das menschliche Erbgut.

Der große „Humanist" – was immer das in diesem Zusammenhang bedeuten mag – und „Philosoph" – was immer das in diesem Zusammenhang bedeuten mag – Bertrand Russel denkt Jahrzehnte nach den Greueltaten des Dritten Reiches offen darüber nach, die *„Zucht einer Rasse zu ermöglichen, die jedermann als der jetzt bestehenden überlegen anerkennen muß."* [181]

R. Edwards hat an der Universität Cambridge Anfang der Achtziger Jahre *„15 Embryonen 5 Tage lang in der Retorte kultiviert, 2 davon einige Tage länger. Am 9. Tage nach der Zeugung habe das winzige Lebewesen versucht, sich an der Wand des Behälters einzunisten, es habe sich festgesetzt, und sei nach weiteren vier Tagen zerfallen"* [182]

---

[179] Vgl. G. Hirsch, W. Eberbach: Auf dem Weg zum künstlichen Leben, Basel, Boston, Stuttgart, 1978, S. 238, f.
[180] Ebd., S. 241,f.
[181] Ebd., S. 242.
[182] Ebd., S. 262.

Jerry Hall hat im Jahre 1993 menschliche Embryonen geklont, und er hat sie, nach Protesten, weggeworfen, ohne sie vorher zu töten. [183]

Am 1. August 1996 wurden in London Tausende von menschlichen Embryonen, die tiefgekühlt im Eisfach der Forschungsanstalten lagen, wie Schweinefleisch, dessen Mindesthaltbarkeisdatum abgelaufen ist, vernichtet; sie waren die „Überbleibsel" von In-Vitro-Fertilisationen.

Nachdem man jahrelang davon gesprochen hatte, wie unmoralisch doch das Klonen von Menschen sei, und nachdem man jahrelang versichert hatte, man werde nur Tiere klonen, hat man, wie es nicht anders zu erwarten war, im Sommer 1999 zugegeben, daß man auch Menschen schon geklont hat. Aus „ethischen Gründen", wie es hieß, hat man dieses arme Wesen dann getötet.

Die Menschenversuche, von denen die Humangenetiker des letzten Jahrhunderts nur träumen konnten, jene Greueltaten, vor denen heute die Kritiker allerorts warnen, damit sie nie Wirklichkeit werden würden – sie sind bereits Alltag. Es fällt nur kaum einem auf, weil die betroffenen Individuen als „Plasma", als „Prä-Embryonen", als „himbeerartige Zellhaufen", als „befruchtete Eier" usw., aber nicht als Menschen bezeichnet werden, was eine ebenso geschickte wie unverschämte Lüge ist, denn das Leben ist die leibliche Erfüllung dessen, was dem einzelnen Lebewesen in seiner Wesensgestalt als das Prinzip seiner Wirklichkeit vorgegeben ist. Die Wesensgestalt aber ist noch vor jeder zeitlichen und konkreten Erscheinung als Wirklichkeit gegeben. Sie aktualisiert die auf das Leben hin ausgerichtete Möglichkeit des einzelnen Lebewesens. Die befruchtete Eizelle ist also schon der erste Teilmoment der vollen Wirklichkeit der Person. Auch im ersten Augenblick der Zeugung ist schon der volle Gehalt des personalen Daseins gegeben. Wäre dies nicht der Fall, dann könnte sich auch nicht tatsächlich eine Person aus der ersten Zelle entwickeln. Aus einem himbeerartigen Zellhaufen

---

[183] Vgl. Weingart, Kroll, Bayertz: Rasse, Blut und Gene.

könnte sich nicht einmal eine Himbeere entwickeln, geschweige denn ein Mensch.

Die befruchtete Eizelle als „bloße" Potenz zum geistigen Leben zu bezeichnen ist ein Unding, denn es gibt eine Potenz nur in der Hinordnung auf das, was daraus werden soll. Die Materie aber ist nie das Prinzip der Potenz, sie ist nur die materiale Ursache für das Hervorgehen einer Sache. Einzig die Wesensgestalt hat das Vermögen zum Sein. Das kann sie aber nur deshalb haben, weil sie auch in ihrer materiellen Vermittlung im vollsten Sinne wirklich ist. Wenn also aus der befruchteten Eizelle eine Person hervorgehen kann, dann deshalb, weil die befruchtete Eizelle schon von Anfang an ganz und gar Träger der Wesensgestalt der Person ist.[184]

Die hier vorgelegte Liste der Verbrechen ist nicht einmal eine Auswahl besonderer Scheußlichkeiten, und sie wäre noch unendlich verlängerbar. Alleine durch ihre Methoden und wegen der aus ihnen hervorgehenden Möglichkeiten bringt sich die neue Medizin in ethische Dilemmas, die für immer unlösbar bleiben. Diese werden dann den Theologen und Philosophen zur Entscheidung vorgelegt, die weder so noch so entscheiden können, ohne sich schuldig zu machen. Für einzelne Experimente wird die Zustimmung von Moraltheologen eingeholt, aber die Grundlagen ihres Forschens und Tuns darf, wenn es nach den Forschern geht, keiner bewerten; sie stehen außerhalb jeder moralischen Infragestellung.

---

[184] Ganz abgesehen davon ist es auch im juristischen Sinne ein Unfug, die Manipulation von befruchteten Eizellen oder deren Abtreibung mit der Begründung zu legalisieren, daß die befruchtete Eizelle „nur" die Potenz zum personalen Leben habe, nicht aber schon das verwirklichte personale Leben selbst sei. Diesen Unterschied nämlich gibt es nicht, nicht einmal im juristischen Sinne. Zwischen dem Diebstahl eines Sparbuches, sozusagen von „nur" potentiellem Geld und „wirklichem" Geld besteht ja auch kein Unterschied.

5. Die Gentechnik

Die Gentechnik wird Auswirkungen von ähnlich unüberschaubarer Dimension haben, wie die Atomtechnik. Wie diese Probleme hervorgebracht hat, die noch in Jahrzehntausenden, wenn nicht gar in Jahrhunderttausenden die Generationen belasten werden – in welchem Ausmaß ist heute noch gar nicht vorstellbar – so auch wird die Gentechnik in eine Dimension der Zerstörung vordringen, die nur in apokalyptischen Bildern beschrieben werden kann. [185]

In dem selben Maße, als der Fortschritt der Technik und der Wissenschaft, die eine Wiederherstellung des Paradieses versprochen hatten, vorangeschritten ist, hat sich auf der Nachtseite der Wirklichkeit ein Potential sowohl an Zerstörungskraft, wie auch an Zerstörungswut angehäuft, wie es noch nie zuvor eines auf der Welt gegeben hat. Gerade jene Mittel und Instrumente, die uns Wohlstand und Gesundheit, langes Leben und Glück versprochen hatten, sind dabei, die ganze Menschheit in den Abgrund der Vernichtung zu stürzen. Der Handel, auf den die gegenwärtige Epoche in seiner Fortschrittsgläubigkeit eingegangen ist, ist gerade dabei sich als Betrug herauszustellen.

Speziell die Gentechnik greift in Dinge ein, von denen kein einziger Naturwissenschaftler auch nur die geringste Ahnung haben kann.

Wer nur die Äußerlichkeiten des Lebens kennt, wird kaum begreifen, was die geschlechtliche Zeugung mit dem Werden zu tun hat, und zwar mit dem echten Werden, nämlich damit, daß sich wie aus dem Nichts eine Seins-Entwicklung oder eine Seinsvervollkommnung ergibt.

Es ist zumindest eine biologische, in Wahrheit aber nur ontologisch zu begründende Tatsache, daß das Werden, zumindest soweit es um das Werden von höheren Lebewesen geht, an die Zeugung gebunden ist. Die Zeugung besagt demnach einen Akt, der

---

[185] Plutonium-239 hat eine Halbwertszeit von 24 400 Jahren, Jod-129 hat eine Halbwertszeit von 15,8 Millionen Jahre! (Quelle: „Ewiges Feuer", von Thomas H. Wedel, in: Spiegel-special, Die neuen Energien", Hamburg 7/1995, S. 60 ff.)

zum schöpferischen Werdeprozeß gehört. Demgegenüber ist die bloße Herstellung als einem Mehr- oder Besserwerden gegenüber indifferent zu kennzeichnen. Es liegt im Wesen der Reproduktion, denn sie ist ja im Grunde nichts anderes als die Anfertigung einer identischen Kopie, daß sie einer Qualitätssteigerung verschlossen ist, daß sie nur den Verfall zuläßt.

Wenn das echte Werden also an die Zeugung gebunden ist, dann ist der ontologische Charakter der Zeugung grundsätzlich ein anderer als der einer bloßen Herstellung. In der Zeugung geschieht wesentlich Neues, Ursprüngliches, das heißt, nie da Gewesenes, und genau das ist ja der Charakter eines jeden Werdens. Wenn aber alles nur insofern wirken kann, als sein Wesen dies zuläßt, und wenn das Wesen einer Sache von seiner Herkunft abhängt, dann ist das Wirken, zu dem ein Lebewesen, das sich in seiner Herkunft einer Reproduktion verdankt, allenfalls fähig ist, wiederum nur die bloße Reproduktion. Das bedeutet, daß es für ein Lebewesen, das geklont ist, kein echtes Werden mehr gibt. Das muß nun noch nicht unbedingt heißen, daß ein solches Lebewesen nicht wachsen und gedeihen könne, doch ist eines ganz sicher ausgeschlossen: daß es für es ein anderes oder besseres Sein gibt als für seine Vorfahren, denn dazu müßte ein Zufluß an Seinsfülle gegeben sein, von dem sich das Manipulierte ja gerade abgetrennt hat. [186]

Der Ursprung des manipulierten Lebewesens ist die Herstellung. Alleine schon mit dieser Herkunft verliert es den Charakter des eigentlich Lebendigen, mit anderen Worten: Es wird zum Gegenstand, es wird zum Gerät. Das Gegenständliche aber ist aufgrund seines Wesens vom Werden ausgeschlossen. Es kennt nur den Verfall, es hat keine Zeit, denn es kann dem ewigen Urbild seiner Gestalt keine Gegenwart geben. Es steht nicht mehr als ein

---

[186] Den neuesten Ergebnissen der Forschung zufolge altern die geklonten Lebewesen von jenem Punkt aus weiter, wo sie von ihrem „Muttertier" abgeklont wurden. Das ist ein erster empirischer Hinweis darauf, daß die Reproduktion die entscheidenden Qualitäten der Zeugung nicht beibringen kann. Zu welchen Grausamkeiten sich solcherlei Mängel auswachsen, wenn ein geistig-personales Lebewesen geklont wird, vermag die menschliche Vorstellungskraft nicht annähernd ins Bild zu bringen - es ist allerdings zu erwarten, daß die Realität nicht so vornehm sein wird, dies zu verbergen.

Geschenk des Seins in der Welt, sondern als Seinsmangel. Es ist in Not und Elend gekommen.

Nicht, daß je eine echte Wirkung aus der Gentechnik hervorgehen könnte, denn solches ist dem gestalthaften Tun vorbehalten; ihre weltweite Wirkung beruht in der Vernichtung von Grundbestandteilen, die für das Wesen und das Wirken der Lebewesen in der Welt unabdingbar sind. Die Enttäuschung und die Ernüchterung, ja der Schrecken über ein Geschehen, das einmal eingeleitet, nie mehr rückgängig zu machen ist, wird fürchterlich sein. Wie die Zuordnungen und die gestalthaften Verhältnisse in der Welt und im Lebendigen wirklich aussehen, vermag kein Mensch zu ergründen, selbst dann nicht, wenn einer einen Blick hätte für wesenhafte Zusammenhänge – etwas, das beim wissenschaftlichen Forschen, wie die geistesgeschichtliche Analyse zeigt, nicht der Fall ist.

Es heißt, die Gentechnik stelle uns vor ethische Entscheidungen, die (noch) unlösbar sind. Seltsam genug, daß die Definition des Lebens, des Sinnes von Leben, die Definition von Krankheit, die Bestimmung des Ziels der Forschungen, und so weiter bereits von der Naturwissenschaft vorgegeben werden. Zu welchen Irrtümern und Verstrickungen diese „Denker" gelangen, wenn sie sich nicht aus den Fesseln des naturwissenschaftlichen Denkens befreien, hat die Geschichte zur Genüge gezeigt. Aller scheinheiligen Diskussion um ethische Fragen und Scheinprobleme zuvor ist einzusehen: Wer unfähig ist, die Herkunft der Menschenwürde aus dem Absoluten zu begreifen, der wird sie sicherlich auch nicht aus biologischen oder aus soziologischen Gründen und Verhältnissen ableiten können. Schlimmer noch: Wer hier nur biologisch oder soziologisch denken kann, ist dazu verurteilt, die Menschenwürde verraten zu müssen, im Wort und in der Tat.

Die Anfänge der Genetik sind nicht zufällig in den Versuchslabors der Konzentrationslager zu finden. Die Ideologie des dritten Reiches war unter anderem, aber keinesfalls zuletzt, eine biologistische, die nicht zu unrecht als ihren größten Gegner die alte religiöse Tradition und das Weltbild, das diese begründet hatte, ausgemacht hat. Wenn man noch vor wenigen Jahren gehofft hatte, die Deutschen wären aufgrund ihrer geschichtlichen Erfahrungen vorsichtiger als die anderen Völker, wenn nun die Ideologie der Lebensverachtung und der Massenvernichtung in neuem Kleide wieder aufersteht, muß man inzwischen feststellen, daß die Versuchung wohl doch zu groß war.

Man gibt heute vielerorts vor, zu glauben, ja man glaubt zuweilen tatsächlich, den Entwicklungen der Technik durch Aufrufe ethischer Art Herr werden zu können. Je monströser die Möglichkeiten der Physik, der Chemie, der Genetik, der Organverpflanzungsmedizin usw. werden, desto größer werden auch die Beraterstäbe, rekrutiert aus der Masse der jeweiligen „Zeitgrößen" der Philosophie und der angrenzenden Wissenschaften, derer sich die jeweilige Industrie bedient, um ihre Vorhaben absegnen und dem erschreckten Volk gegenüber rechtfertigen zu lassen. Je perverser die Ansichten und Versuche in den jeweiligen Wissenschaftsbereichen werden, desto dicker werden die Bulletins der Ethikkommissionen, desto perfider werden ihre Erklärungen. So niederträchtig, wie die Verbrechen der Wissenschaftler sind, so wohlgeordnet sind die Argumente ihrer Verteidiger, und so schamlos ihre Lügen. Nur wer mit den Verbrechern zusammenarbeitet, kann ein Interesse daran haben, daß die einzelnen Vorgänge ihrer Untaten innerhalb der Grenzen des jeweils gerade gültigen Rechtes und der je gerade geltenden moralischen Normen ablaufen können.

Alleine die allseits geforderte Zusammenarbeit von Ethik und Wissenschaft, so als gehörten sie zusammen wie das Lesen und das Schreiben, also auch die Kontrolle der Wissenschaft durch Ethikkommissionen ist eine scheinheilige Lüge.

Während in den vorderen Zimmern der Forschungsanstalten, der Universitätskliniken und der Zentralen der Pharmaindustie die Ethikkommissionen tagen, werden in den Hinterzimmern die schrecklichsten Verbrechen gegen Mensch und Menschlichkeit geplant und verübt. Wo sie nur mehr die Taktik für den

Krieg gegen das Leben bereitzustellen hat, wird die Ethik zum Komplizen der Wissenschaft. Seit dem Ende der Nürnberger Kriegsverbrecherprozesse versichern sich, zumindest in Deutschland, die Täter bei ihren Menschenversuchen der Zustimmung und des Segens von Verfassungsrichtern, Philosophen und Moraltheologen: Man hat aus der Vergangenheit gelernt.

Wo die Wirklichkeit als solche nicht mehr den Anspruch einer Wahrheit in sich trägt, die nicht auf das Belieben des Menschen zurückgeht, ist auch die Ethik keine Ethik mehr, denn sie verfällt in dem Maße, als sie nicht jener Wahrheit gehorcht und gehört, die nicht bloß menschliches Gemächte ist. Das neuzeitliche Denken ist weithin keiner Ethik fähig, hat es doch von Anfang an die Wahrheit aus der Welt hinausdefiniert.

Seit Descartes und Kant, im Idealismus wie im Materialismus, ist die Wahrheit nur mehr ein Produkt menschlicher Vernünftelei, und damit in ihrem Wesen zerstört. Wo das Sein selbst in der Majestät seiner Allmacht und in der Größe seines je gegenwärtigen Anspruchs verfehlt ist, ist es nichts mehr mit der Wahrheit, und mit dieser verfällt auch der Wahrheitsanspruch eines jeden Dinges, die Würde der Person und die Hoheit des Augenblicks. So ist die ganze Neuzeit taub und blind, und sie rennt mit immer größeren Schritten hinein in die Katastrophe, blind und taub, verstockt und verblödet. Mit moralischen Aufrufen kann man heute nicht einmal mehr Kinder erschrecken, geschweige denn, sie zu einem Besseren bekehren. Eine Moral muß vom Religiösen getragen sein. Wo sie sich an die Stelle des Religiösen setzt, wird das Geheimnis des Göttlichen geleugnet, der Ernst der Entscheidung verniedlicht, und die Entseelung der Welt nur noch weiter vorangetrieben.

6. Der naturwissenschaftliche Begriff von Krankheit und Gesundheit

Die Gentechnik verspricht die Heilung der schlimmsten Geißeln der Menschheit. In den entsprechenden Werbesendungen, die von den Wissenschaftsredaktionen aller Länder ausgegeben werden, ist vom Sieg über Krebs, TBC und AIDS die Rede, von neuen, noch ungeahnten Möglichkeiten der Diagnose, der Prävention und der Heilung, doch die Art und Weise, wie die Naturwissenschaft und die ihr anhängenden Komplexe dem zuvor das Wesen der Krankheit bestimmen, geht hoffnungslos in die Irre.

Die Krankheit gilt im Allgemeinen und ungesagt als eine Fehlfunktion des Organismus, der nach dem Modell einer Maschine vorgestellt wird – ganz abgesehen davon, daß das naturwissenschaftliche Denken kein Kriterium dafür besitzt, einzelne Vorgänge des normalen Lebensprozesses von solchen der Heilung oder vom krankhaften Geschehen zu unterscheiden.

Das physikalisch-biologische Modell vom Menschen kann in keiner Weise erklären, was Krankheit ist, aber es hat den Anspruch, alleine und absolut darüber zu entscheiden, was als krank gilt, und wie dieses zu behandeln sei. Wenn man daran denkt, wie sehr der Mensch durch die verschiedensten Krankheiten in seinem Leben betroffen und oft genug eingeschränkt wird, und wenn man bedenkt, wie alle möglichen Arten von Leiden das menschliche Dasein bestimmen, dann kommt man an der Frage nicht vorbei, ob womöglich nicht die Krankheit zu dem, was das menschliche Dasein ausmacht, von Grund auf mit dazugehört. Das menschliche Leben geht eben nicht darin auf, daß es wie ein Mechanismus reibungslos, und dazu noch so effizient wie möglich, abzulaufen hätte.

Die Krankheit ist etwas sehr Menschliches. Wer durch eine schwere Krankheit gegangen ist, wer unter ihr leidet, oft ein ganzes Leben lang, weiß, wie sehr die Krankheit den Menschen erst mit den Schicksalsmächten in Kontakt bringt. Man kann nur im Bereich des Maschinenhaften von einer Fehlfunktion reden, doch schon für das Tier ist eine Krankheit etwas anderes. Die Krankheit macht den Leidenden erst zu einem wahren Menschen, sie bringt den Einzelnen erst in jene Dimension des Seins, die den Menschen über das bloß Mechanische oder über das Tierische erhebt. Weil der Mensch ein geistiges Wesen ist, ist auch seine Krankheit, wie seine Gesundheit, eine inhaltliche Infragestellung und Herausforderung. Wenn der Mensch unter einer Krankheit leidet, ist es für ihn nicht eine Frage des Funktionierens, ob nun in der Gesellschaft oder nach der Vorstellung seines eigenen Lebensplanes, sondern es ist die Frage nach seinem Heil.

❖

Das vorherrschende naturwissenschaftliche Denken hat inzwischen dahin geführt, daß kaum jemand noch fähig ist, zu begreifen, was Wesenseigenschaften sind. Wenn der Menschen ein religiöses Wesen oder das religiöse Wesen schlechthin ist, dann wird auch sein Kranksein ein Ausdruck des Verhältnisses sein, das er den Urmächten gegenüber hat. Die Tatsache, daß der Erlöser Krankheiten heilte, betrifft den Kern des Evangeliums. Die Menschwerdung Gottes gibt dem Menschen einen Anteil an der göttlichen Seinsfülle und Vollkommenheit. Die Gegenwart des Himmlischen macht sein Heil aus.

Die Verneinung dieser Gegenwart stürzt den Menschen ins Unheil, weshalb die katholische Dogmatik die Krankheit und den Tod eine Frucht der Sünde nennt. Die Sünde qualifiziert das menschliche Dasein als ein von Gott getrenntes.[187] Nach und mit der Abwendung von Gott richtet der Mensch all sein Interesse auf das Irdische, das ihm aber nun als das Bloß-Irdische gilt. Diesen Sachverhalt drückt die Genesis im Bild der Schlange aus,

---

[187] Paulus sagt in Kol., 1,24: „Für den Leib Christi, die Kirche, ergänze ich in meinem irdischen Leben das, was an den Leiden Christi noch fehlt." Das Leid, dem viele Menschen in ihrer Krankheit ausgesetzt sind, hat oft eine Bedeutung, eine Tragweite, und auch eine Tiefe, die weit über das Maß des Individuellen hinausgeht. In jedem Leiden geschieht in gewisser Weise eine Teilnahme am Leiden Christi.

und damit, daß sie sagt, der Mensch folge von nun an nur mehr der Schlange, dem „klügsten aller Tiere". Die Schlange ist klug, aber nicht weise, denn sie folgt in der ihr eigenen Verünftigkeit nicht dem Zuspruch Gottes, sondern ihrer eigenen Findigkeit.

Eben jener Findigkeit, die den Naturwissenschaftler auszeichnet, der nicht erst auf den Zuspruch der Wahrheit wartet, sondern, diesem vorgreifend, seine Kenntnisse der Erde abringt. In der selben Tat, in der der Mensch sich von Gott abwendet, verschließt er sich dem Himmlischen, um sich ganz und gar aus der Erde zu verstehen, aus der er gemacht ist, so daß sie alleine zum Grund und Bezugspunkt seines Tuns, Denkens und Handelns wird. Damit gleicht sich der Mensch dem Wesen der Schlange an, der es zu eigen ist, auf dem Bauch über den Boden zu kriechen.

Die Schlange ist dasjenige Lebewesen, das der Erde am nächsten ist, so sehr, daß sie sich nicht mehr über sie erheben kann. Darin gleicht ihr der gefallene Mensch, und dies macht sein Unheil aus. Sein Heil aber findet der Mensch dadurch, daß er von oben her wieder aufgerichtet wird. Deshalb ist die an einem Stabe aufgerichtete Schlange – man denke an die Schlange bei Moses oder die Schlange des Asklepios – Zeichen der Heilung. Alles Wieder-aufgerichtet-Werden kommt letzten Endes von der Gegenwart Christi. In Christus kommt der Himmel selbst auf die Erde, um diese an sich zu ziehen.

❖

Im Johannes-Evangelium ist im neunten Kapitel die Heilung eines blind Geborenen beschrieben. Auf die Frage der Jünger, wie es denn sein könne, daß er blind geboren wurde, ob denn er selbst oder seine Eltern gesündigt hätten, hat Christus geantwortet:

„Weder er noch seine Eltern haben gesündigt, sondern das Wirken Gottes soll an ihm offenbar werden" (Joh. 9, 1-12).

Das führt vor Augen, wie sehr der Herr alle Wirklichkeit, auch Leid und Krankheit, im Lichte dessen sieht, was da von Gott her auf den Menschen zukommen will. Mit diesen Worten richtet Christus das ganze Dasein in die Vertikale auf: Nicht die dumme Abfolge von Schuld und Sühne, von Stoß und Wirkung, von Ursache und Folge ist der Grund des Seins, sondern das „Woraufhin", die Finalursache: Alles, was ist, ist von jener Wirklichkeit gehalten, auf die hin es letztlich ins Sein gestellt ist, von jener Wirklichkeit, für die der Himmel selbst steht. Die Finalursache richtet das Dasein auf, senkrecht zur Horizontalen der bloßen Bestandssicherung und seiner Zwecke. [188]

Die Welt ist, betrachtet man die Dinge von ihrer Bedeutung her, nicht von unten nach oben aufgebaut, sondern von oben nach unten. Die Finalursache ist der eigentliche und primäre Grund allen Seins und Wirkens, sie ist das Worumwillen allen Geschehens, sie ist sogar der Grund dessen, was uns widersinnig erscheint, der Grund auch von Krankheit und Leid. Wer die Welt begreifen will, muß nach ihrem Ziel und Ende fragen. Die Frage nach der Finalursache richtet das Denken und damit das ganze menschliche Sein auf Gott hin aus.

Der Mensch hat sein Leben einzig aus dem je aktuellen Zufluß des in seinem Grunde nur personal zu verstehenden Seins. Wo dieser Zufluß abreißt oder gestört ist, stirbt das Leben ab. Wo keine Gestalt mehr ist, verdorrt und verhungert es. Was in der Krankheit dem Menschen widerfährt, bringt ihn zurück auf die Quellen des Daseins; es liefert ihn den Urgewalten des Seins aus.

Das Grundverhältnis der naturwissenschaftlichen Medizin zum Menschen hingegen ist das eines Unrechtes, und dieses Grundverhältnis des Unrechts kommt mit aller Notwendigkeit zur Auswirkung, als gewaltsame Zerstörung und Verstümmelung, tagtäglich.[189]

---

[188] Johannes B. Lotz: Ontologia, S. 277: „Thomas von Aquin lehrt mit Aristoteles den Primat der Finalursache, ohne dessen Einfließen keine der anderen Ursachen etwas verursachen könnte."
[189] Dieses Problem scheint nicht neu zu sein: Schon in einem Fragment des Heraklit,

Eine Medizin, die dem menschlichen Wesen nicht gerecht wird, weil sie schon die Grundtatsachen des Seins nicht versteht, ist weit davon entfernt, zu einer wirklichen Heilung des Menschen beitragen zu können. Weil sie es nicht vermag, sich auf die Krankheit einzulassen, um aus ihr und durch sie hindurch zu einer Heilung zu kommen, und weil die Krankheit nicht das Übel selbst ist, sondern nur eine Äußerung des Übels, kann eine Medizin, der es nur darum geht, die Krankheit selbst manipulativ zu entfernen, unmöglich in jene Bereiche vordringen, in denen sich das Heilende zusprechen würde. Eine Medizin, die sich im Wesentlichen darauf beschränkt, mit immer raffinierteren Methoden einzig die Erscheinungen der Krankheit hinwegzuräumen, wird auf das Ganze gesehen nichts gegen die Krankheiten selbst machen können. Sie wird am Ende nicht mehr die Krankheit, sondern den Kranken bekämpfen und ihn vernichten müssen, um nur irgendwie mit der Krankheit fertig werden.

Wenn man den ursprünglichen Grund aller Krankheit mit in die Erwägung nimmt, die Tatsache nämlich, daß der Mensch von den Quellen des Seins abgeschnitten ist, und wenn man sich daran erinnert, daß er gerade dadurch von diesen Dimensionen abgeschnitten ist, daß er nur als ein Gegenstand behandelt oder zum bloßen Objekt gemacht wird, dann liegt der Schluß nicht fern, daß es gerade das der heutigen Medizin zugrunde liegende Weltbild selbst ist, das den Menschen krank macht. Der selbe Sachverhalt gilt, nun allerdings noch grundsätzlicher, für die Bestrebungen der Gentechnik auf medizinischem Gebiet. Von der Gentechnik gilt die Aussage in ganz besonderem Maße, daß der Anfang der „Wissenschaft vom Leben" im Versuch liegt, das Lebendige mit letzter Konsequenz und Härte von der Herkunft seines Wesens abzureißen.

---

das jetzt über 2.500 Jahre alt ist, heißt es: „Die Ärzte, schneidend, brennend, in jeder vorstellbaren üblen Weise quälend, beschweren sich: ihr Honorar entspreche nicht ihrer Arbeit, während sie eben diese guten Dinge tun." (Reclam, Fragment no. 54 = DK, 22 B 58.)

7. Der industrielle Verbrauch der Welt

Die Gentechnik will, wie es dem Wesen der Technik entspricht, einen Teil der Welt – hier das Lebendige – beherrschen. Es ist nicht unbedeutend, daß die Biologie und die Medizin es sich abgewöhnt haben, von der Seele zu reden und dem zuvor die Seele beziehungsweise das Seelische zu bedenken – das überläßt man gemeinhin den Psychologen. Diese verstehen unter der Seele das Gesamt der seelischen und geistigen Vorgänge. Inwiefern das etwas mit dem Leben zu tun haben könnte, ob gar das Seelische das Prinzip des Lebens sei, oder ob die geistige Seele das Prinzip des menschlichen Lebens und der Person sein könne, davon haben sie nicht die geringste Ahnung. Sie sagen, das sind philosophische Fragen, und Recht haben sie.

Schlimm ist nur, daß sie so tun, als hätte sie die Philosophie nicht zu interessieren, denn sie übersehen, daß der Grundentwurf der heutigen Naturwissenschaften eine bestimmte Philosophie voraussetzt, so daß die Psychologie, wenn sie von der Seele nichts wissen will, Philosophie treibt – eine schlechte allerdings.

Es kann einem schon der Verdacht kommen, daß sich der moderne Wissenschaftsbetrieb um die Seele nicht kümmert, weil die Seele diesen nur stören würde. Daß dem so ist, daß also die Wissenschaften vom Lebendigen das Seelische im Geiste längst ausgerottet haben, ist Vorgabe für die Gentechnik. Denn nur dann, wenn nicht die Seele in ihrer Herkunft aus dem Unbedingten das Prinzip des Lebens und die stellvertretende Herrin über das Leben ist, ist jener Platz frei, an dem das technische Wissen sich einsetzen kann, um über das Lebendige zu herrschen.

Die Technik übernimmt die Regie und die Macht über das Leben, dessen Prinzip sie nicht kennt und nicht will. Es ist im Wesen des Technischen begründet, daß die sogenannten „Lebens-Wissenschaft" nur in die in räumlichen Dimensionen sich abspielenden Prozesse des Lebens eingreifen kann. Deshalb wird sie versucht sein, das Leben als solches als raum-zeitlichen Vorgang zu definieren, um es in einem zweiten Schritt, in der technischen Inangriffnahme dazu zu machen. Der Vorgang, als der das Leben sich nun zeigt, wird ihr, an den Maßstäben des Technischen gemessen, nie gut genug sein können. Das Vorgangshafte am Leben, das heißt, die einzelnen Prozesse des Lebens können immer verbessert werden – unter der Voraussetzung allerdings, daß man sie von ihrem Sinnbezug, von dem, was das Leben erst lebenswert macht, abgelöst hat.

Einzig das solchermaßen ausgehöhlte Leben ist das Material der Genetik, denn nur in die Hülle des von der Seele verlassenen Lebens kann die Genetik ihre Entwürfe des neuen, besseren, längeren, und gesünderen Lebens einpassen. Diese Lebenshüllen sollen nun optimiert werden, das heißt an die Bedingungen des gesellschaftlichen Betriebs angepaßt werden, der zudem mehr und mehr in den Interessen der Industrie aufgeht.

❖

Die Ökonomie, wie ihre ideologische Gegenspielerin, die Ökologie, haben dort ihren Anfang genommen, wo die Erde vom Himmel losgerissen wurde. Dabei will der Himmel von der Erde nichts anderes, als ihr seinen Reichtum mitteilen, auf daß die Erde ihn schenke. Die Kartoffeln quillen aus der Erde hervor, sobald diese vom Pflug aufgerissen ist, und im Herbst brechen die Bäume unter der Last der Früchte, die sie tragen. Der Großteil von dem, was die Erde hervorbringt, geht Jahr für Jahr wieder in die Erde ein, so reich hat sie geschenkt. Es ist eine schäbige Lüge, wenn uns die Industrie vormacht, es wären ihre Apparaturen und ihre Erfindungen, die uns am Leben erhalten. Die Ökonomie ist das Prinzip der Armut, und die Vernutzung der Welt hat nie etwas anderes als Armut hervorgebracht: [190]

Wo der Mensch nicht mehr wie ein König die Erde demütig beherrscht, um ihr die Gestalten des Himmels zu vermitteln, wo

---

[190] So sagt es Friedrich Georg Jünger: Die Perfektion der Technik, S. 22 f., Frankfurt/Main 1993 -7.

er nur mehr selbstsüchtig auf die Erde blickt, verschließt sie sich. Ohne den Himmel wird die Erde dürr und unfruchtbar.

Die aus der Gentechnik entstehenden Kunstprodukte sind abgerissen vom gestalthaften Zufluß des Seins. Sie werden einzig aus der Relation zum Menschen noch einen gewissen Bestand haben, in und für sich aber werden sie wesenlos und unwirklich sein. Die so unspektakulär sich gebende Umformung der Wesensbestandteile der Natur, die in der Genmanipulation durchgeführt wird, ist die Voraussetzung für die volle In-Herrschaft-Nahme der Dinge und Lebewesen durch die Industrie. Die Lebewesen, die als solche einen Bestand in sich hatten, werden ihrem substantiellen Sein beraubt, so daß sie künftig nur mehr ein rein äußerliches, und das heißt ein nur künstlich zu erhaltendes Sein haben.

Den Schritt in die paradiesische Zukunft, wo es keine Krankheit und keinen Tod mehr geben soll, kann der Mensch von sich aus nie tun, doch die Gentechnik will mit industriellen Mitteln und auf dem Wege technischer Herrschaft der Erneuerung der Schöpfung zuvorkommen, die uns für das Ende der Zeiten angekündigt und versprochen ist:

Mit der dem Menschen versprochenen Befreiung der Dinge in das Eigenste ihres Wesens wird es mit aller technischen Gewaltherrschaft aus sein. Wenn erst einmal das Urbild aller Dinge sich in der Welt durchgesetzt hat, dann hat der Mißbrauch keine Gewalt mehr über das jetzt noch so gefährdete und zerbrechliche Leben.

8. Die neuen Herren über das Leben

Einen so unerhörten Angriff auf die Würde und die Integrität, speziell des menschlichen Lebens, wie heute, hat es nie zuvor in der Geschichte gegeben – bei aller Armut und Not anderen Ortes, bei allem Fanatismus und Wahn auch anderer Zeiten. In allen Bereichen seiner Lebenswelt, quer durch alle Gebiete der Wirklichkeit, in den Projekten der Wissenschaft und des technischen Fortschritts, in den Utopien des Sozialen, und in den Entwürfen aller möglichen politischen Richtungen ist der moderne Mensch mit einer so unumschränkten Verdinglichung aller Bereiche konfrontiert, daß man einst, wenn man die Zeiten der Geschichte überblicken, und auf unsere Zeit zurückschauen wird, auch wenn es wahrlich kein Ehrentitel ist, diese die Epoche der Ausbeutung und der Verzweckung nennen wird, denn heute ist nichts mehr ausgenommen von der Unterwerfung unter die Allgewalt des Betriebes. Alle Dinge der Natur, das Menschliche und selbst das Geistige sind in irgend einer Weise der Verwirtschaftung und der Verzweckung ausgeliefert, ja selbst der Himmel ist an das selbstherrliche Erdhafte verraten.

Die Biologie, die Chemie und die Soziologie, die Informatik und die Kybernetik, sie gelten als der Inbegriff von Weisheit, und die Physik gilt als Grundwissenschaft. Die wahren Gründe der Wirklichkeit aber, die Ursprünge, derer die Dinge so notwendig bedürfen, bleiben verdeckt, so daß sich im Laufe der Jahrhunderte eine so ungeheuerliche Zerstörungsmacht für das Einzelne wie für das Ganze ansammeln konnte, wie es sie in keiner Zeit zuvor noch gegeben hat.

Die einzelnen Lebewesen, verschiedenste Arten von Pflanzen und Tieren, ganze Völker und Kulturen sind bedroht. Gerade hat die Gentechnik eine neue Stufe der Vernichtung eingeleitet. Durch ihre Versprechungen, wie durch ihre Drohungen hat sich die biotechnologische Industrie eine Position geschaffen, die ihr einen Zugriff sogar auf die Tiere und die Pflanzen und schon sehr bald auch auf den Menschen gewährt. Bald wird ihr nichts mehr entgegenzusetzen sein. Es ist kein Zufall und keineswegs eine Belanglosigkeit, wenn heute wieder unverhohlen die Rechte der Alten, der Kranken und der Behinderten, in einem Maße eingeschränkt werden, das allen Grund- und Menschenrechten spottet. Schon lange geht es nicht mehr nur um einzelne Bereiche oder gar Randgruppen der Gesellschaft; das Leben als solches ist das Ziel des Ausgriffs der technisch-wissenschaftlichen Disziplinen – die Wissenschaft greift nach der totalen Herrschaft über das Leben.

Dem Bauern wird nicht nur, wie durch den Mißbrauch politischer Gewalt und wirtschaftlicher Macht ohnehin, und dies längst nicht mehr nur in Lateinamerika, sein Land genommen, sondern der ganze Daseinsraum des Bäuerlichen wird zerstört: Es wird in absehbarer Zukunft kein frei verfügbares Saatgut mehr geben, und sogar die Tiere werden mithilfe der Gentechnik so manipuliert, daß eine sich selbst tragende Landwirtschaft, wie sie seit Jahrtausenden einen Bestand hatte, nicht mehr möglich sein wird. Zudem werden wichtige Nahrungsmittel für die Produktion von Rohstoffen, wie z. B. Öl und Plastik zugerichtet, was wiederum auf Kosten jener Länder geht, die ihre Böden sinnvoller für die Aufzucht von Nahrungsmitteln einsetzen sollten. Das, was jeder Mensch zum Leben braucht, all das, was ihm bisher, Jahrtausende lang, der Himmel und die Erde geschenkt haben, all das will die Industrie für sich in Besitz nehmen, um von Anfang an vom Dasein der Kreatur profitieren zu können, und um darüber zu herrschen.

Die vereinigten Naturwissenschaften und Industrien werden, wie es ihnen zum Teil schon gelungen ist, den Menschen in seiner Leiblichkeit so manipulieren, daß er keinen Schritt mehr ohne die Hilfe der Pharmakonzerne wird tun können. Dazu bedarf es gar nicht einmal so viel, denn was einmal wesenlos ist, bleibt für immer auf den künstlichen Ersatz angewiesen, wie es uns die Drogenabhängigen in den Großstädten tagtäglich vor Augen führen.

Zudem wird in der mit aller Gewalt herbeigeführten virtuellen Realität der Einzelne nicht mehr aus sich selbst heraus existieren können, denn dazu bräuchte er den Himmel über sich. Er wird in seinem ganzen Dasein zu einem Teil der Industrie und ihrer Zwecke. Wie es in der Industrialisierung mit jeder selbständigen Tätigkeit, mit dem Handwerk beispielsweise, schon geschehen ist, so wird nun jeder einzelne, in welchem Beruf auch immer, von welcher Nation und Kultur auch immer, ob auf dem Land oder in der Stadt, zum Leibeigenen der Industrie und des mit ihr bereitwillig kooperierenden Staates gemacht.

Diese Entwicklungen zeichnen sich in allen Bereichen des öffentlichen wie privaten Lebens heute schon ab. Die Entpersonalisierung, der wir überall ausgeliefert sind, ist sowohl die Voraussetzung wie auch die Folge dieser Entwicklungen.

Die in Zukunft alles beherrschende Wissenschaft muß, wie es ihrem Wesen entspricht, die Dinge und die Lebewesen, den Menschen wie die Pflanze und das Tier dem Walten der Seins- und Schicksalsmächte entfremden. Der Leugnung und Verneinung des Grundes aller Wirklichkeit entsprechend, der an ihrem Anfang gestanden hat, wird es die Wissenschaft bis in ihr Endstadium hinein versuchen müssen, die Welt der Herrschaft des Himmels zu entreißen, solange, bis da nichts mehr ist, von dem sie zehren und das sie aussaugen kann.

6. Kapitel
Der Verrat am Wort

I. Die ontologische Struktur der Vernichtung

Man wird geneigt sein, das bisher Gesagte als Kritik zu verstehen, als Kritik am Zeitgeist, als Kritik an der Wissenschaft, an der Politik und an der Kirche. Freilich ist die Geschichte nicht in Ordnung, und sicherlich gibt es vieles, das man einzelnen Personen, und vielleicht noch mehr, das man den Institutionen vorwerfen könnte und wohl auch müßte.

Indessen kann es hier nicht darum gehen – selbst wenn es mancherorts unvermeidlich war, auch dies zu tun – Kritik zu üben, denn eine Kritik kann sich per se nur auf einen Vorgang beziehen, denn nur der Vorgang kann so oder anders ablaufen. Die Gestalt aber ist das, was sie ist.

Nur der Vorgang als solcher ist mehr oder weniger beliebig, und nur er kann deshalb Gegenstand einer Kritik sein. Das Mißverhältnis des Einzelnen zur Gestalt aber, oder das eventuelle Mißverhältnis von etwas Gestalthaftem zur Idee oder zu seinem Urbild wird sich immer nur als Schmerz, bzw. als Reue ausdrücken lassen.

Der Schmerz wird immer aus dem Innersten einer Gestalt kommen, sofern in ihr das Urbild als unverlierbarer Grund des Gestaltseins gegeben ist. Nicht nur, daß die Kritik den Verlust des Urbildhaften schon voraussetzt, denn die Kritik hat ihr Maß nicht im Urbild, und sie bezieht die Dinge immer nur auf andere Dinge oder Vorgänge – ihr Ergebnis kann auch letztlich nichts anderes sein, als daß zum einen der Gegenstand der Kritik seiner Wesenheit entrissen wird, und daß zum anderen die Dinge in

---

[191] Nach Wolfgang Döbereiner besteht die „eigentliche" Verdrängung darin, die Gestalt des Schicksals nicht zuzulassen: „Ohne Gestalt ist nichts endlich, sondern nur noch Ausübung als Erscheinung des Unbegrenzten, nämlich dessen, was als Gestalt des Endlichen aus dem Endlichen verdrängt wurde. Das Untergegangene wird Funktion ..." ... „Das ist die eigentliche Art von Verdrängung, nämlich der Welt, die da draußen nicht mehr existiert, in der nur noch Funktionen und Funktionsformen Erscheinung werden, die verdrängten Orte und Gestalten nur noch in ihren Funktionen aufscheinen."(Seminare Bd. 7, Geflecht und Zeichen, S. 9).

ihrer Unlösbarkeit festgeschrieben werden.[191]

Die Kritik ist letztlich nur ein fremdes, äußerliches Urteil, das im Grunde nichts anderes kann, als eine Entscheidung oder Entwicklung einzuklagen, die wegen der Unumkehrbarkeit der Zeit nie mehr herstellbar sein wird. Der Schmerz dagegen erlaubt ein Weiterleben mit der Schuld, denn er gibt dem Urbild auf eine besondere Art und Weise eine neue Gegenwart.

In der Absicht, sich desjenigen Schmerzes, der der abendländischen Kultur zuinnerst angehört, offenen Auges und mutigen Herzens auszusetzen, gilt es nun, dem nachzusinnen, woraufhin der Raub des Wortes, der durch die Jahrhunderte hindurch immer perfider geworden ist, letztendlich hinausläuft.

Im Hinblick darauf ist es somit zunächst die Aufgabe, zusammenzufassen, was bisher über den Zusammenhang von Wesensgestalt und Sein sichtbar wurde:

Das Sein ist alles andere als Gegenständlichkeit. Sein, das ist Aktualität, Wirklichkeit, Bewegung, Entfaltung. Eine Bewegung, die hinzielt auf Gott, von dem her alles, was ist, seinen Anfang genommen und sein Sein empfangen hat. Das Sein ist, weil es aus Gott kommt, nicht tot. Es ist nicht starr und auf irgend etwas festgelegt, es ist in sich frei, so daß alles in dem Maße, als es das Sein fassen und tragen kann, selbst frei und lebendig ist, wirkend, bewegend, tätig, kräftig, strebend, suchend, wollend, und erkennend. Es zielt und treibt je auf seine eigene Art und Weise auf Gott hin. Diese Bewegung geht zurück auf die Quelle allen Seins, sie kräftigt und stärkt alle Dinge und Lebewesen – je näher etwas seinem Ursprung kommt, desto frischer und freier wird es.

Jeglicher Akt, jede Seinsbewegung hat letztlich ihre Wurzel und ihr Maß im Urbild, so daß die Dinge und auch die Personen nur in der Integrität ihrer Wesensgestalt und aus dem Leben und Sein, das aus dieser hervorgeht, auf ihre eigene Weise am Gelingen der Welt mitwirken können.

Von daher ist abzuschätzen, wie groß im geistigen Lebewesen die Macht, ja die Gewalt des Gewissens ist: Das Gewissen ist das Intimste der Freiheit; es gilt, das Gewissen um jeden Preis zu wahren, steht doch mit ihm die Ausrichtung eines geistigen und freien Wesens auf die Erfüllung seines Auftrages für sein Dasein zur Frage und auf dem Spiel. Das Gewissen verbürgt dem freien Menschen die Integrität seiner Wesensgestalt, und gerade dadurch wirkt es hin auf die Erfüllung des Sinnes der Vorsehung. [192]

Die darin wirkende Macht und Kraft, die alle Kreatur dazu antreibt, sich sowohl auf die eigene Vervollkommnung, wie auch auf das andere hin und letztenendes auf Gott hin in Bewegung zu versetzen, ist aber die Liebe. Sie ist die Urgewalt des Seins. Die Liebe ist die Urkraft, die alles zusammenhält, und die alles in Bewegung versetzt, die alles Sein und alles Werden hervorbringt und trägt und wirkt. Die Dinge tragen die Bewegung auf Gott hin so sehr in sich, daß alle von außen kommende Bewegung sie nur davon abhalten kann, das, was in ihr Innerstes als ihr Wesen gesetzt ist, zu treffen und zu erfüllen.

Wo immer etwas davon abgehalten werden kann, die zu seinem Wesen gehörige Erfüllung zu finden, wird es in letzter Konsequenz der Herrschaft des Todes ausgeliefert – dies gilt für das einzelne Lebewesen ebenso, wie für die Kultur, ja die Zeit als solche ist dadurch in ihren Seinsgründen verletzt.

1. Die Sünde und der Tod

Die Dinge sind nicht einfach; sie wachsen, sie werden größer und schöner, sie werden immer mehr, und sie schenken ihren Reichtum den anderen Dingen. Die Welt ist reich, weil Gott

---

[192] Thomas von Aquin: „Von daher steht fest, daß das Sein einer jeglichen Sache in seiner Ungeteiltheit feststeht. Und so bewahrt alles seine Einheit, wie es sein Sein hütet." S. theol. I, q.11, a. 1. resp.

reich ist, und weil Gott den Dingen und der Welt seinen Reichtum schenkt. Es ist die selbe Lüge, die den Menschen schon auf seinem Wege aus dem Paradies heraus begleitete, die ihm vormacht, die Welt wäre arm und dürr, um ihm weiszumachen, er bedürfte der Weisheit der Schlange, um sich am Leben zu erhalten. Diese Lüge hat ihn der Herrschaft des Todes ausgeliefert, und sie hat ihn und die Welt unter das Diktat der Sünde und unter die Herrschaft des Bösen gestellt.

Das Böse, von dem hier die Rede ist, ist nicht (nur) eine moralische Kategorie, es ist auch nicht (nur) die Frage nach dem rechten Verhalten, die Suche nach Kriterien für eine gute Tat. Der „kategorische Imperativ" Kants, so sehr er als das Maß der Ethik auch hochgehalten werden mag, versagt dort, wo es zum Entscheidenden kommt. [193]

Wer dem kategorischen Imperativ entsprechend handelt, mag vielleicht ein philosophisch „reines" Gewissen haben, er mag sich, auf die eigene Person nur blickend, vormachen, er sei gerecht, aber er wird sich in Wirklichkeit auf das Schlimmste schuldig machen, denn schon der Grund und Anfang des Guten bleibt ihm verschlossen, nämlich das Gegenüber der Tat, das „Du". Es ist schon eine geistige Verkommenheit ganz eigener Art, daß einer ein gutes Gewissen haben will, ohne sich um den Gegenstand seiner Untaten zu kümmern. Der „kategorische Imperativ" des aufgeklärten Denkens ist leer, er hat keinen wirklichen Inhalt, wenn das neuzeitliche Subjekt nur mehr an sich selbst, an seine eigene Vollkommenheit und an die eigene moralische Integrität denkt.

Die Weltvergessenheit und die Blindheit des modernen Menschen der Wahrheit der Dinge gegenüber wird hier besonders deutlich. Wer nur einen kleinen Rest an Anstand und Verantwortlichkeit in sich hat, wird nach dem Gegenstand seiner Taten

---

[193] Immanuel Kant: „Handle so, daß die Maxime deines Willens jederzeit zugleich als Prinzip einer allgemeinen Gesetzgebung gelten könne." Kritik der praktischen Vernunft, §7.

fragen, und nicht nur danach, ob und wie er sich dabei in seiner moralischen Integrität bestärkt fühlen kann.

Darüber hinaus bleibt bei der Art und Weise, wie seit der Aufklärung vom Bösen geredet wird, die ontologische Dimension ausgeblendet. Wenn die alten Philosophen über das Wesen des Bösen nachdachten, dann ging es ihnen nicht zuerst um den Menschen, das auch, doch der „Gegenstand" der Sünde ist allem anderen zuvor der Grund des Seins. An ihm vergeht sich der Mensch, wenn er sündigt. Wer wirklich ein Gewissen hat, wird in erster Linie darüber nachdenken, was er dem anderen angetan hat, dann darüber, ob und inwiefern in seinem Tun ein Frevel gegen die Würde Gottes vorliegt, und zuletzt erst wird er die eigene Gewissensnot bedenken. Die wichtigste Frage der Ethik wird also diejenige sein, die sich darum kümmert, was die schlechte Tat an dem bewirkt, woran gefrevelt wird, und die danach fragt, was das Unrecht für den bedeutet, dem es angetan wird.

Im nun folgenden Zitat sagt Meister Eckhart, „der Lohn der Sünde" sei der Tod, und er hat dabei genau die beiden genannten Dinge im Sinn:

> „Der Lohn der Sünde ist der Tod. Erstens, weil die Sünde von Gott trennt, der das Leben der Seele ist, so wie die Seele das Leben des Leibes ist. Zweitens, weil die Sünde, sofern sie den Rückschritt vom Sein zum Nichts besagt, im wahrsten Sinne den Tod bedeutet. Drittens, weil jedes Werk tot ist, dessen Ursprung von außen ist, ganz egal unter welchem Ziel (es dann auch stehen mag). Denn lebendig ist (nur) das, dessen Bewegung von innen, und von ihm selbst her ist, dasjenige also, das nicht von einem anderen bewegt wird." [194]

Das Wesen der Sünde besteht demnach darin, daß die Welt von Gott losgerissen wird. Dabei denkt Meister Eckhart, wie ge-

---

[194] Meister Eckhart: Sermones de tempore, sermo XVII, 4 in Lat. Werke IV, S. 163 ff.

sagt, nicht nur an den Sünder selbst (was eine rein moralische Interpretation noch zuließe), sondern er denkt vor allem an das Werk der Sünde, an den Gegenstand der Tat. Das erstaunliche dabei ist, daß sowohl der Täter wie das Opfer in der Sünde von der Quelle ihres Daseins abgerissen werden.

Meister Eckhart sagt es ganz eindeutig: all das, dessen Ursprung nur mehr von außen ist, weil es sich von seinem inneren Ursprung losgerissen hat, ist tot. Es hat den Grund seines Seins verlassen, es kann nicht mehr von sich aus dem ihm eigenen Urbild folgen, denn es ist von seiner Finalität abgezogen, so daß es das, was ihm in seiner Wesenheit vorgegeben ist, nicht mehr aktiv als die Gestalt seines Lebens ausbilden kann. Wenn in solcher Weise vom Urbild die Rede ist, dann ist damit der Grund der Geschöpflichkeit, der Kern allen Seins und Wirkens, das Innerlichste in allen Dingen angesprochen, denn das Urbild ist nicht bloß die irgendwie in den Himmel geschriebene Idee der Dinge; das Dasein der Kreatur beruht ganz und gar im urbildlichen Wort, das der Anfang allen Seins ist.[195]

Weil nun der Mensch keinem Wesen ein neues Urbild setzen kann – dazu müßte er Schöpfer sein, als Mensch aber kann er nur das Urbild verleugnen – wird das Tun des Menschen immer ein äußerliches bleiben, so daß an der Stelle des Wesens, das bisher alles Tun und Wirken gehalten hatte, durch die Manipulation ein äußerer Zweck gesetzt wird. Wenn also die böse Tat zunächst und vor allem eine seinsmäßige Bedeutung hat, wie es die Aussage Meister Eckharts nahelegt, dann zielt der Akt einer bösen Handlung letztlich auf die höchste und größte Gabe, die der Kreatur gegeben ist, ab, auf das Sein selbst, auf jene Gabe, mit der der Kreatur alles andere mitgegeben ist. Wenn somit von einer Schuld die Rede ist, dann liegt diese vor allem darin, daß

---

[195] Das Wort des Heiligen Augustinus, wonach Gott „Interior intimus meus" ist, hängt damit zusammen. Meister Eckhart sagt: „Gott ist uns ‚nahe', wir aber sind ihm fern; Gott ist drinnen, wir aber sind draußen; Gott ist (in uns) daheim, wir aber sind in der Fremde". Meister Eckhart: Deutsche Predigten und Traktate, Hg.: Josef Quint, Zürich 1979, Predigt 36, S. 327. Ein geistiges Wesen kann sich nur selbst von Gott losreißen.

ein Wesen oder Ding entgegen der in ihm waltenden oder entgegen der es tragenden Finalursache für andere Zwecke mißbraucht wird.

Wenn Thomas von Aquin in seiner Theologischen Summa sagt: *„Nihil habet dominium suae naturae"* (I, 60, I obj.2), *„Nichts hat eine Herrschaft über seine Natur",* dann ist das im selben Sinne gesagt, weil die Natur einem jeden Wesen von Gott her vorgegeben ist. Die Natur der Dinge ist aus ontologischen Gründen unverfügbar. Es steht dem Menschen nicht zu, ein Wesen der ihm von Gott gegebenen Natur zu entreißen, denn eine Welt, die eine Schöpfung ist, und eben kein großer Behälter voller einfach da liegender Gegenstände, gehört letztlich Gott und nicht dem Menschen.

Weil es hier tatsächlich um einen ontologischen, und nicht um einen nur moralischen Sachverhalt geht, ist es unmöglich, die Natur einer Sache zu manipulieren, ohne diese von Grund auf zu zerstören, beziehungsweise ohne das manipulierte Lebewesen zu *töten.*

Die eigentliche Vernichtungskraft des Bösen besteht darin, daß eine Sache (oder ein Ding oder ein Lebewesen) von dem ihm innerlichen Prinzip seines So-Seins, also vom Prinzip seines Werdens und Wirkens auf die ihm in seiner Wesenheit vorgegebene Vollkommenheit hin losgerissen wird. In diesem Akt wird der Gegenstand der Vernichtung preisgegeben. Selbst wenn das auf den ersten Blick noch nicht sichtbar sein mag, das Abreißen des Seinszuflusses bringt notwendigerweise den Tod.

Daß dieser Eingriff in die Natur der Dinge oder der Lebewesen als nichts besonderes mehr erscheint, ist sowohl eine Folge der Gewohnheit an die Gewalt der Sünde, wie auch eine Folge des Versagens der heutigen Zeit, die es in ihrem Nachdenken über die Natur der Dinge nicht mehr schafft, bis auf die letzten Herkunftsgründe des Seins zurückzugehen. Daß das Abreißen von seiner Finalursache für das Geschöpf eine so fatale Folge hat, ist, wie schon angesprochen, darin begründet, daß das Urbild den Geschöpfen keine nur äußerliche Zugabe ist, sondern der innerste Seinsgrund, der Grund, aus dem heraus sie existieren und leben, jener Grund, der sie im Leben hält, und der ihr Gedeihen gewährleistet. Das Urbild, das aus den Bereichen der Ewigkeit kommt, wird speziell in der Seele zum Grund des zeitlichen Werdens der Kreatur; die des Urbildes fähige Seele verbindet das zeitliche Werden der Kreatur mit den ewigen Seinsgründen.

In seinem gestalthaften, man könnte jetzt genau so gut sagen, in seinem seelischen Dasein, hat das Geschöpf in gewissem Sinne einen Anteil an der Ewigkeit, so daß die jeweilige Gestalt in ihrer Gegenwärtigkeit vom Woraufhin des Werdens gehalten ist.

Damit garantiert das Urbild für die Güte einer jeglichen Sache: Insofern etwas seinem Urbild entspricht – so etwa wie man von „wahrer Freundschaft" spricht, wenn zwei Menschen dem Wesen der Freundschaft, der ihr eigenen Treue, Zuneigung, dem gegenseitigen Verständnis, dem gegenseitigen Füreinandereinstehen in der Not usw. gerecht werden – ist es wahr und gut. [196] Nur wenn etwas so ist, wie es sein muß oder sein soll, kann es in der ihm geschenkten Güte wirken, beziehungsweise die ihm gegebene Güte zur Auswirkung bringen und der anderen Kreatur mitteilen. Dies ist die eine, die mehr äußerliche Seite. Auf der anderen Seite, die Innerlichkeit eines Lebewesens betreffend, ist mit dem Urbild und mit der daraus folgenden Finalursache der Wille und der Auftrag angesprochen, der jedes Geschöpf antreibt, sein Leben in die eigene Hand zu nehmen und es selbst aktiv zu gestalten. [197]

❖

---

[196] Albertus Magnus sagt: „Die Wahrheit nämlich geht über das (bloße) Sein insofern hinaus, als daß sie in einem Verhältnis zur Gestalt bzw. zu dem, wodurch etwas gestalthaft ist, besteht." (Damit ist freilich das urbildhafte Wort gemeint, der Verf.) Summa de bono, I,4,3.

[197] Vgl. dazu: Kummer, Christian: Evolution als Höherentwicklung des Bewußtseins, Freiburg/München 1987, S. 72: „Als Idee ist diese ‚absolute Gestalt' causa exemplaris, Urbild, von dem die Gestalt des einzelnen Lebewesens in mehr oder weniger defizienter Weise Abbild ist. Richtiger ausgedrückt: ein Urbild, von dem das Lebewesen sein eigenes Abbild erstellt." ... „Damit das Lebewesen aus dem Urbild der Gestaltidee sein eigenes Abbild erstellen kann, muß dieses Urbild dem sich selbst darstellenden Lebewesen irgendwie präsent sein. Die Art und Weise dieses Präsentseins, des Erfassens des Urbildes, nennen wir ‚Bewußtsein'".

Es ist eine alltäglich zu machende Erfahrung, daß, je mehr ein Lebewesen aus der Ursprünglichkeit seiner Wesensgestalt leben und wirken darf, desto echter und freudevoller ist und wird es. Die Ungebrochenheit der Natur und die Selbstverständlichkeit ihrer Äußerung, die nicht selten bei Kindern, zuweilen auch noch bei Erwachsenen zu finden ist, ist ein Ausdruck davon, daß die Wesensgestalt, die in ihr Herz eingegossen ist, frei zur Entfaltung kommen darf und kann. Wie die Natur selbst oder eine Landschaft ein Recht auf Unberührtheit hat, so auch hat das Lebewesen, und im ganz besonderen Maße der Mensch, ein angeborenes Recht auf jene Freiheit, die die Entfaltung des Urbildhaften in ihm gewährleistet. In dieses Recht ist jenes auf die Ausgestaltung seines Lebens, hin zu der ihm entsprechenden Gestalt, mit inbegriffen, denn nur so kann der Mensch die ihm in seinem Sein gegebene Güte erfahren und auskosten.

Die Kreatur hat ein Recht auf die ihm vom Schöpfer durch das Wort je in der Gestalt seines Wesens geschenkte Güte und auf deren Integrität. Sie erst macht es liebenswert, denn alles, was ist, will um seiner selbst willen geliebt werden, nicht weil es zu irgend etwas taugt oder weil es erfolgreich ist.

Die Liebe beginnt dort, wo etwas so sein darf, wie es eigentlich ist, ja, die Liebe ist jene Macht, die ein Wesen zu sich selbst befreit, die ihm die Kraft und den Mut gibt, das zu sein, was es selbst ist. Die Liebe geht aus dem Urbild hervor, sie ist die Kraft des Urbildes, und sie will die Dinge wegen des Urbildes, aus dem sie hervorgegangen sind, selbst dann noch, wenn sie dieses im Konkreten nicht mehr verwirklicht sieht.

❖

So wie nur das Wort, das am Anfang aller Dinge steht, die Güte eines jeden Dinges begründet, ist es wiederum nur das Wort, das die einzelnen Qualitäten einer Sache oder eines Lebewesens verbürgt, und das sie auch präsentieren kann. Die Tiefen des Seins einer jeden Sache, ihre Schönheit, ihr Wert, ihre Wahrhaftigkeit, all die Dinge, auf die es in allem wirklich ankommt, sind eigentlich im Wort nur gegeben, oder aber in einem schöpferischen Ausdrucksverhalten, das ontologisch vom Wort ausgegangen ist, und so innerlich auf das Wort hingeordnet bleibt, wie die Musik, die Malerei, die Bildhauerei, aber auch die Gestik, die Mimik und ähnliches.

Umgekehrt erlebt es eine Person als einen Angriff auf ihr ganzes Sein und Leben, wenn ihr – wiederum im worthaften Akt der Lüge oder der Verleumdung – ihre Güte als solche abgesprochen oder auch nur eine einzelne ihrer Qualitäten verschwiegen wird.

Gerade die Dinge, die eine Person, aber auch eine Sache oder eine Erfahrung so kostbar, ja oft genug unersetzbar machen, sind einzig im Wort gegeben: Die Zufriedenheit über das Erreichte, die Freiheit einer wesentlichen Entscheidung, ein leises Einverständnis mit dem Schicksal, die Liebe zum Leben, das Vertrauen in den Grund der Wirklichkeit, die Geborgenheit in einer Landschaft, das Verständnis für eine andere Kultur, aber auch die Stille eines Augenblicks, das Berührtwerden eines Künstlers durch die Musen, die Herrlichkeit, die echte Freude, das Erschaudern des Angerührtwerdens durch das Himmlische und wo weiter, und so weiter. [198]

2. Die Liebe und der Haß, und ihr Verhältnis zum Sein der Dinge

Die Liebe gibt den Dingen Raum und Zeit. Sie spannt die Ewigkeit auf über dem Zeitlichen. Die Liebe ist der Stoff, aus dem der himmlische Mantel gewoben ist, auf daß darunter die Zeit einen Raum habe für das Werden. Nur in der Liebe dürfen die Dinge das sein, was sie für sich und in sich sind. Nur in der Liebe fließt die Ewigkeit in sie ein. Die Liebe schenkt den Raum, den

---

[198] Dazu - und zu vielem anderen - das hervorragende Buch von Leo Scheffczyk: Von der Heilsmacht des Wortes. München, 1966, S. 85 ff.

die Wesen brauchen, um darin leben zu können. Sie läßt die Dinge das sein, was sie sind, ja mehr noch, sie gibt ihnen ihr eigenes Wesen zurück.

Einzig aus der Präsenz des Urbildhaften geht die Kraft hervor, zum „Du" zu kommen, um es um seiner selbst willen zu wollen und zu bejahen. Man glaube ja nicht, daß nur die vernünftige Kreatur die Liebe hat, freilich, sie hat sie ganz zu eigen weil sie darum weiß – nein, alles, was ist, lebt aus der ihm im Sein mitgeteilten Liebe. Alles, was ist, ist gut, und so ist es auch liebenswert. Dieses Wort klingt erst dort schwülstig, wo es nicht mehr verstanden wird. Die Liebe ist der ontologische Grund dafür, daß alles, was ist, begehrenswert ist.

Die Liebe, die die Dinge um ihrer selbst willen will, steht in der Grunddynamik des Seins, und sie verwirklicht die urbildliche Ordnung, denn sie erkennt in allen Dingen die ihnen innewohnenden Sinngestalten, und in diesen das Urbild selbst. Sie kann in ihrem Tun gar nicht anders, als der Natur und dem Wesen der Dinge, und darin der Schöpfungsordnung zu entsprechen, denn die unbegrenzte Macht des Guten, die in jeder Gestalt gegenwärtig ist, bindet mit aller Gewalt den Willen des Erkennenden, sobald die Gestalt im Akt der Erkenntnis auf ihn übergegangen ist.

Alles, was in der ihm gegebenen Natur oder in der ihm eigenen Freiheit in sich steht, treibt hin auf das Gute selbst, in dem das Absolute sich als die Allgewalt allen Werdens kundtut. Und je näher die Dinge ihrem Ziel kommen, desto mehr noch spüren sie die Anziehungskraft, desto stärker und reiner noch wird ihr eigener Wille, dem Guten, wo immer es sich zeigt, anzuhängen. Jedes Geschöpf hat aus der ihm im Schöpfungsakt geschenkten Güte heraus die Fähigkeit, den freien Willen zu binden. Weil jedes Wesen in genau der Gestalt, die ihm gegeben ist, in die alle Dinge umgreifende Seinsbewegung hineingeordnet ist, entfaltet sich in Geschichte und Welt eine Grunddynamik, die alles Endliche zu seinem himmlischen Ursprung, von dem es ausgegangen war, auch wieder zurückkehren läßt.[199]

Die Dinge der Welt sind begehrenswert, aber sie sind auch nötig. Es fällt dem Menschen, der sich von der Technik und der scheinbaren Machbarkeit aller Dinge beeindrucken läßt, schwer, einzusehen, wie nötig ihm die anderen Dinge sind. Erst in der Not erfährt er seine Bedürftigkeit. Erst wenn es ihm nicht mehr gelingt, das Fehlende durch Kunstprodukte zu ersetzen, und seine innere Leere mit immer größeren und immer neueren Sensationen auszufüllen, erkennt er, wie arm er wirklich ist, wie sehr angewiesen auf all die Gestalten, daß sie in ihrer Güte ihm einen kleinen Anteil geben an der Herrlichkeit und an der Kraft des Seins, die ihnen gegeben ist.

Erst die Wichtigkeit der Gestalt der Dinge, für ihr Sein und Wirken, macht ersichtlich, warum sich aller Haß so sehr gegen das Gestalthafte richtet. Der Anfang der Verneinung der Güte ist die Blindheit gegen die Gestalt, da ja die Gestalt den Anspruch des Guten an den freien Willen kundgibt. Alles, was ist, will um seiner selbst willen, das heißt in jener Gestalt, in der es seine eigene Güte austragen und auswirken kann, geachtet und gewollt werden.

Wo der Blick in den Dingen deren inneres Gestaltprinzip nicht mehr erkennt, gerät das vormalige Liebesverhältnis von Wille und Gegenstand zunächst in den Bereich der Indifferenz. Weil nun aber der Blick auf die Gestalt gerade dadurch verloren ging, daß das Subjekt sich selbst zuvor schon mit Gott entzweit hat, um sich an seine Stelle zu setzen, trifft das um seine Bindungskraft beschnittene Ding nicht auf einen irgendwie gleichgültigen Willen, der die Dinge wiederum einfach lassen könnte, sondern auf einen in sich zerrissenen, auf einen entstellten Wil-

---

[199] Thomas von Aquin sagt: „Obwohl alle Dinge ein (allen gemeinsames) letztes Ziel haben, so wie sie ein erstes Prinzip haben, so muß dennoch jedes Ding ein eigenes Ziel haben, ... das Verhältnis irgend eines Dinges zum letzten Ziel kann auch in gar nichts anderem bestehen, als darin, daß es in dem, was seiner Art gemäß ist, dem letzten Ziele vermittelt ist: das eigentliche Ziel eines jedes Dinges aber ist dies, daß es auf das letzte Ziel hingeordnet ist. Das ist das ihm eigentümliche Wirken." II Sent. d. 38 a. 1 a. 2c.

len, auf den unbedingten Willen zur Macht. Dieser unbedingte Wille zur Macht kennt keinen an ihn ergehenden Anspruch mehr, er will alle Dinge nur mehr als Mittel zum Zweck seiner eigenen Herrschaft, eingepaßt in das Konzept der Verwechslung seiner selbst mit Gott.

❖

Der Haß gegen Gott ist der Grund aller Verzweckung: er ist der Grund jenes Hasses, der die aller Kreatur eigene Güte nicht kennt und nicht will. Er ist der Haß, der sich von Alters her gegen die Quelle jeder Güte verschlossen hat, jener Haß, der alle Kreatur abschneiden will von der Quelle ihres Seins. Die Trennung von Gott ist eine zweifache: Zum einen trennt sich der freie Wille von Gott, um, sich an seine Stelle setzend, alle Welt auf sich hingeordnet zu wissen. Und zum anderen reißt er, so weit dies möglich ist, in seiner Rebellion gegen Gott auch die Geschöpfe, die ihm zugehören, von ihrem Ziel und von der ihnen gegebenen Güte ab. Wenn es die erste Tat des Hasses ist, die Dinge vom Seinszufluß, der von Gott ausgeht, abzuschneiden, um sie so ihres eigenen Seins zu berauben, dann hat das für das einzelne Ding die Konsequenz, daß es, in dem Maße, als es seinem Urbild entrissen wird, auch die ihm in der Schöpfung verliehene Fülle und Güte verliert, so daß es immer bedürftiger und ärmer wird, bis es schließlich dort, wo es seiner Wesensgestalt ganz entrissen ist, nun selbst vom Haß infiziert und den Haß in sich spürend, verfällt.

❖

Je mehr die Dinge und die Lebewesen in den industriellen Betrieb geraten, desto seelenloser und desto schwächer werden sie in ihrer Natur, desto debiler werden sie in ihren geistigen wie körperlichen Kräften, denn es ist einzig die Gestalt, die Wirkung gibt. Das Zweckhafte nimmt dem Einzelnen seine Gestalt, denn nur darin ist etwas zweckhaft, als es für etwas Fremdes zu verbrauchen ist. Was einem ihm fremden Zweck unterstellt ist, kann nicht mehr aus sich sein, es kann nicht mehr das sein, was es eigentlich ist.

Mit dem Urbild werden die Dinge auch ihrer Finalursache entrissen, und das allen Dingen eigentümliche Verhältnis zu Gott wird aufgehoben, ihre Güte zerstört. Damit hängt auch zusammen, daß trotz des steigenden Lebensstandards in den letzten Jahrzehnten die Lebensfreude so sehr abgenommen hat. Was dem ihm eigenen Streben auf die Finalursache hin entrissen ist, verfällt dem Nichtsein. Es ist nicht mehr der Ort des Anwesens der „Götter", denn es entspricht nicht mehr seinem Urbild.

Und ein zweites noch: was von der Finalursache abgerissen ist, fällt aus der Ordnung des Seins heraus, es kann nicht mehr dazu beitragen, daß die anderen Dinge und Wesen zu ihrer Vollendung hingeführt werden, im Gegenteil: Das Zweckhafte kann die Dinge nur verbrauchen und vernutzen. Sie sind, einmal ihrer Gestalt entrissen, nicht mehr der Träger von Wirkungen. Der an die Stelle der Finalursache gerückte Zweck fixiert das seinem Urbild und seiner Gestalt entfremdete Wesen auf den jeweils gerade erreichten Bestand. Dadurch werden die Dinge ihrer Gestalt entrissen. Die Gestalt aber ist den Wesenheiten ihre einzige Gelegenheit zu sein. Die Dinge sind entweder das, was sie von ihrem Urbild her sind, oder aber sie sind nicht. Sie sind nicht beliebig veränderbar. Die Gestalthaftigkeit ist wie ein schmales Brett, auf dem die Lebewesen ihre Existenz austragen. Wo deren Ausfaltung, die Gegenständlichkeit, beziehungsweise die Materialität von der Wesensform, die ihrerseits ein Abbild des Urbildes der Dinge in Gott ist, abgerissen wird, ist auch die Materie ohne Seinsgrund.[200]

Weil sie der unmittelbare Ausdruck des Schöpfungswillens und der Schöpfungstat Gottes ist, ist die Wesensform je auf die individuelle Wirklichkeit hin abzielend. Sie ist der Grund des in-

---

[200] Thomas von Aquin: „In der Natur der körperlichen Dinge also hat die Materie nicht durch sich einen Anteil am Sein; denn die zur Materie erst hinzukommende Gestalt (forma) macht diese erst wirklich, so wie die Seele den Leib." Qu. De Spir. Creat. 1 c.

dividuellen Seins, weil der Entschluß Gottes zur Schöpfung schon das einzelne Geschöpf meinte und wollte. Der schöpferische Anspruch meint konkret und augenblicklich das Individuum, so wie es hier und jetzt ist, nicht etwa die Gattung. Der Verlust dieses Anspruchs bedeutet für das Geschöpf den Verlust des Daseins. Den Lebewesen besagt das Dasein, daß sie leben. Das, was manipuliert ist, verliert sein Dasein und seine Güte, es wird unwirklich, so daß es tatsächlich kein Leben mehr hat, obwohl es noch so aussieht, als hätte es ein Leben in sich.[201]

---

[201] Meister Eckhart: Expos. in libri genesis, C. 1v. 31 S.288 - 293: „Jede Wirkung bzw. jedes Ergebnis geht aus dem vollen Gehalt des Guten in zweifacher Weise hervor: erstens und wesentlich durch die Gestalt, durch die es auch sein Sein hat; zweitens in gestalthafter Hinsicht aus der Übereinstimmung oder aus der Freude, die der Wille des Hervorbringenden (an dem Hervorgebrachten) hat, weil es seinem Sinnen und seiner Absicht entspricht." ...
„Wie nach den obigen Darlegungen der volle Wesensgehalt des Guten erst dann gegeben ist, wenn zweierlei zusammenkommt, das Dasein eines Dinges und die Freude an ihm, so kann ihn ein Ding auch aus zwei Gründen verlieren: Erstens, wenn es sein Dasein oder sein Sein verliert; zweitens wenn sich die Absicht oder der Wille (des Hervorbringenden) hinsichtlich seiner ändert." ...
„So jedenfalls verhält es sich in unserer Welt. Deshalb ist (hier) nichts beständig gut, beharrt nichts im Gutsein und kann darum nichts sehr gut oder wenigstens ziemlich gut genannt werden. Anders ist es bei den Werken Gottes. Für Gott geht nichts vorüber, stirbt nichts, und wird nichts zunichte. Was einmal etwas ist, das ist niemals nichts." ..
„So betreffen also die Worte: ‚Gott sah, daß es gut war' das Dasein der geschaffenen Dinge und das Wohlgefallen an ihnen. Die folgenden Worte aber: ‚(Gott sah) alles an', das heißt jedes einzelne von allem, was er gemacht hatte, ‚und es war sehr gut', meint die Fortdauer der Werke Gottes. Denn die Arten der Dinge dauern ewig, das heißt, sie gefallen Gott immer und ‚in Ewigkeit'. Deswegen muß zu jedem einzelnen, das Gott hervorgebracht hat, besonders hinzugefügt werden. daß es sehr gut ist."

II. DIE STUFEN DES VERFALLS

1. Das Unwirkliche – das Wesenlose – das Gespenstische

In einer wesenlosen Welt ist alles möglich, vor allem aber eines: Das Schreckliche. Jenes Schreckliche, daß das Wasser und die Nahrung vergiftet wird, daß die Bäume sterben, als hätten sie die Pest, daß die Kinder einander schon Gewalt antun, daß die verschiedenen Staaten die Völker der Erde mit Krieg bedrohen. Denn im Wesenlosen herrscht nicht mehr das Urbild, sondern der Zerfall; es trägt den Untergang schon in sich, es erwartet schon seine Zerstörung.

Wo die Dinge der Gestalt ihres Wesens entrissen sind, haben sie keine Seinsmacht mehr, denn das Sein fließt den Dingen und Lebewesen einzig in der Gestalt einer ganz bestimmten Wesenheit zu. Mit dem ihnen auf diese Weise fehlenden Sein aber ist auch die volle Aktualität der Wirkmacht des Seins selbst nicht mehr gegeben. Weil nun alle Welt von Anfang an eigentlich gestalthaft ist, und weil alle Gestalt auf die Bedeutung hinweist, die in ihr gegeben ist, vermutet der Mensch in allem, was ist, einen Zugang zur Wahrheit selbst finden zu können. Doch wie in jenen Wesen, die von ihrer Gestalt abgerissen sind, auch der Seinszufluß, der den Dingen eine Seinsmacht verleihen könnte, abgebrochen ist, so ist auch der Rückweg über die Bedeutung der Dinge, zurück zum Vollgehalt des Seins eine Sackgasse. Das Gestaltlose führt zu nichts mehr, es kann das, was es verspricht, nicht mehr einhalten. Mit der Integrität ihrer Wesensgestalt haben die Dinge ihre Bedeutung verloren, sie sind von nun an eine Lüge. Die anderen Lebewesen werden so um die in der Wesenheit der Dinge zu ergehende Seinsmitteilung betrogen. Wer dem Irrlicht folgt, kehrt nicht heim, er fällt dem Bösen zum Opfer.

Das Unwirkliche, das nur eine Manipulation, aber kein echtes Werden mehr kennt, kann keinen Seinszuwachs mehr bringen, denn das Gestaltlose ist abgeschnitten von der Fülle des Seins.

Wenn das Gestaltlose unwirklich ist, dann bedeutet das, daß von ihm keine Wirkung ausgehen kann. Das aber heißt im Bereich der endlichen Wirklichkeit, in dem ja alle Dinge aufeinander angewiesen sind, da sie ja das Wirkende einander vermitteln müssen, daß das Gestaltlose weder aus sich leben kann, noch daß es Leben hervorbringen oder auch nur fördern kann.

Das, was nicht aus sich selbst, das heißt, aus der ihm selbst eigen gewordenen Gestalt sein kann, ist dazu verdammt, vom Blute anderer Wesen zu leben. Es kann auch in keiner Weise mehr Leben schenken, es ist zeugungsunfähig, es kann nicht als Nahrung dienen – es kann nur Leben und Kraft aussaugen. [202]

Wenn seine Welt so gestaltlos ist, daß sogar die Nahrung keine gewachsene mehr ist, dann wird der Mensch auch die Kontinuität seines Lebens und seiner Geschichte einbüßen. Seine Welt wird zu einem augenblickshaften Dasein verkommen, er selbst wird zeitlich atomisiert werden, und er wird aus allen schicksalsträchtigen Zusammenhängen herausfallen. Schließlich wird er alles Gewachsene, alles Echte und Eigenständige fliehen;

---

[202] Man kann keine echten Lebewesen gentechnisch produzieren, auch keine Lebensmittel. Wer begriffen hat, was „Gestalt" ist, weiß, daß ein Brot oder ein Apfel wesentlich mehr ist als die Summe der in ihnen vorkommenden Kohlenhydrate und Vitamine und was es noch alles gibt.
So modern und beliebt es heute auch sein mag, die Nahrungsmittel zu analysieren und aufzuspalten auf ihren jeweiligen Anteil an Vitaminen, Mineralstoffen und Kohlehydraten, so klug und gebildet man mit diesem Wissen auch umgehen und erscheinen mag, man wird damit eines sicher nicht erreichen, nämlich mehr Gesundheit. Die wissenschaftliche Analyse wird, wenn sie zu einer Reduzierung der Nahrung auf ihre Bestandteile führt, diese nur zerstören können. Vitamine, Mineralstoffe, Kohlenhydrate als solche zu sich zu nehmen, das ist genau so sinnvoll, wie wenn man aus einem Lehrbuch alle Buchstaben herausnähme, um sie dann, sauber geordnet, zu lesen: 500 mal ein „a", 200 mal ein „b", 50 mal ein „c" und so weiter. Sogar der Dümmste erkennt, daß da nicht viel an Bildung übrig bleibt. Vgl. dazu: Hildegard von Bingen, Heilkunde. S.33. Salzburg 1992 - 6: „Der Magen verlangt je nach den inneren Kräften der Geschöpfe, die er aufnimmt und wieder von sich gibt, damit er von ihrem Saft nach Gottes Einrichtung unterhalten werde. So sind denn in allen Geschöpfen, in den Tieren und Reptilien, den Vögeln und Fischen, in den Kräutern und Bäumen gewisse verborgene Geheimnisse Gottes latent vorhanden, die kein Mensch noch eine andere Kreatur wissen und spüren kann, es sei ihnen denn von Gott gegeben."

er wird es meiden, er wird ihm feind werden, er wird es verfolgen und vernichten müssen, wo immer er es noch vorfindet. Das hat zum einen die Mechanisierung, zum anderen die Bestialisierung des Menschen zur Folge. Auch die Maschine kann die Zeit, in der sie ist, nicht versammeln und vereinigen, sie kennt nur die Dauer des mechanischen Ablaufes, aber keine innerliche Zeit; die Zeit geht an ihr vorbei, denn sie hat keinerlei Innerlichkeit, keinerlei Identität. Ebenso, wie der Mensch das Gestalthafte des Seins verliert, verliert er seine Innerlichkeit, und mit ihr seine Identität, so daß er den Dingen und seinem eigenen Sein in der Zeit keine Dauer mehr verleihen kann. Er geht unter in der Zeit, er versinkt in das Zeitlose, in das Wesenlose.

Und damit beginnt auch schon seine Bestialisierung, denn ohne Innerlichkeit verfällt er ganz den Reizen und Mechanismen der äußeren Welt, er fällt zurück in das Vormenschliche und in das Untermenschliche. Er wird die Welt nicht mehr bewältigen können, er wird in ihr untergehen, denn die ganze Welt bekommt für ihn den Charakter des Zwanges; so wird er hündisch. Und weil er keine Bedeutung mehr in der Welt finden kann, reagiert er auf jeden Reiz, wie ein Krokodil, das nach allem schnappt, was sich im Wasser bewegt.

Das Wesenlose aber, das ihn mehr und mehr umgibt, wird ihn, sobald er seiner nicht mehr Herr wird, an den Rand der Schizophrenie bringen, er wird in die nächste Nähe zum Gespenstischen kommen. Mit seiner Identität verliert er seinen freien Willen und damit seine Würde. Der Mensch wird in der Folge immer mehr von einer unheimlichen Angst und von einer abgrundtiefen Sorge aufgesogen, denn er hat jeden Bezug zu den „tragenden und bergenden Mächten" verloren. [203]

Wenn er schließlich sein Menschliches ganz eingebüßt hat, wird er auch noch all seine Angst und seine Sorgen verlieren. Diese neue Angstlosigkeit und Freiheit von jeder Sorge ist der Ausdruck dafür, daß er seine Seele verloren hat, denn da ist nichts mehr in ihm, das noch Angst oder eine Not verspüren

---

[203] So Johannes B. Lotz in: Von der Einsamkeit des Menschen, Frankfurt/Main 1956 -2.

könnte. So wird der Mensch zur Ameise, zum Insekt, bevor er letzten Endes ganz aufgesogen wird vom Nichts, das schon seit Jahrzehnten an ihm gezerrt hat, und ihn gefügig gemacht hat für eine wesenlose Welt, für eine Welt des Konsums und der Betriebsamkeit.

Alles wird nun bruchstückhaft, ohne Wort und ohne Willen sein: Das Leben versinkt im Animalischen, im Bewußtlosen, schließlich im Anorganischen, dessen unmittelbarster Ausdruck Greueltaten noch ungeahnten Ausmaßes sind.

Hier beginnt das Gespenstische. Das Gespenstische ist jenes, das von den Quellen des Lebens abgeschnitten ist; es ist das Wesenlose, das, was seinen Ort verloren hat. Beim Gespenstischen ist die Entwurzelung so grundsätzlich, daß es sich ein für alle mal von seiner Herkunft und von seiner Gestalt losgelöst hat. Es kann aus sich heraus keine Gegenwart mehr stellen, und deshalb nur noch kurzzeitig aufscheinen; es hat in und aus sich keine Wirklichkeit mehr, es ist nur noch Schatten. Gerade auch auf die ihrer Gestalt entstellten Lebewesen und Dinge trifft das Wort Ernst Jüngers zu, das sagt:

„Die verlassenen Altäre sind von Dämonen bewohnt". [204]

Der Altar ist der erhobene Ort, er ist Ort für das Gestalthafte schlechthin, denn aller Ort hat seine Weihe und seine Würde aus der Gegenwart der „Götter", weshalb die alten Griechen und Römer noch einem jeden Ort das ihm zugehörige Numen zu nennen wußten. Wie also auf den verlassenen Altären die Dämonen wohnen, so hausen in jedem Wesen, das seiner Gestalt entrissen ist, die Dämonen. Jede Kreatur, die von ihrem Wesen abgesprungen ist, gerät in die Nähe zum Gespenstischen, ja zum Dämonischen, weshalb die Menschen aller Zeiten eine ganz natürliche Abscheu und Angst vor dem Überzüchteten, vor dem Hybriden empfunden haben. Da die gestalthafte Basis der Existenz sehr schmal ist, fällt jedes Wesen, das nur ein wenig die Ordnung und die Grenzen seiner Gestalt verlassen hat, in das

---

[204] Ernst Jünger: Blätter und Steine, Hamburg 1934.

Abgründige. Von da an kann es sich nur mehr dadurch im Leben halten, daß es von fremdem Leben zehrt; es wird dann zum Parasiten, zum Vampir.

7. Kapitel
Der Kampf um das Wort

I. Das Wesen der Seele

Der Ort der Entscheidung für oder gegen das Wort ist die Seele. Die Seele ist der eigentliche Ort des Wortes, der Ort, wo das Wort empfangen wird, der Ort der Herrschaft der Liebe, aber auch jener Ort, in den der Verrat eindringt, so daß das Wort keinen Platz mehr hat, und die Angst sich einnisten kann, denn:

> *„Nichts kann zerstört werden, außer dadurch, daß ihm seine Gestalt genommen würde, denn das Sein folgt immer auf die Gestalt."* [205]

So sagt es uns Thomas von Aquin: Die Gestalt gibt das Sein. Wo das Wort ausgeschlossen ist, so daß keine Gestalt mehr ist, geht auch das Sein verloren. Das bedeutet, daß der Mensch in dem Maße, als er vom Wort abfällt, die Welt aus der Vollkommenheit des Seins herausnimmt, und sie dem Nichts näher rückt.

Die Seele hat ihren Sitz im Herzen, welches auf direktestem Wege den Urgründen des Seins verbunden ist. In ihm bekommt das Sein der ganzen Welt einen Widerhall, denn im Herzen ist der Tiefen-Sinn für alles, was ist. Alle Dinge wollen im Herzen gewogen und für Wert befunden werden, ja mehr noch, die Dinge haben von sich aus einen Drang zur Nähe der Menschen, und sie wollen in das Innerste des Menschen kommen, denn das menschliche Herz ist einer Verwesentlichung der Dinge, die ins Äußerliche gefallen sind, fähig, spricht sich doch in ihm von jeher der erste Anfang aller Dinge aus. Das Herz ist die leibliche Ausprägung der innersten Sinnmitte der Person. Es ist der Sitz der Seele, der Ort also, wo das Wort, das von Gott her und vermittelt durch die Gestalten der Welt an den Menschen ergeht, gehört wird.

---

[205] Thomas von Aquin: Comp. theol. C. 74.

„Die Grenzen der Seele wirst du nicht finden, auch wenn du alle erdenklichen Wege gehst, einen so tiefen Logos hat sie." [206]

Was Heraklit hier mit dem Logos meint, ist die Herkunft der Wesenheit, und so sagt er, die Herkunft des Wesens der Seele gründe in einer solchen Tiefe, daß sie unmöglich gefunden werden könne. Das will sagen, daß die Seele kein Teil der Erscheinungswelt ist, sondern daß sie in jenen Bereichen wurzelt, die noch vor aller konkreten Erscheinung liegen.

Dementsprechend sagt Platon:

„.. sofern wir ein Gewächs sind, das nicht in der Erde, sondern im Himmel wurzelt. ... denn indem dort, wo die Seele ihren Ursprung nahm, das Göttliche unser Haupt und unsere Wurzel befestigt, richtet sie den ganzen Körper nach oben ..." [207]

Den Worten Platons folgend wäre das Himmlische jener Bereich, in dem die Seele tatsächlich – nicht nur literarisch – ihre Heimat hat. Die Seele vermittelt dem Menschen jene ewigen Seinsbezirke, aus denen sie hervorgegangen ist, sie verbindet das Ewige und Himmlische mit der irdischen und zeitlichen Ebene unseres Daseins. Analog zu dem, was in der Schöpfungslehre über das Wesen des Personalen und über sein Verhältnis zu Gott gesagt wurde, kann man die Seele als jene Wirklichkeit bezeichnen, ohne die der Mensch als Mensch nicht denkbar wäre. Ohne seine Seele würde der Mensch ganz und gar im Gegenständlichen aufgehen, denn die Seele erhebt ihn erst in den Bereich des Lebendigen und vollends des Geistigen. Diese „Erhebung" über das bloß Dingliche hinaus ist freilich keine Fähigkeit oder Kraft, die einer bloß aus der Welt als solcher hervorgehenden Sache zukommen könnte. Wäre die Seele nicht als das Gestaltprinzip des Menschen von Gott unmittelbar erschaffen, so daß sie in sich alle von Gott gegebenen Seinsqualitäten versammelt hält, gäbe

---

[206] Heraklit: Fragment 97 Reclam (= 22 B 45 Diels-Kranz.)
[207] Platon: Timaios 43 a - c.

es keinerlei Wahrheit und Geistigkeit für den Menschen, denn es gibt keinen Geist „von unten her".

Die Seele ist von so hohem Seinsrang, daß Platon so weit gehen kann, sie als ein in gewisser Weise „an und für sich Seiendes" zu charakterisieren, ist sie doch eine Verbindung von Teilbarem und Unteilbarem. [208]
Entsprechend kann Platon weiter von der Seele sagen:

„Die Seele vermittelt Himmel und Welt" [209]

Die Seele ist jene Bewegung, die *„sich selbst zu bewegen vermag"* [210], Und: Sie ist: *„Das Älteste von allem, der Anfang der Bewegung"* [211]

Platon meint hier mit der Bewegung nicht nur die Fähigkeit, zu laufen, sondern noch viel grundsätzlicher die Tatsache, daß alles Endliche einer Veränderung, einem Werden unterworfen und fähig ist. Während das Ewige das Unveränderliche ist, ist mit der Zeit erst die Veränderung, und – ein Sonderfall von dieser – die Bewegung gegeben.

Das Himmlische, das ganz bei sich ist, braucht in kein Werden einzugehen, da es ja alle Wirklichkeit schon ganz in sich versammelt hält, was seine Vollkommenheit ausmacht. Wenn Platon sagt, daß die Seele das Prinzip der Bewegung ist (selbst wenn er hier von der Himmelsseele spricht), dann nimmt er die Seele in jenen heiligen Bereich mit hinein, der über alle endliche, veränderliche und zeitliche Erscheinungswelt erhaben ist.

Die von Platon über das Wesen der Seele gesagten Dinge haben die Theologen der ersten christlichen Jahrhunderte, wie später die scholastischen Philosophen gesammelt, aber nicht ohne sie mit christlichen Inhalten zu vertiefen und zu berei-

---

[208] Vgl. Platon: Timaios 35 a.
[209] Platon: Phaidros 245 d, e.
[210] Platon: Nomoi, 895 c - 896 a.
[211] Platon: Nomoi, 896 b.

chern. Näherhin haben die christlichen Denker der Lehre von der Seele eine durch und durch personale Ausprägung gegeben, da sie, von der Offenbarung beschenkt, in der menschlichen Person die Züge und Charakteristiken des Dreifaltigen Gottes wie im Abbild wiederfanden. Da die menschliche Seele solcherart von der Wirklichkeit Gottes angesprochen ist, und weil sie in der Gnade am innertrinitarischen Leben Gottes teilnimmt, fanden die Theologen in der menschlichen Seele nicht nur natürliche Qualitäten; sie konnten darüber hinaus auch das gnadenhafte Leben der Seele beschreiben, also jene Wirklichkeit der Seele, wo Gott die Seele in den inntertrinitarischen Dialog erhoben und aufgenommen sein läßt. [212]

Die menschliche Seele hat eine Tiefe, aber auch eine Höhe, die eine Seele, die ohne die Gnade wäre, nie hätte, so daß sie Gott in ihrem Grunde zu finden vermag. [213]

Entsprechend die menschliche Vernunft – auch sie kann uns bis an jenen Bereich heranführen, an dem Gott sich uns, wenn auch nur im Abbild, zu erkennen gibt: [214]

Der eigentlich menschliche Intellekt, zugleich das höchste Vermögen seiner Seele, ist der „intellectus possibilis", wie ihn die Scholastiker nannten, die empfangende Vernunft. Diese aber hat als ihren eigentlichen Gegenstand und als ihr wahres Ge-

---

[212] Wer die Menschwerdung Gottes als ein geschichtliches Ereignis ernstnimmt, wird auch jene Veränderung, die mit der Ausgießung des Heiligen Geistes an der Seele und in der Seele vor sich geht, als die grundlegendste Veränderung und Verwandlung ihres Wesens bemerken, und sie in der Beschreibung ihres Wesens festhalten müssen. Entsprechend der neuen, gnadenhaften Wirklichkeit, die das ganze Wesen von Brot und Wein betrifft, wird auch der Grund der seelischen Wirklichkeit mit der Menschwerdung Gottes verwandelt.

[213] Gerade die Aussagen des Meister Eckhart über die Natur der Seele und die Natur der Dinge sind in diesem Lichte zu lesen. Es war eine zu lange Zeit modern, Meister Eckhart im Sinne esoterischer Schwärmerei oder pantheistischer Kurzschlüsse als den Denker der Einheit von Gott und Mensch oder Welt zu lesen, ohne zu bedenken, daß Meister Eckhart so nur von der gnadenhaft erhöhten Wirklichkeit, aber nicht von der ursprünglichen, d.h. bloß kreatürlichen Natur der Dinge spricht.

[214] Dazu: Joh. B. Lotz, Transzendentale Erfahrung. Freiburg im Breisgau, 1978.

genüber den „intellectus agens", die reine, aus sich wirkende Wahrheitskraft des Seins, die aus Gott urbildlich hervorgegangen ist. Die menschliche Vernunft ist also gerade dadurch zu charakterisieren, daß sie die göttliche Vernunft, als die eigentlich aktive, wirkende Vernunft in sich aufnehmen kann. Die Seele wird in ihrem höchsten Vermögen, in der geistigen Tätigkeit zu dem, worauf sie sich einläßt. Die Seele hat also das Vermögen, den Zuspruch des Wortes, das von Anfang der Zeiten an an die Welt ergangen ist, in sich zur Auswirkung kommen zu lassen. Das *„supremum animae"*, die höchste Höhe der Seele ist die *„ratio superior ordinata in suum superius, deum scilicet, cuius imago est."* [215] Das heißt: die höhere Geistigkeit ist auf das hin ausgerichtet, dessen Bild sie ist, Gott nämlich.

Der menschliche Geist, und mit ihm die menschliche Seele, verlangt nach der Wahrheit, von der her er des Wortes mächtig ist. Darin leuchtet das Sein selbst auf, so daß der Seele der Weg offen ist zu aller Wirklichkeit. Denn das Wort ist Geist, nicht nur ein äußerliches Zeichen für die Dinge. Nicht das Wort ist Abbild des Dinges, sondern, dem zuvor: Das Ding ist Abbild des Wortes. Auch die Welt des Menschen ist eine worthafte. So betrachtet ist die Seele jenes Gefäß, in das Gott die Geschenke der Gnade einzugießen gewillt ist.

Die Etymologie des Wortes „Seele" ist im Deutschen ungeklärt. Die ontologischen Verhältnisse sprechen dafür, daß die Seele als der Empfängnisraum der Wirklichkeit und ihres worthaften Grundes zu gelten hat. Dementsprechend würde sich eine Herleitung des Wortes „Seele" aus dem mittelhochdeutschen und althochdeutschen „sal", was so viel wie Herberge, Halle, Saal bedeutet, anbieten. [216]

Damit verwandt zu sein scheint das Wort „sale", was so viel wie die rechtliche Übereignung von etwas besagt. [217] Eine andere, vielleicht damit sogar zusammenhängende Ableitung wäre diejenige, daß die Seele von jenem „Sal" herkommt, das wir in

---

[215] Meister Eckhart: In Gen. S. 607, 11 f.

etwa den Worten Rinn-sal und Schick-sal heute noch kennen. Dieses „Sal" bezeichnet den Ort des Zusammenkommens bzw. des Zum-Stehen-Kommens dessen, was sich zuspricht, so wie auch das Deutsche Wort „Schüssel", die „Schütt-sal" meint, die „Sal" des Geschütteten, also das Gefäß zur Ansammlung einer Flüssigkeit oder loser Brocken, Körner oder Stücke. Wie auch immer dem sei – das urbildliche Wort ist als Finalursache der Grund der Seele, so daß mit der natürlichen Vollendung, die der Seele möglich ist, der Übergang in ihre gnadenhafte Vollendung beginnen kann.

---

[216] Meister Eckhart nennt in der Predigt „Haec est vita aeterna" die Seele eine Hütte: „... so auch wollen wir eine Hütte sein, ... auf daß Gott viel in uns zu wirken vermöge." (Predigt 54 b, DW II, S. 569, Anm. 3)
[217] Vgl. die Artikel „Seele" und „Saal" im Deutschen Wörterbuch von Jacob u. Wilhelm Grimm, München. Oktober 1984 f.

II. Die verhängte Not

1. Die verkehrte Welt der Psychologie

In der vorsokratischen Philosophie angefangen, von Platon über Aristoteles bis hin zu den scholastischen Denkern, gab es einen unerhört breiten Strom des Nachdenkens über das Wesen der Seele, eine lange und reiche Tradition an Erfahrung im Umgang mit ihr, aber dieses Wissen ist in der heutigen Zeit nicht mehr gefragt. Die Psychologie ist eine Erfindung der Neuzeit, sie will anderes, als das Wesen der Seele begreifen. Sie versteht sich als eine Naturwissenschaft. Damit hat sie sich von Anfang an in eine Lage gebracht, die es ihr unmöglich macht, ihrem eigentlichen Gegenstand gerecht zu werden.

Ein Problem, mit dem sich die Psychologie seit ihren ersten Anfängen herumgeschlagen hat, war es, die psychischen und geistigen Erscheinungen von somatischen Gegebenheiten abzuleiten, denn diese sind dem cartesianischen Vorurteil gemäß ein Gegenstand sicherer und unbezweifelbarer Erkenntnis. Dieser Versuch führte zu einer Wissenschaft, die mit Methode die Wahrheit eines jeden Phänomens zugunsten ihres Wahrheitsbegriffes übers Knie brach. Man setzte die Psyche mit neurologischen Prozessen gleich, so als ob die bei jedem Erlebnis mitgegebene neuronale Erregung des Gehirns die Grundlage des geistigen Erlebens wäre. Dabei spielt sich das geistige Geschehen auf einer ganz anderen Ebene ab, als die mit den Mitteln der Wissenschaft beschreibbaren neurochemischen Abläufe. Es ist ein intellektueller Taschenspielertrick, wenn man, um nun zur vorher systematisch ausgeschlossenen Bedeutung wieder zu kommen, ohne Skrupel allerlei Bedeutungshaftes in neurochemische Abläufe wieder hineindeutet, so daß die seelische, wie die geistige Wirklichkeit als Effekt eines „psychischen Apparates" gilt. Weil keiner den Sprung von der einen Ebene auf die andere erklären kann, wird er von Seiten der Psychologie und der ihr angrenzenden Wissenschaften der Natur selbst angetragen.

Der gegen Mitte des letzten Jahrhunderts in Amerika aufkommende Behaviorismus ging soweit, menschliches Verhalten überhaupt als die „Gesamtheit von Reiz-Reaktions-Abläufen" zu definieren, so daß das Leben einzig als Verkettung kausal-genetischer Abläufe erschien.

Weil keiner der Psychologen wirklich verstanden hat, was das Wort „Seele" sagt, war es unmöglich, einzusehen, daß es ein Unding ist, die Seele aus den Erscheinungen der Welt begreifen zu wollen. Sie kann weder aus den Zuständen der Umwelt, noch aus den schicksalhaften Verwicklungen der Kindheit zu verstehen sein, denn das Wesen der Seele ist einzig im Rahmen einer Ontologie zu erfassen: Erst dann, wenn geklärt ist, was das Ewige ist, und was der Himmel ist, was das Wesen von Zeit und Ewigkeit ist, was Schicksal ist, und Zuspruch und Gnade, erst dann kommt man überhaupt in die Nähe, jene Phänomene auch nur zu sichten, die für das Verständnis des Wesens der Seele unabdingbar vorauszusetzen sind. Die heute allseits um sich greifende Verwüstung des Wissens um das Wesen und des Begreifens der Wirklichkeit der Seele führt uns zurück auf die Notwendigkeit, uns den Himmel und die Ewigkeit und alles, was damit in Verbindung steht, denkerisch wieder anzueignen, um von dort aus auf die Seele wieder zurückzukommen – ein Weg, den schon Platon und Albertus Magnus, ein Thomas von Aquin, gegangen sind. Sie alle wußten nur zu gut, daß einzig vom Himmel her dem Wesen der „anima humana" nahezukommen ist.[218]

Das Unternehmen der heutigen Wissenschaft aber, mit eingeschlossen die zeitgenössische Psychologie, ist so vermessen, zu meinen, die Frage nach der Seele nicht mehr als eine echte Frage stellen zu müssen. Obwohl es in kaum einer Zeit es eine so um-

---

[218] Die Seele ist das Prinzip der Bewegung: Im Kosmos wie im Lebewesen. Sie vermittelt die Ewigkeit mit der Zeit, das Unbewegliche mit dem Veränderlichen, das Eine und das Viele, Sein und Werden.
Die Seele ist der Ursprung aller Bewegung: Vgl. Platon: Phaidros 245 c. Und: Die Seele ist ein die ganze Welt durchwaltendes Prinzip: Phaidros 246 c.

fangreiche und systematisch vorgehende wissenschaftliche Erforschung der Seele gegeben hat, wie heute, ist es unmöglich, daß uns diese Psychologie wirklich eine Auskunft über das Wesen der Seele geben kann, denn sie redet, selbst wenn sie meint, von der Seele zu sprechen, von anderen Dingen. Die moderne Naturwissenschaft ist in einem solchen Maße dem Funktionellen verfallen, daß sie nicht einmal das, was im Gegenständlichen die Substanz ist, zu denken vermag, um so weniger kommt sie dort, wo es um ein geistiges oder personales In-sich-Stehen ginge, zu einem echten Verständnis.

❖

Der Wissenschaftsbegriff des René Descartes, auf den die moderne Psychologie zurückgeht, ist nichts anderes als die konsequente Weiterentwicklung der Verneinung des Wesens aller höheren Wirklichkeit. Das Wissenschaftskonzept Descartes hat zudem eine unbegriffene Gegenständlichkeit als die Grundlage aller Wirklichkeit angesetzt, weshalb die Physik in ihm zur Grundlagenwissenschaft schlechthin wurde. Vorbei an jeder Tatsache und an jeder Einsicht hat diese die Materie als die eigentliche Substanz vorgestellt, weshalb die in dieser Tradition stehende Psychologie die Seele, wo sie ihre Existenz nicht im Vorhinein schon leugnen konnte, als eine Funktion von bio-chemischen Abläufen betrachtet.

Die aus der cartesianischen Philosophie herausgewachsene Psychologie denkt sich entsprechend ihrer Nähe zur physikalisch-biologistischen Weltanschauung den Menschen als ein Lebewesen, das sich so oder so in einer dinglich vorgegebenen Welt verhält, ohne die Herkunft seines Vermögens zur Welt und die Herkunft der Welt als solcher begreifen zu können.

Wie die naturwissenschaftliche Einstellung nahelegt, soll der Mensch, der als solcher nur als die Erscheinungsform bestimmter raum-zeitlicher Abläufe gesehen wird, erst einmal wie ein Gegenstand in der Welt vorhanden sein, um dann, sozusagen in einem zweiten Akt, die Welt außerhalb seiner selbst durch sinnliche Eindrücke vermittelt zu erfahren und zu erleben. In dieser Sicht ist sowohl die Tiefe dessen, was es heißt, als Subjekt zu sein, übergangen, wie auch die gestalthafte Tiefe der im Objekt sich gebenden Wirklichkeit verkannt ist. Die cartesianische Trennung von „res extensa" und „res cogitans", wie die daraus folgende Trennung von Subjekt und Objekt ist, um es in einem Wort zu sagen, die Folge des neuzeitlichen Unfugs, das Ergebnis eines Gedankenexperimentes, das die Eindeutigkeit und Sicherheit einer Aussage über die Wahrheit stellt.

So verdankt die neuzeitliche Psychologie ihre Existenz einer zweifachen Verkennung des Wesens der Wirklichkeit: Man denkt sich das Subjekt ohne Gestaltprinzip, die Seele, und zum anderen denkt man sich die Welt, in der dieses Subjekt dann leben soll, wiederum ohne ihr Prinzip, die Gestalt, so daß der Urgrund, von dem beide Dinge ihr Sein haben, und in dem sie übereinkommen, ausfällt. Das Dilemma, in dem sich die Psychologie befindet, nämlich die Trennung von Subjekt und Objekt, bleibt ohne die urbildliche Wirklichkeit, die der Grund und das Ziel beider Weisen der Gegebenheit von Welt ist, für alle Zeiten unauflösbar.

Dabei gehören das Dasein des Menschen und die Gegebenheit einer Wirklichkeit für den Menschen untrennbar zusammen, insofern der Mensch jenes Wesen ist, das im Wort den Raum seines Daseins hat. Im Wort gehen die beiden Dimensionen der Wirklichkeit, das subjektive Für- und In-sich-Sein und das objektive Gegebensein von gestalthafter Wirklichkeit zusammen, aus dem Wort sind sie ja auch beide geworden. Nur weil die Seele selbst der Ort der Gestalt ihres eigenen, je aus dem Wort hervorgehenden Seins ist, hat sie das worthafte Vermögen, für die Wesenheit der Dinge, die sich ihr in welthafter Gestalt geben, empfänglich zu sein.

Die menschliche Seele ist aus dem Wort geboren, sie ist der Ort des Gestalthaften, aber sie ist ob ihrer Endlichkeit darauf angewiesen, daß die Gestalten, auf die hin sie empfänglich ist, sich ihr auch tatsächlich zusprechen. Wer das Verhältnis von Welt und Ich von daher bedenkt, wie es sich von sich her und ursprünglich zu erkennen gibt, wird zu genau dem umgekehrten Schluß kommen, wie der cartesianische Rationalismus, zu der Einsicht nämlich, daß der Mensch ohne die Welt nichts ist. Wenn wir uns die Existenz der Welt wegdenken, dann bleibt uns nicht ein abstraktes „Ich" oder ein „ich denke", sondern es bleibt nichts zurück. Wir sind nichts ohne den Tag, den wir gerade erleben, und auch der Tag wäre nicht, hätte ihn nicht der Himmel gegeben. Das Selbstsein, in dem sich der Einzelne tatsächlich vorfindet, ist die Folge der Gegenwart, die sich ihm zuspricht, und nicht umgekehrt. Der Mensch kommt erst aus und in der Welt auf sein eigenes Sein zurück; ohne die Welt wäre er nichts und ohne Welt könnte er kein Schicksal, und schon gar nicht sich selbst erleben.

Der Mensch ist in seinem Eigensein nicht die Voraussetzung seines Erlebens, sondern die Folge dessen, was er erlebt hat. Er ist so, wie das Erleben des Tages dies zuläßt. Die geschenkte Gegenwart ist der Boden seiner Freiheit, ohne den diese im Leeren stünde. Der Tag aber ist, wie das Vermögen dazu, ihn zu erleben, ein Geschenk des Himmels.

❖

Das Dasein ist das der Gegenwart des Wortes in seiner zweifachen Gestalt. Diese zweifache Gestalt, das Selbstsein vom Wort her, und das Sein der Welt vom Wort her, kommt in der seelisch-geistigen Wirklichkeit des Menschseins zusammen. Aus dem Verhältnis des wortgewaltigen und damit freien Vermögens zur Wirklichkeit, das „Seele" genannt wird, und dem, was sich als die Gegenwart dieser Seele an Geschick zuträgt, ergibt sich erst die ganze lebensweltliche Wirklichkeit des Menschen.

Das aus dieser zweifachen Gestalt sich ergebende Leben hat die Kraft, die Gegenwärtigkeit von Welt auszuhalten und im Eigensein zu bestehen. So ist es offen für die alle Welt belebende Gestalt, es ist offen auf das Wort hin. Es heißt, daß es der Geist ist, der das Leben schenkt. [219] In der Gestalt ist das Wort anwesend, das der Inbegriff des Geistes ist, der Anfang allen Lebens. Die subjektive wie die objektive Welt ist getragen vom Urbild; dieses macht ihr Sein aus. Aus ihm heraus entfaltet sich alles Werdende, im Zueinander von Wort und Freiheit. [220]

Wo immer etwas dem Sein, das ja in seiner jeweilig gegenwärtigen Gestalt eine Seinsvollkommenheit Gottes ausspricht, entrissen wird, wo es also für Zwecke, die außerhalb seiner Bestimmung liegen, gebraucht wird, dort wird es an den Rand der Vernichtung gestellt – je mehr etwas auf das Sein selbst hin offen ist, desto mehr hat es zu verlieren. Weil die Lebewesen ihr Ziel nicht von außen erfahren, und vielmehr die Erfüllung ihres Seins in sich tragen, sind sie darauf angewiesen, in der ihnen eigentümlichen Bewegung auf ihre jeweilige natürliche Vollendung hin bleiben zu dürfen, ansonsten verlieren sie ihr eigenes Wesen.

Wenn von der Seele, die – um es wieder in Erinnerung zu rufen – unmittelbar von Gott erschaffen ist, die Rede ist, dann ist damit jener Bereich angesprochen, in den hinein das innergöttliche Leben, wie es seiner eigenen Wirklichkeit nach ist, sich zusprechen will. Wenn nun die Psychologie das Seelische auf gewisse Bereiche des bloß Welthaften reduziert, dann um keinen geringeren Preis, als daß damit der Seele die ihr von Gnaden wegen versprochene Zugehörigkeit zur Fülle und Herrlichkeit des himmlischen Seins entrissen wird. [221]

In all dem drückt sich die Loslösung der Welt, hier speziell die der seelischen Wirklichkeit, von seinem Seinsgrund aus: Wie

---

[219] Vgl: Ps 148, 29, 30.
[220] Es steht jetzt ohne weiteres vor Augen, wie gründlich das, was mit dem Wort „Gestalt" gesagt ist, mißverstanden wird, wenn in der Gestalt nur das Ergebnis einer ganz bestimmten Anordnung von Elementen oder Molekülen gesehen wird. Die Gestalt ist in ihrer Herkünftigkeit aus dem Wort ein Prinzip des Seins, sie gründet Welt, denn sie ist die Art und Weise, wie alles Endliche einen Anteil am Sein hat.
[221] Die Polemik Siegmund Freuds gegen den Begriff des „Gott-Vaters" ist sehr bezeichnend. Die Religion schlechthin als Zwangsneurose zu kennzeichnen, nur um in der Absolutsetzung des modernen, naturwissenschaftlichen Weltbildes verbleiben zu können, das ist letztlich noch verwerflicher als ein Materialismus, der-

schon die Materie ohne das Wort dem Zerfall entgegengeht, wie das Leben, wenn es durch Manipulation seinem Urbild entrissen ist, in seinem Sein bis zum Wesenlosen und Gespenstischen hin verfällt, so auch verkommt die Seele, wenn sie dem Wort gegenüber verschlossen ist.

❖

Diese Zerstörung, und in eins mit ihr, die des urbildhaften Seins selbst, ist keineswegs nur die Frage verstiegener intellektueller Theorien: Sie betrifft sowohl das Gesamte der äußeren Welt, wie auch die Schätze der Innerlichkeit des Menschen. Es wäre naiv, würde man davon ausgehen, daß die systematische Zerstörung der Welt und ihrer Seinsordnung, wie sie unter anderem in den atomaren und in den gentechnischen Zurichtungen am Werke ist, vor der Seele des Menschen Halt gemacht hätte. Gerade die Seele wird zum Gegenstand der Angriffe des unbedingten Herrschaftswillens werden müssen, der seinen Anfang in der prometheischen Empörung gegen die Herrschaft des Himmels genommen hatte. Gerade das, was den Menschen über das bloß Erdhafte hinausheben würde, fällt, wie die Materie im radioaktiven Zerfall, der Verneinung und Vernichtung anheim: Die Psychologie macht aus dem Schicksal ein Verhängnis, sie reduziert die Liebe auf den Trieb, sie läßt die Freiheit im Mechanismus der Reiz-Reaktion verenden, und sie verleumdet die Wahrheit als Projektion.

---

sich bloß um die unbelebte und ungeistige Welt kümmert. Erich Fromm und C. G. Jung haben es dagegen auf Gott-Sohn abgesehen. Während der eine die Göttlichkeit des Sohnes als historische Wunschvorstellung verleumdet, meint der andere, Christus auf ein innerseelisches Regulativ reduzieren zu können. Die Primitivität der modernen amerikanischen Psychologien kann es demgegenüber dabei belassen, den Menschen bloß als Reiz-Reaktions-Mechanismus zu beschreiben - eine Auseinandersetzung mit der Wirklichkeit des Göttlichen und der Bedeutung des Religiösen hat sich damit von vorne herein erübrigt.

Die wissenschaftlich-industrielle Finsternis zeigt sich als eine Folge der Flucht vor dem Licht des gegenwärtigen Wortes. Darin ist der Blick auf den Himmel verschlossen, so daß das Dasein notwendig zum Mechanismus verkommt, in dem es gezwungen ist, immer schneller und reibungsloser den gesellschaftlichen, wie wirtschaftlichen Abläufen zu entsprechen. Das Leben wird von der wachsenden Geschwindigkeit der ihm fremden Welt der materiellen Abläufe aufgefressen; in einer mechanischen Welt, wo der Erfolg daran gemessen wird, daß der Reibungswiderstand gegen Null geht, kann das Leben keinen Raum mehr finden, um sich anzusiedeln, und keine Zeit mehr, um zu wachsen. Unter der Herrschaft der allumfassenden Getriebigkeit verliert das Lebendige alle Muße, die ihm zum Quell eines würdigen und kraftvollen Daseins werden könnte. Selbst die ihn umgebenden Dinge werden unruhig und unbeständig, haben doch auch sie keine Zeit mehr, zu reifen und zu gedeihen. Dabei geht das unter die Diktatur des Mechanischen gestellte Leben irgendwann selbst dazu über, die Betriebsgeschwindigkeit aller Vorgänge zu erhöhen, weil es möglichst schnell, wie durch einen Tunnel, durch die ihm fremden Umstände hindurch will, so daß der Augenblick kein Licht mehr freigeben kann, und die Tiefen der Ewigkeit verschlossen bleiben. Das Schicksal, welches in der Offenheit des Augenblickes als liebender Zuspruch noch erfahrbar war, verwandelt sich nach und nach in ein Verhängnis, so daß das Leben in den gesichtslosen Zwang von ihm an sich fremden Umständen und Bedingtheiten kommt.

2. Die Psychologie verharrt im Verhängnis

Die Psychologie wird, selbst wenn sie sich noch so menschenfreundlich gibt, aufgrund ihrer Zugehörigkeit zur wissenschaftlich organisierten Wesenlosigkeit nicht anders können, als im Verhängnis zu verharren, und das Verhängnis zu festigen. Keine Psychologie wird einen Ausweg finden können, solange sie selbst in der Knechtschaft der herrschenden Ideologie steht. Bleibt sie der physikalischen Denkweise verhaftet, verfängt sie sich im Gespinst sogenannter „esoterischer" Heilsversprechungen, verläßt sie aber den Rahmen der geltenden wissenschaftlichen Vorstellungen, hebt sie sich selbst auf. In all ihren Bemühungen, auch dort noch, wo sie meint, die bestehenden sozialen oder politischen Verhältnisse kritisieren zu müssen, frißt sie sich immer nur mehr fest im herrschenden Verhängnis, und sie bestätigt und bestärkt damit die Unfreiheit. Dem Fluch, dem sie sich ausgeliefert hat, kann sie nicht entkommen.

Wer sich nicht von jenem Wort her versteht, das der Grund und das Urbild der Seele ist, muß sich aus den Umständen des Gewordenen definieren. Die einzige Art von „Befreiung", die somit nur mehr gegeben werden kann, besteht darin, daß eine Verschiebung der obherrschenden Zwänge auf andere Bereiche angeboten wird.

Die Freiheit kann nur aus der Gegenwart des Urbildes kommen, also aus der Versöhnung mit der Gegenwart. Diese kann nur dort das Urbild schenken, wo sie als Erlebnis ankommt. Aber anstatt die – zugegeben zuweilen unansehnliche – Gegenwart anzunehmen, verspielt die Psychologie die mögliche Gegenwärtigkeit des Urbildes.

Indem sie auf die Vergangenheit starrt, die sie für alle Verwerfungen verantwortlich macht, wird sie blind für die wahre Herkunft allen Leides. Sie bleibt im Historischen stecken, ohne die Lebensgeschichte auf ihre wirklichen Gründe hin zu durchdringen. Sie kann es sich nicht erlauben, ein Schicksal anzunehmen, denn sie ist es gewohnt, alles, was passiert ist, und was passieren könnte, in ihr eigenes Kalkül mit einzubeziehen, und es moralisch zu bewerten. Alleine schon wenn einer mit dem Schicksal rechtet, verwirft er dessen befreienden Zuspruch. Wer von Geburt an für die Tiefen des Seins blind ist, wird das Leben nur als eine Kausalkette von Umständen und Bedingtheiten nehmen. Die Seele wohnt in den Zeiträumen von Vergangenheit, Gegenwart und Zukunft, doch unter dem Einfluß der Psychologie verfangen sich die Seelen im Gestrüpp der Umstände. Zurückblickend verlieren sie sich im Spinnenetz der Verhängnisse, und sie richten sich die Zukunft ein wie eine Gefängniszelle: „Die Welt als Wille und Vorstellung".

Die Psychologie ist die Innenarchitektur des Gestalt- und Wesenlosen, die dafür sorgt, daß keiner mehr eine Heimat in sich findet.

3. Das Leiden innerhalb der Psychologie

Ohne die Bedeutung des Leides zu kennen, will die Psychologie den Menschen aus dem Leiden befreien.

Das psychologische Denken traut dem Leid nicht, weil es jene Bereiche nicht kennt, aus dem dieses hervorgeht, und so muß es die Gegenwärtigkeit des Leides überbrücken, die Zeit der Krise überspringen, und die Gelegenheit zur Heilung verpassen. Es ist sinnlos und dumm, ein Leiden abstellen zu wollen, ohne seinen wahren Grund zu kennen. Das Leid ist immer die Folge eines Mißverhältnisses zum ursprünglich Ersten, dieses aber ist zunächst keine Frage persönlicher Schuld. Es gibt eine Art von Schuld, die der Einzelne nicht selbst gesetzt hat, die aber dennoch „seine" Schuld ist, eine Art Ur-Schuld des Daseins.

Der moderne Mensch kennt das Leid an der Urschuld als „conditio humana" nicht mehr, weshalb er in seinem Leiden wie in einer stinkenden Brühe versinkt. Ein Leiden, dem die Tiefendimension genommen ist, kann keine Erfahrung eröffnen. Es ist doch nur konsequent, daß die Dimension des Heiles nicht mehr über den Einzelnen hereinbrechen kann, wenn das Leid und die Krankheit als vermeidbare oder als zu vermeidende Fehlfunktion gesehen wird.

Der, wie ihn die Antike gesehen hat, unter dem Geschick des von den Göttern verhängten Schicksals leidende Held, der Mensch, der in seinem Leiden Anteil hat am Kreuz Christi, wie ihn die mittelalterliche Frömmigkeit gesehen hat, wird seit der Neuzeit zum Krankheitsfall deklariert. Er wird zum Sozialfall, zur leblosen und schicksalslosen Memme gemacht. Fehlt ihm das Drama seiner Existenz, nämlich gewagt zu sein und hinausgehalten zu sein in das Offene des waltenden Schicksals, wird der Mensch aufgesogen vom eintönigen Einerlei des Arrangements, er wird als Sonderfall wie als Regelfall von der psychologischen Theorie vereinnahmt, die ihm am Ende keinen Meter Lebensraum mehr läßt. [222]

Der Mensch wird stumm und regungslos, er liegt ruhiggestellt in der Zwangsjacke seines wissenschaftlich eingegrenzten Weltbildes. Einzig in seinen Kindern begehrt es wortlos auf, bis auch sie, als „Hyperaktive" deklariert, psychopharmakologisch eingestellt, sediert, und wie die gefährlichsten Gegner ausgeschaltet sind.

4. Der Verfall der Seele

Die Seele verrottet, wenn sie aus dem Zufluß der schicksalsbildenden Mächte herausgenommen wird. Der Zufluß an echter Zeit ist von personaler Art, so daß er das Personsein des Menschen begründet. Wo dieser personengründende Zufluß abgebrochen wird, verkommt der Mensch; er scheitert an dem ihm aufgetragenen Personsein.

Weil der Mensch auf dieses personale Sein hin angelegt ist, ist der eigentliche Schicksalsraum des Menschen das Wort. Wo der Mensch zum Wort findet, wo er sich ganz auf das Wort einläßt, kehrt auch dieses ein in seine ursprüngliche Gestalt, und wird zum Gebet. Allem anderen zuvor ist das Gebet freilich ein Dienst an Gott, aber gerade darin, daß die Seele sich im Gebet auf ihren Schöpfer hin übersteigt, darin, daß die Seele im Gebet zu jenem

---

[222] „Menschsein heißt, gerade wenn es zu seiner Eigentlichkeit und Größe kommt, Leiden. Leiden wohl auch physisch, aber vor allem geistig, in dem was den Menschen unterscheidet: im Ausgesetztsein in ein übermenschliches, göttliches Schicksal, dessen Chiffre undeutbar bleibt: ist es Zorn oder gütige Fügung? Der Leidende kann sich dagegen auflehnen, er weiß tiefer, daß der Fügung sich fügen muß, welcher er nicht entfliehen kann; er muß sich in Gelassenheit überlassen, was keine Technik ist, das Leid zu umgehen (a-patheia), sondern das geduldige Verharren (hypo-monae) des Odysseus und Aeneas: Geduld im Geschick mit dem Gott und im Gott." Hans Urs von Balthasar, Herrlichkeit, III, 1, Einsiedeln 1965. S. 407,f.

„Du" hinfindet, von dem her sie ihre Wirklichkeit je aktuell erfährt und erhält, darin alleine wird sie am Leben erhalten.

Alle Erziehung und Bildung und Kultur sind letzten Endes überflüssig und sinnlos, wenn dabei jenes Gefäß verkommt und verdirbt, das all das in sich hätte fassen sollen. Wiederum: Hier geht es um keine moralische Forderung, hier geht es um ontologische Tatsachen. So, wie der Boden notwendig unfruchtbar wird, wenn er nicht gepflügt und gepflegt wird, wie das Land dürr wird, wenn kein Regen fällt, und so, wie der Mensch und das Tier unweigerlich verhungern, wenn es nichts mehr zu Essen gibt, so auch macht sich in der Seele die Fäulnis und das Verderben breit, wenn sie vom Zufluß des Seins, dessen sie ja jeden Augenblick ihres Daseins bedarf, abgeschnitten ist. Die Lehre von der unmittelbaren Erschaffung der Seele durch Gott hat eine bisher nur kaum bedachte Konsequenz für das alltägliche Sein der Seele: Die Seele ist von solcher Art, daß ihr Dasein nicht aus bloß weltlichen Umständen und Bedingungen gegeben sein kann. Sie kann, so wie sie als geistige Wirklichkeit ist, nur unmittelbar von Gott erschaffen sein.

Wenn aber die Erschaffung der Welt überhaupt vom Zeitlichen her betrachtet, nicht einfach nur am Anfang der Zeit erfolgt, sondern genau genommen am Anfang eines jeden Augenblickes, dann bedeutet dies auch für die einzelne, geistige Seele, daß sie in jedem Augenblick ihres Daseins unmittelbar aus dem Worte Gottes hervorgeht.

Das ist auch der Grund dafür, daß die Welt und all die Dinge, die in ihr sind, ihr unmöglich genügen können. Wenn alles, was in der Welt ist, auch je zum Besten stünde, die Seele bliebe bedürftig, sie bliebe hungrig und dürstend, denn sie hängt unmittelbar an ihrem Ursprung, und sie bedarf jeden Augenblick der Rückwendung zu ihm. Der Mensch ist mehr als alle Dinge der Welt zusammen, das heißt aber auch, daß ihm all das, was ihm gegeben ist, nicht genügen kann, wenn er nicht dazu, beziehungsweise darin tagtäglich den Zuspruch vom Grund aller Wirklichkeit erfährt. Dieser Zuspruch an Sein, der unmittelbar von Gott selbst kommt, konstituiert erst die Personalität des Menschen, die ja genau darin besteht, daß die Seele je gegenwärtig in das innertrinitarische Gespräch mit hineingenommen wird.

Wenn Hölderlin davon redet, daß der Mensch ein Gespräch sei, dann ist darunter zuerst der Dialog mit Gott zu verstehen. Zu der Wesensfülle, die den Menschen als Menschen erst ausmacht, nämlich zu jener, die auf seinem personalen Sein beruht, kommt der Mensch tatsächlich erst im Gebet. Erst im Gebet und in dem darauf folgenden Gnadenleben bekommt die Seele ihre volle Wirklichkeit. Jener Mensch aber, der sich nur als vernünftiges Tier kennt und will, wird an der Wirklichkeit des Personalen scheitern, so daß er degeneriert und verfällt, bis hinunter in jene Bereiche, wo nur mehr die tierischen Verhaltensmechanismen und die Gesetze von Druck und Stoß eine Geltung haben.

8. Kapitel
Die Bergung im Wort

I. Vom verratenen Wort zur neuen Gegenwart des Wortes

Wo das Wort ist, ist keine Not, denn das Wort ist der Quell allen Reichtums, es ist der Grund des Seins.

Die Dinge blieben in der Äußerlichkeit gefangen, und sie müßten für immer und ewig im Dunkeln bleiben, wäre dem Menschen nicht auch das Wort gegeben, um alles, was sich ihm zeigt, bis auf seine innersten Gründe hin zu durchdringen, und um die Äußerlichkeit der Dinge durchschauend, sie zum Wesenhaften des Wortes zu erheben.

Wenn das Wort dem Menschen die Innenseite der Welt aufschließt, dann ist ihm damit das Urbild gegeben, das Unversehrbare selbst. Dazu muß der Mensch der eigentlichen Abstraktion fähig werden, die sich zu der gewöhnlichen Abstraktion gegenläufig verhält: Die Physik, die Chemie und die anderen Wissenschaften abstrahieren von der Gestalt der Dinge, um einzig deren materielle Erscheinung in Betracht zu ziehen. Die Abstraktion, von der hier die Rede ist, würde dagegen in der konkreten Erscheinung das Gestalthafte und darin das in ihr waltende Urbild erkennen – so gesehen ist sie die eigentliche Abstraktion.

Nun ist da die Gefahr, diese Abstraktion als ein intellektuelles Konstrukt mißzuverstehen. Dabei trifft das nur auf die gegenteilige Abstraktion zu, in der die Materialität als der eigentliche Grund des Seins der Dinge gilt – sie entwertet die Dinge und entreißt sie ihrer Gestalt. Die echte Abstraktion aber, jene, die in der richtigen Richtung voranschreitet, dringt zu immer Wesentlicherem vor, sie kann schließlich zu dem kommen, von woher die Dinge ihre Wirklichkeit haben. Es gehört sehr viel Mut und geistige Kraft dazu, diese Abstraktion ganz durchzuhalten, um bis auf das Wesen der Dinge durchzudringen. Dieses Unterfangen ist nicht bequem, konfrontiert es doch den Erkennenden mit einer Wahrheit, die nicht aus ihm kommt, die nicht ihm unterstellt ist, eine Wahrheit, die etwas von ihm verlangt. Zum Vordringen in das Innere der Wahrheit ist eine Verinnerlichung vonnöten, die weniger fragt, „wie geht das?" sondern, „was will (mir) das sagen?"

Eine große Versuchung auf diesem Wege in das Innere der Dinge ist die Kritik. Zum einen meint der Kritiker, er sei schon durch die Oberfläche der Dinge hindurchgedrungen, und er wisse mehr als die Anderen. Aber gerade das verführt ihn dazu, vor dem Entscheidenden Halt zu machen. Die Kritik beläßt es immer beim Vorletzten, oder bei noch weniger. Die Kritik bleibt Teil des aus der Entstellung Gewordenen, sie setzt die Prinzipien des Falschen mit dem Falschen voraus, gegen das sie dann Partei ergreift. Deshalb steht die Kritik zuletzt in den Diensten dessen, das sie kritisiert.

Ein anderes ist dieses, daß die Kritik, weil sie nicht bis in das Innere der Dinge vordringt, auch nie zur Güte kommt. Der Kritiker kennt keine Gnade, weil er letztlich doch von der Wahrheit der Dinge genau so weit entfernt ist, wie das, wogegen er vorgeht. Eines der treffendsten Worte von Platon sagt, das Böse könne man letztlich nicht begreifen, man könne daran nur irr werden. Was ohne Gestalt ist, führt in den Untergang. Wer das, was von sich aus nichts ist, wenn auch im Kampf dagegen, zu seinem Ausgangspunkt nimmt, endet notgedrungen bei der Zerstörung.

Aber da gibt es noch eine weitere Schwierigkeit: Die Dinge schweigen. Das Wesenhafte drängt sich nicht auf, es liebt die Stille. Wenn es heißt, das Wesenhafte würde schweigen, dann bedeutet das nicht, es würde nicht sprechen, ganz im Gegenteil: Das Schweigen setzt die Sprache voraus. Aber die Wahrheit ist nicht laut. Das Wesenhafte spricht schweigend.[223] Es bedarf einer großen Geduld und einer Reife des Herzens, daß dieses Schweigen sprechend wird. Einzig dort, wo der Mensch das Schweigen des Seinsgrundes lange genug aushält, wird er, wie die Mystiker der verschiedensten Kulturen berichten, des wesentlicheren Seins der Dinge innewerden, woraus sich ihm eine unermeßliche geistige Quelle auftut, eine Quelle, die nie aufhört, zu fließen. So ist

---

[223] Dazu: Max Picard: Die Welt des Schweigens.

der Mensch dort, wo er bis ins Innerste der Welt und der Dinge vorgedrungen ist, auch über die Zerstörung hinaus.

Die Abscheidung vom Unwesentlichen bringt das Absehen von der Zerstörung mit sich, denn diese ist nur äußerlich, denn das innerste Sein der Dinge, das Sein, an dem die Dinge teilhaben, ist durch keine Untat korrumpierbar. Auch die Lüge kann nie so weit gehen, daß das Wesen der Dinge von ihr betroffen wäre, denn sonst würde die Lüge zum Wesen der Dinge. Vielmehr bleibt die Lüge an der Außenseite der Dinge, sie kann das Innerste nicht verderben. Die Lüge bleibt auf die Wahrheit bezogen, welche sie nie und nimmer aufheben kann.

Je mehr einem also an Urbildhaftem über die Gestalt, beziehungsweise über das Gestaltvermögen, das Bewußtsein, gegeben ist, desto breiter, tiefer und kräftiger wird auch der Seinsfluß: Das Wort ist die absolute Seinsmacht. Je weiter das Vermögen zum Wort anwächst, desto größer und innerlicher wird auch die Lebenskraft, so daß alle Äußerlichkeit und Entfremdung abfällt.

Das heute beispielsweise mit der Atomphysik, mit der Chemie und der Gentechnik gegebene Abrücken des Lebendigen von seinem urbildhaften Grund verlangt vom einzelnen Menschen eine um so größere Kraft. Er muß die Lüge, die nun konkret als Seinsmangel an seiner Existenz zehrt, und die ihm ganz real zum Gift wird – in der Nahrung, in der Luft, im Wasser – an die ihm im Wort mögliche Wesenhaftigkeit binden. Weil dem Menschen das Wort gegeben ist, vermag er es, das Fremde, ja sogar das Wesenlose an die Quellen zurückzubringen, von wo es abgefallen ist. Mit Christus steigt der wortgewaltige Mensch in die Unterwelt hinab, damit durch die Gegenwart des Wortes das Gift hinweggenommen wird, und die Dinge der Welt in eine neue Unmittelbarkeit des Ursprungs kommen.

9. Kapitel
Die Macht und die Herrschaft des Wortes

Die Natur, wie die Kultur, die Substanzen wie das Lebendige, das Materielle, wie das Geistige – alles, was ist, auch wenn man meinen könnte, es hätte den Akt der Schöpfung längst hinter sich gelassen, verdankt sich in jedem Augenblick seines Daseins der Wirklichkeit und der Einwirkung Gottes, der es aus dem Nichts erschaffen hat, und der es im selben Akt im Sein erhält. Alles, was ist, alle Dinge und Wesenheiten bedürfen, um zu sein, der Gabe des Seins, und um nicht aus dem Sein zu fallen, der Bergung im Sein und der Rückbindung an das Absolute, das an ihrem Anfang stand.

Der damit gegebene Rückbezug der Dinge gründet im Lauf und in der natürlichen Neigung der Dinge selbst, wodurch es in den Dingen eine Tiefenströmung gibt, die auf das Wesen des Seins selbst zurückfließt, eine Tiefenströmung, die alles, was ist, je in dem Maße und in der Weise, als es am Sein einen Anteil hat, zu jenem Ort hin mitreißt, von wo das Sein ausgegangen ist. Diese Bewegung gründet die einzelnen Wesen im Sein, sie gibt ihnen die Kraft und die Macht ihrer Wirklichkeit. Die materielle Erscheinung der Dinge, die Art ihres Seins und Wirkens, die Gestalt ihres Daseins, wie auch die Erfüllung ihrer Eigenart ist und bleibt in der Folge dessen, wohin diese Strömung sich wendet.

Während in der Wesensgestalt der naturhaft erschaffenen Dinge die Tiefenbewegung des Seins sich nur im Dunkeln spielen und auswirken kann, tragen die geistigen Lebewesen das Sein in der vollen Ausdrücklichkeit des Wortes aus, das so zum Grund ihrer Freiheit wird.

Sobald diese Freiheit ganz zu sich gekommen ist, wird sie zum Ort des Einverständnisses mit dem Willen des Schöpfers: „Mir geschehe nach Deinem Wort". Dieses Wort ist die einzig angemessene Antwort auf den Zuspruch des Absoluten. Kraft dieses Wortes wird die Geschichte der Welt zu jenem unermeßlich breiten Flußraum des Seins, in dem die Freiheit die Gelegenheit ergreift, das Absolute an sich zu nehmen. Alles, was ist, bleibt kraft dieses Wortes untergründig getragen und gehalten vom Wort.

Es ist von Anfang an im Wesen der Liebe begründet, daß sie schenken will, und so hat auch der Entschluß, die Welt zu erschaffen, seinen Grund in der überfließenden Liebe Gottes. Es gibt Ideologien, Lebensauffassungen und Religionsformen, die die Verneinung der Welt und des Seins hochhalten, weil sie hinter der Entstellung der Welt die volle Wirklichkeit des Seins, wie es aus dem Wort hervorgegangen ist, nicht kennen, und die es sogar für eine Erlösung hielten, wenn sich die Welt im Nichts auflöste. [224]

Die Schöpfung ist zwar aus dem Nichts, aber der Anfang der Schöpfung ist die Liebe Gottes. Wir brauchen das Nichts nicht zu fürchten, und wir haben kein Recht, die Welt trotz der Nichtigkeit, die wir in ihr antreffen, abzulehnen und zu verneinen. Das Nichts kann uns nicht bedrohen, weil wir hinter ihm den Allmächtigen und seine unergründliche Liebe wissen. Wir haben die Folgen der Abschnürung von den Quellen des Seins zu ertragen, wir haben sie zu erleiden – bis hinein in den Tod – aber wir sind dem Nichts nicht verfallen, denn wir sind im Wort geborgen. In der „Kelter des Herzens" (Rilke) geschieht die Wandlung des abgefallenen Lebens, die Rückkehr zum Wort.

Das Wort ist der immerwährende Quell des Seins. In ihm geschieht die Rückkehr zu Gott. Denn Gott selbst hat die Welt durch sein Wort heimgeholt, er hat die Sünde entmachtet, er hat die Verneinung geborgen – im Wort. Auf Golgatha ist das Nichts durchgestanden worden, es ist und bleibt damit für alle Zeiten überwunden, so daß der einzelne Mensch in seinem Leben immer wieder die Kraft hat, aus der tiefsten Not zum Wort heim zu finden.

❖

---

[224] Die Ideologien und Religionsformen, von denen hier die Rede ist, sind aus der Mißgunst dem Sein gegenüber hervorgegangen: Sie ertragen die Welt nicht. Nur weil sie endlich ist und unvollkommen, meinen sie, das Dasein, das in ihr gegeben ist, ablehnen zu dürfen. Hier ist jener Neid am Werke, der es Gott nicht vergönnt, daß er, und er alleine, Gott ist.

Die Welt ist aus dem Wort geworden, und sie gehört dem Wort, das an ihrem Anfang stand. Nur das Wort hat eine Macht über das Sein. Das Urbild ist der Richter über alles, was geworden ist, denn nach seiner Maßgabe und ihm zum Abbild, hat alles ein Dasein erhalten. Was immer also vor ihm keinen Bestand hat, wird zurücksinken in das Nichts, aus dem es genommen war. Vor der Macht des Wortes wird am Ende der Zeiten jedes Knie sich beugen, und vor seiner Herrlichkeit wird jedes Haupt sich neigen. Jede Verneinung und jeder Verrat wird weichen. Das ist der Sinn der Ordnung der Welt, wenn die Dinge an ihr Ende kommen.

In der Tiefe des Seins ist das Wort als die urbildliche Wirklichkeit aller Dinge unversehrt und in Ewigkeit unversehrbar gewahrt. So sehr auch die konkrete Erscheinung im Einzelfall von seiner urbildlichen Wahrheit abweichen mag, es bleibt das Wesen der Dinge davon unbetroffen. Die Verneinung ist nicht endgültig. Aber nicht nur das: Weil das Wort selbst alle Endlichkeit durchstanden und alle Sünde überwunden hat, ist der gnadenhafte Zufluß des Seins für alle Zeiten offen.

Das Wort ist der Grund der Geschichte, aber es ist auch das Ziel der Geschichte. Damit ist gesagt, daß es in der Geschichte nicht um weltliche Ziele und Zwecke geht, nicht um Dinge wie die Herstellung einer perfekten sozialen Ordnung, nicht um politische oder humanitäre Belange. Ein Fortschritt im bloß Zweckhaften ist Utopie. Das ist viel zu wenig, um Geschichte begründen zu können.

Der Grund und das Ziel der Geschichte ist das Wort. Das Wort aber ist als das Ziel des Werdens im innersten Grund aller Dinge schon gegeben. Daß dieser Grund offenbar werde, daß das Wort in seiner Fülle und in aller Ausdrücklichkeit erkannt und angenommen werde, das ist der Sinn der Geschichte. So sehr die Erde auch vom Vernichtungswillen bedroht und verdorben sein mag, die himmlische Allgewalt des Wortes bleibt in alle Ewigkeit bestehen. Das Scheitern der Geschichte am Wort wird durch das

Wort wiederum aufgehoben. Immer neu geht das Wort in die Geschichte ein, um sie heimzuholen in das ursprünglich Erste, immer neu schenkt das Wort Zeit und Welt, um letztendlich das zu ermöglichen, was von Anfang an gewollt war: Die Intimität zwischen Gott und Geschöpf.

❖

Das in den Dingen gegenwärtige Wort wird der Geschichte zum Gericht: Jeder Grashalm, der gegen die Ordnung niedergetreten worden ist, wird, bestärkt durch das Wort, aufstehen gegen den, der ihn verhindert hat. Wo die Dinge zum Wort kommen, kommen sie in ihr Recht, und die Welt wird in einer neuen Herrlichkeit erstrahlen. Die Geschichte läuft auf keinen Fortschritt hinaus, sondern auf das Gericht, in dem alles, was geworden ist, an dem, was jeder einzelnen Kreatur an Leben und Glück zugestanden hätte, gemessen wird, und so zu seinem Recht kommt. Im Gericht wird sich das Wort wieder als allmächtig erweisen, wie es von Anfang an allmächtig war, hat es doch die ganze Welt ins Dasein gerufen.

In der Geschichte ist das Gericht je schon gegenwärtig, denn das Wort will in Freiheit angenommen sein. Es will, daß des Menschen Herz nach ihm verlange, daß es sich auf den Weg mache, daß es das Wort in Freiheit ergreife, wie es die Art der Liebe ist. Denn was zwischen dem freien Willen des Menschen und dem Wort sich ereignen will, ist kein mechanisches Geschehen, sondern ein personaler Zuspruch, der das Herz von Grund auf verwandelt, und es dem Urbild gleichgestaltet.

Vom Herzen ausgehend wird eine neue Wirklichkeit entstehen, eine Wirklichkeit, die in einer nie zuvor gesehenen Unmittelbarkeit zum Himmel steht.

Das „ursprünglich Erste" bekommt aus der Annahme des Wortes eine neue Gegenwart, um eine neue Welt erstehen zu lassen.

Das Geheimnis des Seins liegt im Wort verschlossen, und es wartet darauf, daß es durch das Wort hervorgerufen werde. Immer wieder bricht das Wort die Quellen des Seins auf, immer neu schenkt sich der Allerhöchste.

Literaturverzeichnis:

Albertus Magnus: -Summa de Bono. Aschdendorff, 1951.
-(In Libro) De causis. Aschendorff, 1960.
-De anima. Aschendorff, 1968.

Anaximander: -Das Fragment. In: Die Vorsokratiker; Stuttgart 1987.

Augustinus: -De Trinitate. Lugdunum, 1520. PL 42, 819-1098.

Aristoteles: -Physik. In: Philosophische Schriften, Bd. 6. Hamburg 1995.
-Metaphysik. In Philosophische Schriften, Bd. 5. Hamburg 1995.

Balthasar, Hans Urs von:
-Herrlichkeit. Trier 1988 -3.
-Theologik I: Die Wahrheit der Welt. Einsiedeln 1985.
-Theologik II: Die Wahrheit Gottes. Einsiedeln 1985.

Beck, Heinrich: -Der Akt-Charakter des Seins. München 1965.

Boethius: -De Duabus Naturis. In: In libro de persona et duabus naturis. PL CC 64, ed. Migne Paris 1891.
-Consolatio Philosophiae. Leipzig 1871.

Bonaventura: -Collationes in Hexaemeron. München 1964; bzw: Opera omnia, Bd. V, Ed. Quaracchi, 1882 - 1902.

Brugger, Walter: -Philosophisches Wörterbuch. Freiburg 1967 -13.

Capra, Fritjof: -Wendezeit. München u. Wien 1986.

Descartes, René: -Regeln zur Ausrichtung der Erkenntniskraft.
In: Philosophische Schriften. Hamburg 1996.
-Discours de la méthode. In: Philosophische Schriften. Hamburg 1996.

Denzinger, Heinrich: -Enchiridion Symbolorum Definitionum et Declarationum de Rebus Fidei et Morum. Freiburg i. Brsg. 1991 -37.

Dionysius (Pseudo)
Areopagita: -De Divina Hierarachia. Über die himmlische Hierarchie. Stuttgart 1986.

Dobbs, Betty Jo Teeter,
Jacob, Margaret C.: -Newton and the culture of Newtonianism. New Jersey 1995.

Döbereiner, Wolfgang:
-Erfahrungsbilder. München 1996 - 3.
-Weg der Aphrodite. München 1990.
-Geflecht und Zeichen, München 1994.

Fischer, E.P.: -Über das Unternehmen Wissenschaft. Esslingen 1997.

Flasch, Kurt: -Das philosohische Denken im Mittelalter. Stuttgart 1987.

Fromm, Erich: -Das Christusdogma. München 1984.

Gebelein, Helmut: -Alchymie. München 1991.

Gebler, Karl von: -Galileo Galilei und die Römische Kurie. Essen 1875.

Gerken, Alexander: -Theologie des Wortes. Düsseldorf, 1962.

Grimm, Jacob und Wilhelm:
　　　　　　　　-Deutsches Wörterbuch. Leipzig 1854.
　　　　　　　　Taschenbuchausgabe München 1984.

Guardini, Romano: -Der Herr. München 1949.
　　　　　　　　-Die letzten Dinge. Mainz 1998 -3.
　　　　　　　　-Welt und Person. Mainz 1988 - 6.
　　　　　　　　-Glaubenserkenntnis. Basel 1944.

Haeckel, Ernst:　　-Welträthsel. Bonn 1901.

Haeffner, Gerd:　　-Anthropologie. Stuttgart. 1982.

Heidegger, Martin: -Der Weg zur Sprache in: Die Sprache.
　　　　　　　　München 1959- 20.

Heraklit:　　　　-Fragment 112. In: Die Vorsokaratiker.
　　　　　　　　Stuttgart 1987.
　　　　　　　　-Fragment 54. In: Die Vorsokratiker.
　　　　　　　　Stuttgart 1987.

Hildegard von Bingen: -Heilkunde. Salzburg 1992 -6.

Hirsch, G. u. Eberbach, W.:
　　　　　　　　-Auf dem Weg zum künstlichen Leben.
　　　　　　　　Basel 1978.

Huber, Carlo E:.　-Anamnesis bei Plato. München 1964.

Huyn, Hans Graf:　-Ihr werdet sein wie Gott. München 1988.

Jünger, Ernst:　　-Blätter und Steine. Hamburg 1934.

Jünger, Friedrich-Georg:
　　　　　　　　-Die Perfektion der Technik.
　　　　　　　　Frankfurt/Main 1993 -7.

Kant, Immanuel:	-Kritik der reinen Vernunft. In: Werke in zehn Bänden. Darmstadt 1983.
Kerenyi, Karl:	-Apollon und Niobe. München 1980.
Knöpfler, Alois:	-Lehrbuch der Kirchengeschichte. Freiburg i. Brsg. 1920.
Krenn, Kurt:	-Vermittlung und Differenz? Vom Sinn des Seins in der Befindlichkeit der Partizipation beim Heiligen Thomas von Aquin. Rom 1962.
Kummer, Christian:	-Evolution als Höherentwicklung des Bewußtseins. Freiburg/München 1987.
Lotz, Johannes B.:	-Martin Heidegger und Thomas von Aquin. Pfullingen 1975. -Die Grundbestimmungen des Seins. Innsbruck, Wien 1988. -Person und Freiheit. Freiburg/Brsg. 1979. -Der Mensch im Sein. Freiburg/Brsg. 1967. -Geläuterte Liebe als Weg zum reifen Glück. Freising 1991. -Ontologia. Barcelona 1962. -Transzendentale Erfahrung. Freiburg/Brsg. 1978.
Manstetten, Rainer:	-Esse est Deus. München 1993.
Meister Eckhart:	-Expositio Libri Genesis. In: Die deutschen und lateinischen Werke. Die lateinischen Werke, LW I. Stuttgart 1964. -Liber Paraboarum Genesis. In: LW I. Stuttgart 1964. -Sermones de Tempore. In: LW IV. Stuttgart 1956. -Predigt 54 b in: DW II, Stuttgart 1971. -Predigt 36 in: Deutsche Predigten und Traktate. Hrsg.: Josef Quint. Zürich 1979
Newton, Isaac:	-Mathematische Prinzipien der Naturlehre. Darmstadt 1963

Otto, Walter F.:	-Epikur. Stuttgart, 1987-2. -Die Musen und der göttliche Ursprung des Singens und Sagens, Darmstadt 1961. -Der Mythos und das Wort. In: Das Wort der Antike. Stuttgart, 1962.
Ovid:	-Metamorphosen. Stuttgart 1994
Picard, Max:	-Der Mensch und das Wort. Zürich 1955. -Die Welt des Schweigens. Zürich 1948.
Pieper, Joseph:	-Die Wahrheit der Dinge. München 1951. -Verteidigungsrede für die Philosophie. Und: -Was heißt philosophieren? In: Schriften zum Philosophiebegriff. Werke in 8 Bänden, Bd. 3. Hamburg 1995
Platon:	-Briefe. In: Sämtliche Dialoge, Bd.VI. Hamburg 1993. -Timaios. In: Sämtl. Dialoge, Bd.VI. Hamburg 1993. -Phaidros. In: Sämtl. Dialoge, Bd.II. Hamburg 1993. -Nomoi. In: Sämtl. Dialoge, Bd.VII. Hamburg 1993.
Redondi, Pietro:	-Galilei - der Ketzer. München 1989.
Rhodes, Richard:	-Die Atombombe. Berlin 1990.
Riesenhuber, Klaus:	-Die Transzendenz der Freiheit zum Guten. München 1971-1.
Röd, Wolfgang:	-Der Weg der Philosophie. Bd. I München 1994 u. Bd. II München 1996.
Scheffczyk, Leo:	-Von der Heilsmacht des Wortes. Grundzüge einer Theologie des Wortes. München 1966.
Segrè, Emilio:	-Die großen Physiker und ihre Entdeckungen.München 1997.

Stadler, H.: -Verhandlungen deutscher Naturforscher und Ärzte I. Leipzig 1909.

Thomas von Aquin: -Compendium Theologiae. Heidelberg 1963.
-Quaestiones Disputatae De Veritate. Hamburg 1986.
-Scriptum super Sententiis Magistri Petri Lombardi. Münster 1937.
-Summa Theologiae. Paris 1926.
-Summa contra Gentiles. Darmstadt 1974 - 1996.
-In Evangelium Sancti Joannis Lectura. Rom 1952.
-Quaestio Disputata De Anima. Rom 1984.
-In Libros Peri Hermeneias Aristotelis Expositio. Paris 1989.
-Quaestiones Quolibetales. Rom 1996.
-Quaestio Disputata De Spiritualibus Creaturis. Turin 1924.
-De principiis naturae. Parma 1856.

Thürkauf, Max: -Distanz und Beziehung. In: Der Mensch - Gegenstand der Naturwissenschaft. Hrsg.: Gion Condrau u. Alois Hicklin. Bern 1978.

Überweg, Friedrich: -Geschichte der Philosophie. Berlin 1883.

Vries, Josef de: -Materie und Geist. München 1970

Wedel, Thomas H.: -Ewiges Feuer. In: Die neuen Energien. Hamburg 7/ 1995

Weingart, Kroll, Bayertz:
-Rasse, Blut und Gene. Frankfurt/Main 1988.

Weissmahr, Béla: -Ontologie. Stuttgart 1985.

Westphal, W.: -Physikalisches Wörterbuch. Berlin 1952.